data **wise**

B756d Boudett, Kathryn Parker.
Data Wise : guia para o uso de evidências na educação / Kathryn Parker Boudett, Elizabeth A. City, Richard J. Murnane ; tradução técnica: Rafael Faermann Korman. – Porto Alegre : Penso, 2020.
xxvi, 286 p. ; 23 cm.

ISBN 978-65-81334-08-6

1. Ensino. 2. Aprendizagem. 3. Educação. I. City, Elizabeth A. II. Murnane, Richard J. III. Título.

CDU 37.04

Catalogação na publicação: Karin Lorien Menoncin – CRB 10/2147

KATHRYN PARKER BOUDETT
ELIZABETH A. CITY
RICHARD J. MURNANE

data **wise**

guia para o uso de evidências na educação

Tradução técnica
Rafael Faermann Korman
Coordenador administrativo-pedagógico do
Ensino Médio do Colégio Israelita Brasileiro de Porto Alegre.
Engenheiro de Aprendizagens na Faculdade Factum.
É cofundador e diretor da Autonomia.
Mestre em Engenharia com tese sobre Reforma Curricular em
Educação pela Universidade Federal do Rio Grande do Sul (UFRGS).
Doutorando em Educação na Pontifícia Universidade Católica do
Rio Grande do Sul (PUCRS) com período-sanduíche na
Harvard Graduate School of Education, Estados Unidos.
É certificado no Projeto Data Wise.

penso

Porto Alegre
2020

Obra originalmente publicada sob o título
Data Wise: a step-by-step guide to using assessment results to improve teaching and learning, revised and expanded edition
ISBN 9781612505213

Portuguese language translation publishing as Penso, a Grupo A Educação S.A. Company.

Gerente editorial: *Letícia Bispo de Lima*

Colaboraram nesta edição:

Editora: *Mirian Raquel Fachinetto*

Capa: *Paola Manica | Brand&Book*

Preparação de originais e leitura final: *Heloísa Stefan*

Projeto gráfico: *Elementos do projeto original adaptados por Tatiana Sperhacke | TAT Studio*

Editoração: *Clic Editoração Eletrônica Ltda.*

Reservados todos os direitos de publicação ao GRUPO A EDUCAÇÃO S.A.
(Penso é um selo editorial do GRUPO A EDUCAÇÃO S.A.)
Av. Jerônimo de Ornelas, 670 – Santana
90040-340 – Porto Alegre – RS
Fone: (51) 3027-7000 Fax: (51) 3027-7070

Unidade São Paulo
Rua Doutor Cesário Mota Jr., 63 – Vila Buarque
01221-020 – São Paulo – SP
Fone: (11) 3221-9033

SAC 0800 703-3444 – www.grupoa.com.br

IMPRESSO NO BRASIL
PRINTED IN BRAZIL

Autores

Kathryn Parker Boudett é professora da disciplina de educação da Harvard Graduate School of Education (HGSE) e diretora do Projeto Data Wise, onde busca apoiar uma comunidade de educadores no desenvolvimento e uso de recursos para atuar colaborativamente com o objetivo de utilizar dados e fazer melhorias reais e duradouras no ensino e na aprendizagem. Trabalhando com estudantes de pós-graduação e equipes de educadores que se inscrevem em seus cursos, Kathy gosta de construir pontes para unir os mundos da pesquisa, da prática e de políticas públicas.

Elizabeth A. City ajuda os educadores a avançar na aprendizagem para todos os alunos por meio de estratégias, desenvolvimento de liderança e práticas de melhoria. Liz já trabalhou em muitas frentes, como professora, diretora, assessora pedagógica e consultora. Atualmente é diretora do Programa de Doutorado em Liderança Educacional e professora da disciplina de educação da HGSE.

Richard J. Murnane, economista, é professor Thompson em Educação e Sociedade na HGSE e pesquisador-associado do National Bureau of Economic Research. Nos últimos anos, tem seguido duas linhas de pesquisa. Uma delas examina como as mudanças tecnológicas com bases computacionais afetaram as demandas de habilidade na economia dos Estados Unidos. A outra explora como o crescimento da desigualdade de renda familiar nesse país afetou as oportunidades educacionais para crianças de famílias de baixa renda e a efetividade de estratégias alternativas para melhorar as chances de vida dessas crianças.

Candice Bocala é doutoranda na HGSE, onde sua pesquisa se concentra na aprendizagem de professores e líderes escolares, colaboração e trabalho em equipe e melhoria escolar. Também dirige a avaliação de programas e pesquisa de políticas públicas e propicia desenvolvimento profissional para escolas e municípios. Já lecionou no ensino fundamental em Washington, DC.

Daniel M. Koretz é professor Henry Lee Shattuck em Educação da HGSE. Sua pesquisa tem como foco a avaliação educacional e política, particularmente os efeitos dos testes de alto risco sobre a prática educacional e a validade dos ganhos de escores. Seu trabalho atual se concentra no projeto e na avaliação de sistemas de prestação de contas educacional focados em testes. Antes de obter seu diploma, Dan lecionou para estudantes com problemas emocionais em escolas públicas dos ensinos fundamental e médio em Parkrose, Oregon.

Ethan Mintz foi *codesigner* da Formative Assessment of Student Thinking in Reading (FAST-R), uma ferramenta que os professores da Boston Public Schools usaram para obter informações sobre seu ensino. É coorganizador (com J. T. Yun) de *The complex world of teaching: perspectives from theory and practice* e consultor em vários municípios para ajudar escolas, professores e líderes escolares a entender e analisar dados com o propósito de tomar decisões sobre o ensino. Ethan tem doutorado em Educação pela HGSE.

Gerardo Martinez atuou como diretor da Mary E. Curley Middle School, na Jamaica Plain, Massachusetts, por cinco anos, antes de assumir a Edward Devotion School em Brookline, Massachusetts, onde também esteve por cinco anos. Atualmente, é diretor da Schofield Elementary School, em Wellesley, Massachusetts. Realizou um amplo trabalho no desenvolvimento de comunidades de aprendizagem de adultos para melhorar a prática docente usando aprendizagem significativa e oportunidades de desenvolvimento profissional. Gerardo tem mestrado em Administração Educacional pela University of Massachusetts, Boston.

Jane E. King trabalha para a Boston Public Schools, onde foi diretora da McCormack Middle School. É uma educadora que muda constantemente de carreira, atuando como mãe e ativista da Boston Public Schools.

Jennifer L. Steele é pesquisadora de políticas da RAND Corporation em Washington, DC, onde lidera um estudo de atribuição aleatória financiado pelo governo federal de imersão em linguagem dual em Portland, Oregon, bem como dois estudos de reformas escolares aprimoradas por tecnologia. Seus artigos têm sido publicados em revistas acadêmicas como *Journal of Policy Analysis and Management*, *Journal of Research on Educational Effectiveness* e *The Future of Children*. Jennifer tem doutorado em Educação pela HGSE.

Jennifer Price é diretora da Newton North High School, em Newton, Massachusetts, onde está comprometida com a excelência e a equidade para todos. Sua tese de doutorado na HGSE centrou-se no impacto dos resultados dos estudantes ao compartilhar informações de contexto deles com o corpo docente.

John B. Willett é professor Charles William Eliot da HGSE. É professor certificado de ciências do ensino médio, tendo lecionado física e matemática no ensino médio por quase uma década antes de entrar no mundo acadêmico do ensino superior. John ministra cursos de estatística aplicada intermediária e avançada e tem especialização em métodos quantitativos para inferência causal, para medir a mudança ao longo do tempo e para analisar a ocorrência, o tempo e a duração dos eventos.

Jonna Sullivan Casey é diretora de programa da escola Richard J. Murphy e do Murphy Satellite BEST Program. Também dirige uma extensa gama de programas fora da escola, incluindo Prime Time After-School, Summer Stars e Saturday Scholars. Antes de ingressar na Boston Public Schools, Jonna atuou como diretora de compras da Sodexo, Estados Unidos. Tem doutorado em Educação pela Boston College.

Liane Moody trabalhou para a Boston Plan for Excellence, onde ajudou a projetar e implementar o MyBPS Assessment, uma ferramenta de análise de dados de avaliação *on-line* para a Boston Public Schools. Liane tem doutorado em Educação pela HGSE.

Mark B. Teoh lecionou história por seis anos no Texas e na Pensilvânia. Atuou como administrador em sistemas de escolas urbanas e também como diretor executivo de pesquisa, avaliação institucional, avaliação escolar e desenvolvimento na Seattle Public Schools. Mark tem doutorado em Educação pela HGSE e é atualmente o diretor de pesquisa e conhecimento no Teach Plus.

Mary Russo é professora de educação do School Leadership Program da HGSE e diretora da escola St. Catherine de Siena, em Norwood, Massachusetts. Antes disso, foi diretora da escola Richard J. Murphy, uma escola de 950 alunos K-8 em Boston, e da escola Samuel W. Mason, em Roxbury. Trabalha como diretora há mais de 20 anos, é National Distinguished Principal e foi nomeada diretora do ano de Massachusetts em 2004, tendo lecionado em todos os níveis escolares.

Melissa Kagle é graduada pela HGSE, com doutorado em Administração, Planejamento e Política Social. Atualmente é professora-assistente em educação e diretora do Programa de Educação de Professores de Matemática/Ciências da Colgate University.

Nancy S. Sharkey é funcionária do programa Statewide Longitudinal Data System (SLDS) do National Center for Education Statistics (NCES). Como parte desse trabalho, Nancy gerencia um portfólio de estados que estão criando e expandindo seus sistemas de dados sobre estudantes para incluir dados de professores, dados de primeira infância, dados universitários e dados de mercado de trabalho. Também trabalhou como líder de qualidade de dados para o DC Office do superintendente estadual de educação e trabalhou no projeto do sistema de dados longitudinais em Columbia. Nancy tem doutorado em Administração, Planejamento e Política Social pela HGSE.

Sarah E. Fiarman tem trabalhado no National Board Certified como professora e desenvolvedora de pessoas e é atualmente diretora da Cambridge Public Schools, onde a escola em que trabalha inclui o Sheltered English Immersion Program. Sarah tem doutorado em Educação pela HGSE. Com Elizabeth City, Richard Elmore e Lee Teitel, é coautora do livro *Rodadas pedagógicas: como o trabalho em redes pode melhorar o ensino e a aprendizagem* (Penso, 2014).

Shannon T. Hodge, graduada em Direito pela Stanford Law School, é assistente judicial da Excelentíssima Ann Claire Williams da Corte de Apelações dos Estados Unidos para o Sétimo Circuito. Anteriormente conselheira no ensino médio e coordenadora de testes, Shannon também é doutoranda na HGSE, onde pesquisa testes padronizados e políticas de educação.

Tom Buffett é professor-associado para a melhoria de ensino estratégica da Michigan Fellowship of Instructional Leaders, na Michigan State University's Office da K-12 Outreach. Trabalhou para apoiar escolas, municípios e departamentos estaduais de educação. Tem doutorado em Educação pela HGSE.

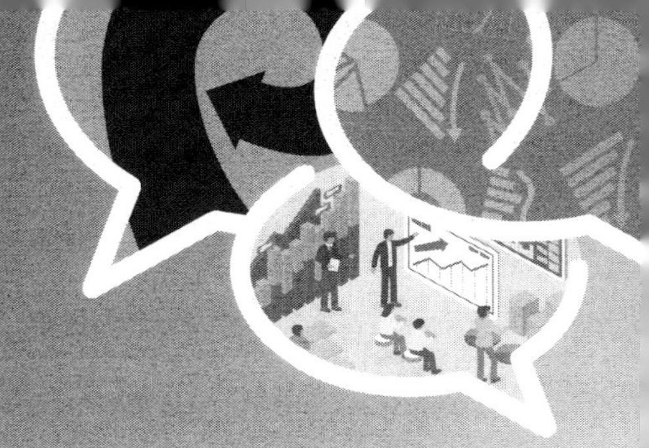

Apresentação à edição brasileira

Em nenhum momento da história da educação foi tão importante quanto hoje que as pessoas soubessem trabalhar juntas. Na era da Internet e das tecnologias digitais, aprender sobre empatia, colaboração e resolução de problemas complexos parece ser um desafio comum a países de todo o mundo.

O Projeto Data Wise começou na Harvard Graduate School of Education, nos Estados Unidos, como um esforço para ajudar as escolas a usar evidências a fim de melhorar a aprendizagem e o ensino. Depois de quase 15 anos de vários programas de desenvolvimento profissional, no *campus* e *on-line*, pessoas de mais de 150 países já estiveram em contato com as ideias sobre como os educadores podem se envolver em uma investigação colaborativa de dados. E o Brasil é um dos cinco países do mundo com mais pessoas interessadas em saber o que fazemos.

Conheci o Data Wise por meio do Data Wise MOOC, após mais de oito anos trabalhando com análise de dados dentro da escola. Sempre fui apaixonado pelo trabalho com evidências e números, mas essa ideia não estava na cultura organizacional da escola. Eu era a pessoa que elaborava as melhores planilhas, tentando mostrar aos professores como usá-las, enquanto eles me diziam que não tinham tempo para aquilo, pois estavam (com razão) mais preocupados com suas aulas. Eu me perguntava por que eles não conseguiam ver a conexão entre dados e aprendizagem do aluno. Será que tinham medo dos dados mostrados nos gráficos? Será que não estavam acostumados a ler gráficos e preferiam simplesmente não olhar para eles? No entanto, mesmo que essas suposições pudessem ser verdadeiras, descobri que, na maioria dos casos, o motivo pelo qual os professores não trabalhavam com minhas planilhas era porque essas eram as *minhas* planilhas e, afinal, não o *nosso* trabalho. Eu estava dizendo para que eles as usassem e concordassem com isso, não para que discutissem comigo e fizessem perguntas. Eram planilhas impostas, não desenvolvidas de forma colaborativa. Foram construídas dentro de um sistema de *culpa* e dedos apontados, não em um ambiente de confiança e de trabalho em equipe.

Quando falamos em "dados" não estamos nos referindo somente a números, mas a *todas* as evidências de aprendizagem geradas na escola – relatórios escritos, depoimentos orais, observações de sala de aula. *Data Wise* significa literalmente "dados sábios", ou seja, como usar *sabiamente* as evidências geradas na escola para melhorar o ensino e a aprendizagem. *Este* é o desafio. Produzir dados ou evidências para culpabilizar os professores por maus resultados não faz sentido – e não funciona.

Assim como nos Estados Unidos, escolas e municípios brasileiros geram pilhas de dados e precisam fazer o melhor uso disso. No entanto, um estudo recente denominado Excelência com Equidade no Ensino Médio, publicado pela Interdisciplinaridade e Evidências no Debate Educacional (Iede), Fundação Lemann, Instituto Unibanco e Itaú BBA, foi aplicado a 100 escolas públicas brasileiras que atendem estudantes de baixa renda e concluiu que a educação no Brasil não resulta em excelência com equidade no ensino médio. Três aspectos devem ser considerados nesse contexto:

1. **Baixa pontuação em testes nacionais.** Dados deste estudo demonstram que não só nenhuma das escolas com esse perfil alcança mais de 600 pontos no Exame Nacional do Ensino Médio (Enem) (o que é considerado longe de um alto desempenho), como também não atinge uma pontuação de pelo menos 70% dos alunos com aprendizagem adequada em língua portuguesa ou matemática.
2. **Falta de apoio das secretarias de educação no uso de dados.** O apoio das secretarias de educação é insuficiente, mesmo para as melhores escolas. A relação entre as secretarias de educação e as escolas é limitada ao monitoramento dos principais indicadores de desempenho, e há falta de apoio no desenvolvimento profissional contínuo.
3. **Foco em dados e monitoramento contínuo.** Apesar da falta de apoio das secretarias de educação, uma estrutura mínima de bancos de dados e relatórios de desempenho é fornecida às escolas, e as melhores utilizam esses recursos para intervenções rápidas em reuniões semanais com o corpo docente. Os educadores não só usam os dados quantitativos (números, planilhas e gráficos), mas também usam os dados qualitativos (observação, escuta e reflexão) para a tomada de decisão. A observação de sala de aula, por exemplo, é sugerida por todas as secretarias de educação, com relação adequada entre questionários de observação e estratégias de ensino.

Uma pergunta que pode surgir a partir desse estudo é: como uma escola ou uma secretaria de educação pode aprender a trabalhar de forma mais eficaz com os dados para melhorar a aprendizagem e o ensino para *todos* os alunos? Com certeza podemos aprender com cada uma das melhores práticas identificadas no estudo, mas também sabemos que não há uma solução mágica que possa ser transferida de um contexto para outro. No entanto, acreditamos que muitas respostas para os problemas declarados podem ser encontradas na essência das oito etapas do Processo de Melhoria do Data Wise e nos Hábitos Mentais ACE (Ação, Colaboração e Evidências).

Nesse sentido, as estratégias do Data Wise para a construção de confiança e trabalho em equipe estão me ajudando a criar um ambiente na escola em que trabalho que é *menos* sobre minhas planilhas e *mais* sobre como compartilhar o trabalho de melhoria. Assim, espero que o Processo de Melhoria do Data Wise possa ser entendido como uma fonte de inspiração e um verdadeiro guia para os educadores brasileiros que acreditam que os dados *não são* um fim em si mesmos, mas uma ferramenta poderosa e necessária para tornar os educadores mais colaborativos no intuito de que todos os alunos possam prosperar.

Rafael Faermann Korman
Tradutor técnico desta edição

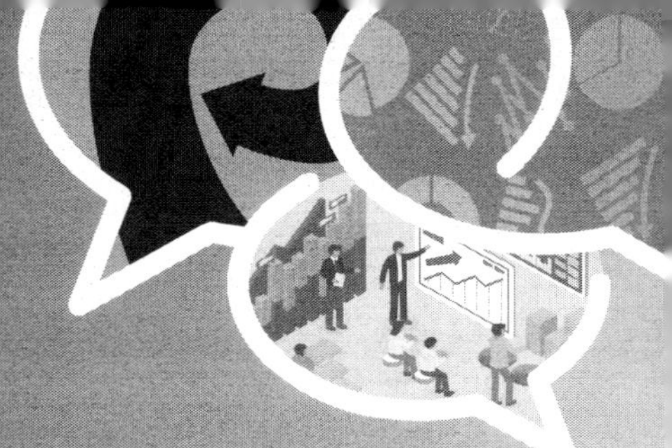

Apresentação

A melhoria contínua é irresistível. Uma vez que você sente o gosto do que pode acontecer quando trabalha duro em algo importante com as pessoas que respeita e *vê resultados reais*, não tem mais volta. Isso é o que os professores, diretores e assessores pedagógicos nos dizem sobre usar dados para melhorar a aprendizagem e o ensino.

E é assim que nos sentimos no Projeto Data Wise na Harvard Graduate School of Education. Desde o primeiro dia, percebemos que a única maneira de realmente sermos professores que trabalham com a melhoria colaborativa seria comprometer-nos a praticar o que pregamos. Felizmente, tivemos muitas oportunidades de coletar uma ampla gama de evidências sobre o que acontece quando os educadores interagem com nossos materiais. Essa informação nos ajudou com nossa missão, que é *apoiar uma comunidade de investigadores e professores no desenvolvimento e na utilização de recursos a fim de trabalhar colaborativamente usando dados para fazer melhorias reais e duradouras no ensino e na aprendizagem.*

FONTES DE INSPIRAÇÃO

Depois de termos publicado pela primeira vez este livro, começamos a receber mais de uma centena de pessoas por ano para o nosso Data Wise Summer Institute (Instituto de Verão do Data Wise), que tem uma semana de duração. Desde então, nosso instituto trouxe equipes de educadores dos Estados Unidos e do mundo todo a Cambridge para treinamento intensivo sobre como inspirar a verdadeira melhoria colaborativa ao voltar a suas escolas e municípios. Aprendemos muito com essas equipes. Seu apetite por exemplos do mundo real mostrando as lutas e os sucessos das escolas ao fazer esse trabalho nos levou a agir em estreita colaboração com os profissionais da educação para escrever o *Data Wise in action: stories of schools using data to improve teaching and learning* (Harvard Education Press, 2007), bem como dois estudos de caso de ensino: *Data Wise at Poe Middle School in San Antonio, Texas*, e *Data Wise District-Wide in Evansville, Indiana* (Harvard Education Press, 2013). A demanda dos participantes por recursos específicos para apoiar o passo mais desafiador (e possivelmente o mais importante) do processo de melhoria do Data Wise, examinar o ensino, nos inspirou a trazer câmeras de vídeo para as salas de aula e de reuniões em uma escola urbana de alto desempenho. A partir desse esforço, criamos a obra *Key elements of observing practice: a Data Wise DVD and facilitator's guide* (Harvard Education Press, 2010). Também canalizamos o que aprendemos com os participantes do instituto no desenvolvimento de cursos do programa de graduação aqui em Harvard e cursos *on-line* que disponibilizam nosso conteúdo no mundo inteiro. Na primavera de 2012, começamos a sediar o Data Wise Impact Workshop, em que criamos um fórum para profissionais da educação que estão usando o processo de melhoria do Data Wise a fim de compartilhar e aprofundar seu trabalho. Cada um desses programas nos ajuda a permanecer conectados aos educadores que estão fazendo esse trabalho. Temos o prazer de utilizar todos os direitos autorais deste livro para financiar a pesquisa e o desenvolvimento de recursos adicionais que incentivam os educadores a usar dados sabiamente.

TEMPOS DE MUDANÇA NA EDUCAÇÃO

Aconteceu tanta coisa no mundo desde que publicamos *Data Wise* lá em 2005! Naquela época, encontrar maneiras de fazer uso efetivo das pilhas cada vez maiores de relatórios de avaliação pareceu um novo desafio. Em todo o mundo, as pessoas estavam apenas começando a aproveitar o poder da tecnologia para coletar e analisar dados refinados e para trabalhar colaborativamente em tempo real utilizando documentos compartilhados e videoconferências. Nos Estados Unidos, os educadores em todos os níveis do sistema estavam tentando descobrir como responder às demandas do formulário de Progresso Anual Adequado no âmbito do recém-autorizado decreto *No Child Left Behind*. Na Harvard Graduate School of Education, houve uma crescente conscientização sobre a necessidade de ajudar o setor de educação a melhorar, mas sem uma estratégia claramente articulada sobre como fazê-lo.

Agora os dados são um componente estabelecido da política educacional em todo o mundo. Um número crescente de educadores tem acesso a bancos de dados que geram relatórios de desempenho e gráficos que fornecem informações poderosas instantaneamente. Há um uso mais sistemático de avaliações diagnósticas ou de *benchmark* para acompanhar o progresso do aluno, e há mais políticas para que os educadores acompanhem esse progresso, definam metas, identifiquem etapas de ação e as implementem. Criar e compartilhar imediatamente vídeos de reuniões, lições e conversas agora é fácil e quase sem custos.

Hoje, nos Estados Unidos, as iniciativas políticas em torno das normas comuns do estado e da avaliação do professor têm como consequência para as escolas algumas oportunidades, mas também riscos. A oportunidade é fazer um uso mais eficaz das evidências para fundamentar a educação dos nossos filhos. Mas o risco é estar caindo na armadilha de achar que as evidências sozinhas farão todo o serviço. Ao trabalhar com escolas ao longo dos anos, percebemos que não precisamos mais convencer as pessoas de que o uso de dados é uma boa ideia. No entanto, ainda estamos constantemente tentando provar que eles precisam ser incorporados em um processo de melhoria *colaborativa*, que o próprio processo precisa de atenção constante e que nunca estará concluído. Este livro tenta mostrar como você pode trabalhar com seu colega de modo a ir além da pressão social para ser "bacana" (o que às vezes pode significar evitar verdades duras) e da pressão política para ser "proficiente" (o que às vezes pode significar priorizar escores, e não a aprendizagem). Nosso objetivo é apoiá-lo na utilização de dados para traçar um curso do que é para o que poderia ser.

O QUE HÁ DE NOVO NESTA EDIÇÃO REVISADA*

O objetivo desta revisão é captar o aprendizado que ocorreu desde que *Data Wise* foi publicado pela primeira vez e trazer nosso texto atualizado com os desenvolvimentos recentes em educação e tecnologia. A coisa mais importante que aprendemos nos últimos anos é que o uso de dados para melhorar o ensino e a aprendizagem envolve não apenas adotar um processo de melhoria, mas comprometer-se a cultivar uma maneira de pensar que prioriza ação, colaboração e evidências. Chamamos essa maneira de pensar de "Hábitos Mentais ACE". Revisamos a Introdução para descrever esses hábitos e explicar por que eles são importantes – e difíceis de definir. Para fornecer ideias concretas sobre como apoiar os seus colegas no desenvolvimento dos Hábitos Mentais ACE, adicionamos uma seção no final dos capítulos mostrando como cada hábito pode ser tecido no trabalho de um passo específico do processo de melhoria do Data Wise.

Também revisamos completamente o Capítulo 1, "Organizar-se para o trabalho colaborativo". Talvez a maior mudança nesse capítulo tenha sido colocar o trabalho de liderar o processo de melhoria do Data Wise diretamente nas mãos da equipe de liderança de ensino da escola, e não na equipe de dados, como fizemos antes. Ao trabalhar com educadores, nos demos conta de que a criação de uma entidade separada para liderar o trabalho de dados poderia reforçar a ideia de que os dados são de alguma forma separáveis do dia a dia do trabalho de liderança de aprendizagem e ensino, o que, claramente, não é o caso. O conteúdo desse capítulo também foi reorganizado para refletir melhor a maneira como ensinamos esse material e alinhar-se à Rubrica Data Wise para avaliar o progresso de sua própria escola. (A Rubrica Data Wise é uma ferramenta para refletir em que medida a sua escola integrou o processo de melhoria do Data Wise em seu trabalho diário. Para cada um dos oito passos, a rubrica lista várias tarefas-chave e descreve como uma escola funciona em cada um dos quatro estágios em relação a essa tarefa. Para obter informações sobre esse recurso, visite o *site* do Projeto Data Wise em www.gse.harvard.edu/datawise.)

Fizemos algumas alterações nos capítulos da seção Investigar. O Capítulo 3 agora deixa claro que é trabalho da equipe de liderança de ensino escolher uma "área-foco" (antes chamada de "questão pedagógica") para a investigação colaborativa. Essa equipe é, então, responsável por facilitar uma discussão das evidências dentro dessa área-foco em que um grupo

* A 1ª edição desta obra não teve tradução publicada no Brasil.

mais amplo identifica uma "questão prioritária" para restringir ainda mais o escopo do trabalho. Também alinhamos o Capítulo 5, "Examinar o ensino", para ficar mais de acordo com a obra *Key elements of observing practice: a Data Wise DVD and facilitator's guide*, de modo que os leitores de ambas as publicações experimentem uma consistência entre os dois recursos.

O livro também foi amplamente revisado para apresentar linguagem clara e consistente em todos os capítulos e garantir que todos os gráficos e figuras reflitam o nosso melhor pensamento. Removemos modelos de documentos e protocolos que não eram mais centrais ao nosso ensino, e os substituímos por materiais mais sintonizados com os líderes escolares com os quais trabalhamos. Em Protocolos Selecionados agora incluímos instruções para três protocolos de discussão adicionais que provaram ser particularmente valiosos. Também adicionamos Recursos que permite que você saiba aonde ir para obter novos materiais, como eles são desenvolvidos e como tirar proveito das oportunidades de aprendizado profissional que o Projeto Data Wise agora fornece.

Finalmente, adicionamos um novo capítulo conclusivo chamado "Como melhoramos". Duas das perguntas mais comuns que ouvimos dos educadores são: "Por onde eu começo?" e "Quanto tempo levará?". O Capítulo 10 aborda tais dúvidas, bem como a questão de como as pessoas aprendem a fazer o trabalho de melhoria. Ele descreve a importância de começar pequeno e explica o que acontece quando você usa o que aprende para inspirar uma abordagem consistente em busca da melhoria em todas as camadas de uma organização.

AGRADECIMENTOS

Logo após ter assumido o leme da Harvard Graduate School of Education (HGSE), em 2006, a reitora Kathleen McCarthy anunciou que a missão da instituição seria trabalhar no nexo da prática, da política e da pesquisa. Ela estabeleceu que o Projeto Data Wise seria uma das várias iniciativas em que docentes e estudantes do HGSE trabalhariam em estreita colaboração com os profissionais da educação em esforços projetados para gerar impacto no lugar onde a mudança real acontece: nas salas de aula. Agradecemos por seu apoio financeiro e moral, e por sua equipe de liderança, incluindo Keith Collar, Jack Jennings, Daphne Layton e Matt Miller. Sua visão oportunizou que trouxéssemos a voz da prática à tona. Também agradecemos à Spencer Foundation, especialmente a Andrea Bueschel e Paul Goren, não somente por financiar, mas também por ajudar a moldar a pesquisa exploratória neste campo do qual nos servimos para a atualização desta obra. E agradecemos à Caroline Chauncey, nossa editora da Harvard Education Press, por defender nosso trabalho em andamento com tanta graça e integridade. Nossos sinceros agradecimentos vão para Ngaire Addis, bolsista da Fulbright, por nos apresentar as imagens do koru,* e para os educadores australianos Penny Vanderkruk e Mark Walker, por terem nos mostrado (tanto literal quanto figurativamente) a majestosa samambaia de prata na qual o koru pode se transformar.

Concluímos agradecendo a muitos doutorandos e profissionais da educação talentosos e visionários que aderiram à equipe Data Wise como colegas pesquisadores e professores ao longo dos anos. Somos gratos a cada um de vocês, que tanto nos ensinaram sobre o que significa ser uma equipe. Em particular, agradecemos especialmente a Anne Jones, cujas habilidades extraordinárias de facilitação e instintos de educadora nos ajudaram a levar nossos cursos – tanto presenciais quanto *on-line* – para um nível mais alto; ao diretor Ben Klompus e a todos os educadores da Berkshire Arts and Technology Charter Public School, que compartilharam sua prática de uma forma que nos permitiu mudar fundamentalmente nossa abordagem sobre desenvolvimento de recursos; a David Rease Jr. e Michele Shannon, por se basearem em sua profunda experiência de ensino e administração ao articular uma visão audaciosa do que o Projeto Data Wise poderia vir a ser – e por tornarem o trabalho sobre essa visão tão divertido; e a Candice Bocala, cuja liderança guiou todo o nosso trabalho recente e cuja dedicação tornou possível esta edição revisada do *Data Wise.*

* N. de T.: Koru é um símbolo maori – uma samambaia jovem em fase de desenrolamento – que significa novos começos. No Capítulo 10, há mais detalhes sobre esse símbolo.

Prefácio

Em um esforço para determinar a melhor forma de preparar os líderes escolares para usar os resultados das avaliações dos estudantes a fim de melhorar o ensino e a aprendizagem, um grupo – constituído por docentes e doutorandos da Harvard Graduate School of Education (HGSE) e líderes escolares de três escolas públicas de Boston – trabalhou junto por dois anos. Este livro é um produto do nosso conhecimento coletivo sobre o que os líderes escolares precisam saber e fazer para garantir que as pilhas de resultados das avaliações dos estudantes amontoadas em cima de suas mesas sejam usadas para melhorar a aprendizagem dos alunos em suas escolas.

Os colaboradores deste livro são um grupo variado, com experiências e conhecimentos bastante diferentes. Três são diretores de escolas públicas; um dirige programas fora da escola em uma escola pública; vários são membros do corpo docente da HGSE, um estatístico, um economista, um estudioso de questões de avaliação e um analista de políticas públicas. Alguns são doutorandos da HGSE, com experiência em escolas urbanas, suburbanas e independentes* em todo o país. Todos trabalhamos em ou com escolas, onde temos lidado com as questões sobre as quais escrevemos neste livro. A maioria tem ampla experiência de ensino; alguns também trabalharam como orientadores, assessores pedagógicos ou gestores. O que compartilhamos é o compromisso de proporcionar a todas as crianças uma boa educação e a crença de que um exame cuidadoso, sistemático e colaborativo dos resultados das avaliações dos estudantes pode contribuir para esse objetivo.

Forjar novos conhecimentos foi a principal atividade que nos levou a criar este livro. Reunimo-nos regularmente por mais de duas horas a cada encontro durante o ano letivo, engajando-nos muitas vezes em conversas intensas sobre questões difíceis. Por exemplo, alguns de nossos membros que tiveram uma ampla experiência como professores em sala de aula

---

* N. de R.T.: Esta é uma classificação que se aplica aos Estados Unidos, não havendo correspondência exata no Brasil.

sentiram que não fazia nenhum sentido gastar muito tempo examinando resultados de testes padronizados. Outros membros, em especial diretores de escola, sentiram que tal trabalho era um ponto de partida valioso. Adeptos de ambas as posições argumentaram efetivamente e ajudaram o grupo a apreciar a importância de examinar uma ampla gama de fontes de dados.

Outro exemplo diz respeito à preparação para testes. Alguns membros do grupo sentiram que era crítico dedicar tempo pedagógico com vistas a preparar os alunos para fazer exames de alto risco. Outros argumentaram que a preparação para o teste inflacionou artificialmente os escores, evidenciando que eles não refletem o conhecimento transferido. Forjar um entendimento comum entre os diretores, que estavam sob intensa pressão para melhorar as pontuações dos testes, e os peritos de avaliação, que foram cautelosos em relação à inflação dos escores, foi um desafio. No entanto, o nosso compromisso de melhorar a qualidade da educação para os alunos levou-nos a procurar um terreno comum. As sugestões bem pensadas que cada um de nós ofereceu sobre os muitos rascunhos de cada capítulo nos ajudaram a encontrá-lo. Frequentemente voltamos à questão de saber se o conteúdo e o tom de cada capítulo seriam úteis para os líderes escolares que estão focados em melhorar o ensino e aumentar a aprendizagem dos alunos.

Embora tenhamos raízes urbanas, vemos nossa abordagem ao uso de dados e nossos exemplos para iluminá-los como relevantes para os educadores que trabalham em todos os tipos de escolas. Projetamos os dois estudos de caso compostos que apresentamos no livro para refletir muitos dos desafios que os educadores nas escolas de todo o país enfrentam hoje.

Muitas pessoas e organizações contribuíram para tornar este livro possível. Em vez de simplesmente listá-las, fornecemos uma breve descrição das atividades que levaram à criação do nosso grupo de seminários e as pessoas que possibilitaram isso.

Na primavera de 2001, o professor Richard Murnane, de Harvard, organizou-se com o superintendente da Boston Public Schools (BPS), Thomas Payzant, para passar o próximo ano letivo ajudando o escritório central da BPS a melhorar o apoio oferecido às escolas em relação a como aprender com os resultados das avaliações dos estudantes. Uma das primeiras questões que Murnane percebeu no planejamento do ano foi que vários grupos já estavam ativamente engajados em ajudar as escolas públicas de Boston a aprender com os resultados das avaliações dos estudantes. Tiveram particular importância os funcionários do escritório central da BPS e o Boston Plan Excellence (BPE), parceiro externo da BPS.

Na BPS, Maryellen Donahue, diretora do Escritório de Pesquisa e Avaliação, Al Lau, diretor do Escritório de Sistemas de Informação, e Ann Grady, diretora do Escritório de Tecnologia da Informação, criaram conjuntamente uma ferramenta de *software* chamada LIZA (sigla para zona de intranet local para administradores), que permitiu que os diretores da BPS obtivessem informações eletronicamente sobre os alunos de suas escolas. Um dos pontos fortes da LIZA foi o fato de fornecer acesso aos dados do banco de dados central de alunos da BPS, que foi atualizado todas as noites. Isso foi importante porque, com uma população estudantil variável, os alunos matriculados em certas escolas em janeiro eram um grupo muito diferente dos matriculados em setembro do ano anterior. Uma limitação significativa da LIZA foi o fato de a ferramenta não ter sido criada para apoiar a análise de padrões nos resultados das avaliações dos estudantes, sendo, portanto, difícil de usar para esse fim. Assim, enquanto alguns diretores experientes no uso do computador utilizaram a LIZA para baixar dados que eles, em seguida, analisaram em planilhas eletrônicas, a maioria não o fez. Uma segunda limitação foi que os professores não tinham acesso a essa ferramenta.

Em resposta às solicitações dos diretores da BPS para obter ajuda na análise dos resultados das avaliações dos estudantes, Ellen Guiney, diretora executiva do BPE, pediu que Kristan Singleton, então diretor de tecnologia do BPE, criasse um *software* de computador com essa finalidade. Singleton liderou um grupo que criou o FAST Track, um *software* fácil de usar. Por volta do ano de 2001, mais de 40 escolas públicas de Boston estavam usando o novo *software* para criar relatórios de desempenho estudantil. No entanto, o FAST Track também teve suas limitações. Mais importante ainda, utilizou os dados dos alunos que os diretores da escola podiam solicitar ao escritório central da BPS e que um funcionário do BPE carregava no computador de cada escola no começo do ano letivo. As escolas com populações de estudantes variáveis tiveram que repetir esse processo demorado várias vezes ao longo do ano letivo. Uma segunda limitação foi que as atualizações do FAST Track tinham que ser carregadas no computador de cada escola pela equipe do BPE, outro processo demorado.

As equipes da BPS e do BPE estavam aprendendo muito no processo de trabalho com as escolas públicas de Boston sobre o uso de dados, assim como os estudantes de doutorado da HGSE que trabalhavam com escolas públicas selecionadas de Boston no uso dos dados com o apoio financeiro do Office of School Partnerships. No entanto, os grupos trabalharam separadamente e não aprenderam uns com os outros nem partilharam seus conhecimentos para descobrir como apoiar as escolas de forma mais eficaz.

Para facilitar tal aprendizado, Maryellen Donahue e Richard Murnane convidaram pessoas que estavam trabalhando em questões de dados com a BPS para participar de um *workshop* dedicado a aprender como tornar o trabalho mais efetivo. Cerca de 20 pessoas aceitaram o convite, e o *workshop* se realizou por duas horas a cada semana durante o ano letivo. Fora da oficina veio a constatação de que a BPS precisava de um sistema de dados e *software* que permitisse que seus diretores e professores examinassem com eficiência as pontuações dos testes de seus alunos.

Perto do final do ano letivo de 2001, o BPE e as escolas públicas de Boston concordaram em reunir os conhecimentos que adquiriram no desenvolvimento das ferramentas LIZA e FAST Track e em trabalhar em conjunto para criar tal sistema de dados. Além disso, decidiram transformar o *software* em uma parte do MyBPS, um sistema abrangente baseado na Web, projetado por uma equipe liderada por Albert Lau e Alice Santiago, que forneceu às escolas de Boston uma ampla gama de informações. O resultado foi o MyBPS Assessment, um sistema que combinou os pontos fortes da LIZA e do FAST Track e agora é usado por todas as escolas de Boston para analisar os resultados das avaliações dos estudantes. Vários colaboradores deste livro trabalharam nesse projeto e aprenderam muitas das lições descritas aqui.

Depois que o *software* MyBPS Assessment foi disponibilizado, o próximo desafio consistiu em fornecer suporte para que os educadores da BPS pudessem aprender a usá-lo. Novamente, a Harvard Graduate School of Education, as escolas públicas de Boston e o BPE trabalharam juntos para responder a essa necessidade. Juntos, eles receberam e financiaram a criação de um curso de um ano que ensinava equipes de educadores da BPS e da HGSE a fazer uso construtivo dos resultados das avaliações dos estudantes.

Em 2003, Kathryn Boudett tornou-se a principal instrutora no curso de dados, com o apoio dos doutorandos da HGSE Elizabeth City e Liane Moody. Boudett liderou um projeto de pesquisa para o BPE criado para iluminar as melhores práticas de uso de dados em Boston. Moody tinha contribuído para esse trabalho e havia desempenhado papel fundamental no desenvolvimento do *software* MyBPS Assessment como membro da equipe do BPE. City trabalhou como assessora de alfabetização e como assessora de mudança para a BPS e estava muito consciente dos desafios que o corpo docente das escolas enfrentou ao aprender a fazer uso construtivo dos resultados das avaliações dos estudantes. Ao longo dos dois anos seguintes, a equipe de ensino desenvolveu novas estratégias para o ensino de habilidades críticas para equipes de 17 escolas públicas de Boston. Muitas das ideias descritas aqui foram desenvolvidas no processo de planejamento e ensino desse curso, inclusive a concepção do ciclo de melhoria em torno do qual esse livro é organizado.

Antes de iniciarmos o trabalho de produção deste livro, Thomas Payzant, Maryellen Donahue, Albert Lau e Ann Grady, das escolas públicas de Boston, criaram um ambiente que tornou possível seu projeto. O BPE, sob a liderança de sua diretora executiva Ellen Guiney, apoiou a criação do MyBPS Assessment, a formação de educadores da BPS e o desenvolvimento do curso de dados. Kristan Singleton, diretor adjunto do BPE, desempenhou um papel crítico na orquestração da contribuição vital do BPE para o desenvolvimento do MyBPS Assessment. Ellen Lagemann, reitora da HGSE de 2002 a 2005, ajudou a tornar o curso sobre os dados e o seminário do livro possíveis.

Uma vez que começamos a pesquisa e a escrita, muitas outras pessoas fizeram contribuições valiosas para o nosso trabalho. Estendemos nossos sinceros agradecimentos aos muitos educadores que leram todo ou partes do projeto original e teceram comentários que nos ajudaram a fortalecer o livro: Adrienne Chisolm, Hunter Credle, Stefanie Reinhorn, Oscar Santos e Sara Schwartz Chrismer. Essas pessoas nos ajudaram a fundamentar a abordagem dos estudos de caso das escolas para melhorar o ensino em práticas bem estabelecidas e realistas. Também agradecemos a Tim Dugan, da Kestrel Heights School, em Durham, Carolina do Norte, e a Rob Matheson, da Apex High School, em Apex, Carolina do Norte, por terem nos ajudado a entender o sistema de avaliação estudantil do seu estado.

Alguns dos nossos colegas de Harvard também ajudaram a delimitar nosso trabalho. O professor da HGSE Richard Elmore nos auxiliou a definir e compreender a ideia de um problema de prática, um termo importante no Capítulo 5. A professora da HGSE Katherine Boles nos estimulou a pensar cuidadosamente sobre o que significa escrever para um público de líderes escolares. O professor da HGSE Robert Schwartz apresentou nossas ideias para o diretor Douglas Clayton e a diretora-assistente Caroline Chauncey do Harvard Education Publishing Group. Eles acolheram nossas ideias para um livro e nos ajudaram a concretizá-lo.

As contribuições de Caroline Chauncey foram além de fornecer boas ideias para o desenvolvimento dos argumentos e afiar a escrita. Durante o ano letivo de 2004–2005, ela participou de nossas reuniões mensais e respondeu às muitas perguntas sobre como transformar nossos capítulos em um livro coerente e útil. Chris City fez um trabalho maravilhoso de edição e aperfeiçoamento do texto original; somos gratos por sua dedicação ao projeto durante a fase mais intensa da escrita. Wendy Angus deu apoio logístico crítico para o seminário do livro e para a produção da obra.

O trabalho que resultou neste livro não teria sido possível sem apoio financeiro. Sob a orientação de Marshall Smith, um defensor de longa data do uso de dados para orientar a melhoria do ensino, a William and Flora Hewlett Foundation foi uma das primeiras a apoiar a iniciativa FAST Track do BPE e o trabalho de Murnane em Boston. O apoio crítico subsequente para a pesquisa que nos conduziu a este livro foi dado pela Spencer Foundation e por William e Juliana Thompson. Agradecemos a esses indivíduos e organizações por sua fé no valor de nosso projeto não convencional.

Alguns dos colaboradores mais importantes para as ideias descritas neste livro são os muitos educadores da BPS e estudantes de pós-graduação da HGSE que participaram do curso de dados HGSE-BPS e que nos permitiram aprender sobre os desafios do uso dos resultados de avaliação para melhorar o ensino e a aprendizagem. Como indicação de nosso apreço por seu apoio, todos os direitos autorais deste livro serão doados à Harvard Graduate School of Education para o trabalho com as escolas públicas de Boston.

Sumário

SEÇÃO IV Integrar

Introdução

Kathryn Parker Boudett
Elizabeth A. City
Richard J. Murnane

OS RUMORES DE QUE OS DADOS DA AVALIAÇÃO DA ÚLTIMA PRIMAVERA ESTAVAM no *site* da secretaria de educação do estado se espalharam rapidamente. Quando o diretor Roger Bolton fez *login* no sistema, a notícia foi desagradável. A Franklin High School havia sido listada mais uma vez como uma escola "em necessidade de melhoria" por não aumentar o percentual de alunos da 1ª série do ensino médio com resultados bons o suficiente nos exames de línguas e matemática para receber diplomas de conclusão do ensino médio. Páginas e mais páginas de gráficos e tabelas mostravam detalhes desanimadores. O enorme volume de informações era esmagador.

Frustrado como professor pelo quão pouco a Franklin esperava de seus alunos academicamente, Roger tinha prometido a si mesmo que, quando se tornasse diretor, cumpriria sua missão de "erguer o nível da aprendizagem". Mas, agora, os resultados recém-liberados da avaliação recordaram-no de que seria julgado primeiramente pela sua capacidade de "levantar o escore dos testes". Ele queria acreditar que havia algo que os professores da escola poderiam aprender com todos esses números que os ajudaria a melhorar a aprendizagem dos alunos e a aumentar as pontuações. Mas ele não sabia por onde começar.

Muitos líderes escolares em todo o país compartilham a frustração de Roger – uma falta de conhecimento sobre como transformar montanhas de dados sobre o desempenho estudantil em um plano de ação para melhorar o ensino e aumentar a aprendizagem. Houve progressos na resposta a esse desafio, mas surgiram obstáculos ao longo do caminho. Alguns aprenderam a identificar padrões nos resultados das avaliações dos estudantes, mas não descobriram o que fazer a seguir. Outros não conseguiram convencer seus colegas sobre o valor desse trabalho. Outros ainda desenvolveram planos de ação, mas não conseguiram implementá-los. Alguns implementaram planos para melhorar o ensino, mas não souberam avaliar a sua eficácia. O objetivo deste livro é ajudar os educadores em todas essas posições a aprender a analisar os dados de uma forma que contribua para melhorar o ensino e aumentar a aprendizagem dos alunos.

Quando usamos o termo "dados", referimo-nos não apenas às pontuações em testes de alto risco administrados para monitorar políticas de educação estaduais e federais, mas também à ampla variedade de outras informações sobre habilidades e conhecimentos dos alunos geralmente disponíveis nas escolas. Por exemplo, um número crescente de municípios administra avaliações internas ou de *benchmark* com o objetivo de analisar a preparação dos alunos para avaliações estaduais. Alguns municípios também administram testes de final de ano. Muitas escolas avaliam as conquistas dos estudantes em feiras de ciências ou exposições em que os projetos estudantis são classificados usando rubricas acordadas. Depois, é claro, há os testes de sala de aula, projetos e lições de casa que cada professor passa aos estudantes à medida que eles progridem ao longo do currículo. Esses são apenas alguns dos tipos de dados que os educadores podem examinar proveitosamente para a melhoria do ensino.

Quando usamos o termo "líderes escolares", referimo-nos não apenas aos diretores, mas também aos professores, coordenadores pedagógicos, chefes de departamento e assessores pedagógicos que estão comprometidos em envolver seus colegas na melhoria do ensino em sua escola. Uma premissa central subjacente a este livro é que uma boa escola não é uma coleção de bons professores que trabalham de modo independente, mas uma equipe de educadores qualificados que trabalham juntos para implementar um plano de ensino coerente, para identificar as necessidades de aprendizagem de cada aluno e para atender a essas necessidades. Acreditamos que o processo de aprendizagem a partir de dados contribui para construir uma escola eficaz e para ajudar a escola a continuar a melhorar o seu desempenho.

UM DESAFIO EM CURSO

A evidência de longo prazo da National Assessment of Educational Progress (NAEP) realizada nos Estados Unidos mostra que a média dos escores de leitura e matemática dos alunos de 9, 13 e 17 anos de hoje é um pouco maior do que a observada na década de 1970. Isso é consistente com a visão da maioria dos educadores de que eles estão se esforçando ao máximo e pelo menos fazendo tanto quanto seus colegas fizeram 30 anos atrás. Então, qual o motivo dessa enorme pressão externa para melhorar as escolas, conforme incorporada nas recentes mudanças políticas, cujo objetivo é avaliar os alunos em relação a um núcleo curricular comum e avaliar em que medida os professores estão lhes ensinando esse conteúdo?

Em grande parte, a resposta reside em mudanças na economia que reduziram drasticamente as oportunidades de ganhos para os norte-americanos que deixam a escola sem habilidades fortes em leitura, escrita e matemática e sem a capacidade de usar essas habilidades para adquirir novos conhecimentos e resolver novos problemas. Essas mudanças impressionantes em longo prazo na economia dos Estados Unidos são responsáveis por grande parte da pressão que as escolas norte-americanas enfrentam para melhorar a aprendizagem dos alunos. Uma preocupação extra são as lacunas persistentes e consideráveis nas habilidades acadêmicas médias de alguns alunos em comparação com outros. Essas lacunas muitas vezes existem entre grupos de estudantes de diferentes raças, rendas, necessidades especiais e idiomas nativos. Um achado surpreendente de pesquisas recentes é que, embora as lacunas de desempenho entre estudantes de diferentes raças e etnias tenham diminuído um pouco nas últimas décadas, as lacunas em habilidades matemáticas e de leitura entre crianças de famílias relativamente ricas e famílias de renda relativamente baixa ampliaram-se de forma substancial neste período. Até que essas lacunas sejam sanadas, muitos trabalhadores terão acesso negado ao número crescente de empregos que exigem a resolução de problemas e habilidades de comunicação e que pagam o suficiente para sustentar uma família.

Uma mudança importante no panorama educacional dos Estados Unidos é que 48 dos 50 estados do país adotaram Padrões Curriculares Estaduais Comuns que especificam quais habilidades de línguas e de matemática as crianças devem dominar em cada nível escolar. Os Padrões Curriculares Estaduais Comuns são consideravelmente mais exigentes do que os padrões curriculares vigentes na maior parte dos estados e estabelecem metas que excedem substancialmente os desempenhos atuais da maioria dos estudantes norte-americanos, sobretudo aqueles de famílias de baixa renda. Adotar os Padrões Comuns faz sentido porque eles estão mais bem alinhados do que a maioria dos padrões estaduais hoje em relação às habilidades que graduados de escolas americanas precisarão para ter uma vida decente. Além disso, a adoção de avaliações comuns pela maioria dos estados, se não todos, permitirá comparações em relação ao ensino das habilidades às crianças de diferentes estados. No entanto, uma consequência da introdução de avaliações de competências baseadas nos Padrões Comuns, que estava programada para ocorrer o mais tardar em 2015, mostraria lacunas ainda mais amplas nas habilidades em relação a estudantes de diferentes rendas do que as lacunas reveladas pelas avaliações atuais. Sanar essas lacunas representa um desafio importante para as escolas da nação.

Trabalhamos com educadores que estão sob grande pressão para melhorar drasticamente a qualidade do ensino que as crianças recebem na escola. Acreditamos que as ideias neste livro ajudarão os educadores a melhorar o ensino e aumentar a aprendizagem dos alunos. Além disso, vemos isso como um objetivo digno não apenas porque ele vai ajudar as pessoas da próxima geração de norte-americanos a ganhar o suficiente para sustentar seus filhos, mas também porque isso vai lhes dar as habilidades necessárias para contribuir para a vida civilizada em uma democracia assolada por uma série de problemas.

A forma como as escolas efetivas funcionam não é um mistério. Elas têm um programa de ensino coerente bem alinhado com padrões robustos. Elas têm uma comunidade de adultos comprometidos a trabalhar juntos para desenvolver as habilidades e o conhecimento de todas as crianças. Elas descobriram como arranjar tempo para fazer esse trabalho e estão adquirindo as habilidades para fazê-lo bem. Este livro foi escrito para os educadores que estão comprometidos com esse trabalho. Defendemos que analisar uma variedade de resultados de avaliações dos estudantes pode contribuir para o cumprimento de seus objetivos, desde que uma atenção cuidadosa seja dada às limitações dos testes e aos desafios técnicos na interpretação das respostas dos alunos.

Quando os alunos recebem instruções consistentes de alta qualidade, as pontuações em testes de alto risco aumentam. No entanto, o inverso não precisa ser verdade. Diante da pressão para melhorar os escores dos testes, alguns educadores analisam os resultados das avaliações dos estudantes a fim de identificar aqueles que precisam de mais alguns pontos para passar no exame de graduação, com a intenção de aprimorar suas habilidades de teste. Preparar os alunos para passar nos exames necessários para a conclusão do ensino médio é claramente importante. Todavia, é ainda mais importante que o tempo seja gasto ajudando-os a desenvolverem as habilidades que precisarão depois disso.

Alguns educadores examinam os testes para identificar perguntas e formatos de item frequentemente usados com o objetivo de dedicar tempo de ensino para ajudar os alunos a ter um bom desempenho em testes específicos.

Familiarizar os alunos com o formato dos testes de alto risco faz sentido, assim como explicar estratégias para melhorar pontuações, como responder a cada pergunta de resposta aberta. No entanto, a linha entre garantir que obtenham experiência em fazer provas e o uso do escasso tempo de ensino na preparação para um teste específico de alto risco é muito tênue. Embora "ir direto ao ponto" possa levar a melhores pontuações, isso não preparará os estudantes para prosperar em nossa sociedade cada vez mais complexa.

ESTRUTURANDO A MELHORIA: UM MAPA DO PERCURSO

Para líderes escolares como o diretor Roger Bolton, as barreiras para o uso construtivo e regular dos dados de avaliação dos estudantes com o objetivo de melhorar o ensino podem parecer intransponíveis. São muitos dados. Por onde começar? Como arranjar tempo para o trabalho? Como construir a habilidade do seu corpo docente para interpretar dados de maneira detalhada? Como construir uma cultura que se concentra na melhoria, e não na culpa? Como manter o impulso ante todas as outras demandas de sua escola? Este livro aborda todas essas questões, apresentando estratégias e ferramentas com o propósito de identificar possíveis explicações para um desempenho estudantil forte e fraco, examinar a importância de explicações alternativas e planejar e executar estratégias para melhorar o ensino e a aprendizagem.

Descobrimos que organizar o trabalho de melhoria do ensino em torno de um processo com passos específicos e gerenciáveis ajuda os educadores a se tornarem confiantes e hábeis no uso de dados. Esse processo inclui oito atividades distintas com as quais os líderes escolares se envolvem para usar os dados de avaliação dos estudantes efetivamente. Cada atividade é o foco de um capítulo. Vemos as oito atividades divididas em três categorias: preparar, investigar e agir.

Utilizamos o gráfico do processo de melhoria do Data Wise mostrado a seguir para ilustrar a natureza cíclica do trabalho. De início, as escolas se preparam – elas se envolvem em atividades que estabelecem uma base para aprender com os resultados das avaliações dos estudantes. Então começam a investigar e, subsequentemente, agir sobre o que aprenderam. Por fim, o ciclo volta para mais investigação.

Preparar envolve colocar em vigor a estrutura para a análise de dados e olhar para os dados existentes a partir de testes padronizados. O Capítulo 1 descreve as tarefas envolvidas na organização do trabalho

O PROCESSO DE MELHORIA DO DATA WISE

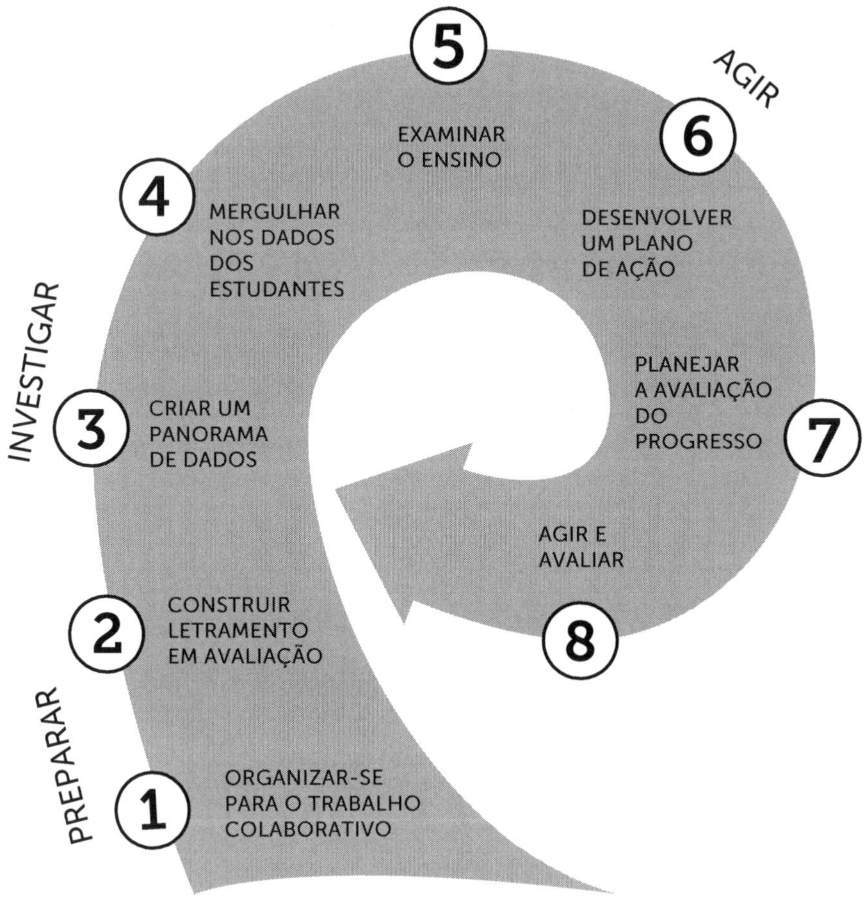

colaborativo, incluindo o estabelecimento de equipes e o entendimento dos dados existentes. O Capítulo 2 explica os elementos do letramento em avaliação que são fundamentais para interpretar corretamente os resultados dos testes.

Investigar abrange a aquisição do conhecimento necessário para decidir como aumentar a aprendizagem do estudante. O Capítulo 3 descreve as tarefas envolvidas na criação de uma visão geral dos dados, em especial como construir gráficos que permitirão aos docentes da escola identificar prontamente semelhanças nos resultados das avaliações padronizadas.

O Capítulo 4 explica como mergulhar no trabalho dos alunos, primeiro em uma única fonte de dados e, em seguida, em outras fontes de dados, com o objetivo de identificar e compreender um "problema centrado no aprendiz". O Capítulo 5 mostra como examinar o ensino para entender como é a prática atual e como ela se relaciona com a prática efetiva do problema centrado no aprendiz.

Agir é sobre o que fazer para melhorar o ensino e avaliar se as mudanças realizadas fizeram diferença. O Capítulo 6 descreve as tarefas envolvidas no desenvolvimento de um plano de ação efetivo. O Capítulo 7 aborda o planejamento de como avaliar se os alunos estão aprendendo mais. Uma mensagem-chave é que a estratégia de avaliação e o plano de ação devem ser desenvolvidos ao mesmo tempo. O Capítulo 8 descreve as principais tarefas envolvidas na elaboração de um plano de ação nas salas de aula e na avaliação da implementação e da eficácia ao longo do caminho.

OS HÁBITOS MENTAIS ACE

Algo que aprendemos em quase uma década de trabalho com as escolas é que a mudança real e duradoura implica mais do que realizar as tarefas envolvidas em cada passo do processo de melhoria do Data Wise. O Data Wise não é um "programa" a "implementar", mas sim um meio de organizar e trazer coerência para as atividades de melhoria que você já faz. Pensamos nisso como uma forma de trabalhar. A base desse processo é uma maneira disciplinada de pensar que orienta como os educadores abordam o seu trabalho diário. Chamamos essa fundação de "Hábitos Mentais ACE".

> Compromisso compartilhado com **Ação**, avaliação e ajustes
> **Colaboração** intencional
> Foco implacável em **Evidências**

Fizemos dos hábitos ACE uma parte central do nosso ensino porque aprendemos que, para a maioria de nós, esses hábitos não vêm naturalmente, e os hábitos que seguimos por padrão podem agir contra o nosso desejo de usar os dados de modo eficaz.

O compromisso compartilhado com **ação, avaliação** e **ajustes** significa que todo o trabalho que se faz – não apenas o plano de ação formal para melhorar o ensino que é desenvolvido no Passo 6 – é voltado para fazer, e não apenas para falar. Cada reunião da qual participa tem objetivos claros, incluindo perguntas, análises e decisões que fazem o trabalho avançar. Esses passos de ação tornam-se objeto de grande escrutínio, porque você está sempre avaliando em que medida suas ações o estão levando na direção em que deseja seguir – e ajustando suas ações quando elas ficam aquém do esperado. Contrastamos esse hábito com dois hábitos-padrão nos quais é fácil cair. Um envolve entrar em um estado de "paralisia de análise", em que reunião após reunião é dedicada a recolher mais informação e nada é resolvido. Do outro lado do espectro está o hábito de idealizar cegamente à frente. Neste caso, a inclinação é permanecer em curso com um plano (em geral sem medo de que correções de meio de caminho sejam um sinal de falha) ou abandoná-lo inteiramente (o que significa muitas vezes que as boas ideias são jogadas fora junto com as más). Cultivar um compromisso compartilhado com ação, avaliação e ajustes ajuda as equipes a seguir o caminho do meio, rumo a uma melhoria real.

A **colaboração** intencional significa ser extremamente deliberado em como e quando você envolve os educadores com o trabalho. Isso significa tomar decisões conscientes sobre quem levar para a mesa para uma conversa particular, e estruturar essa conversa para que a sabedoria coletiva do grupo seja trazida para servir de apoio. O hábito-padrão aqui assume que, só porque você colocou as pessoas juntas na mesma sala, a interação produtiva ocorrerá. Na realidade, o que muitas vezes acontece é que as pessoas não se aprofundam nas conversas mais importantes, esforçando-se para manter a interação agradável. Ou as pessoas voltam-se para os padrões de participação preestabelecidos que deixam algumas vozes de fora do diálogo. Ao longo deste livro, compartilhamos estratégias específicas para organizar diferentes tipos de discussões a fim de construir confiança e permitir que as pessoas interajam umas com as outras com energia e propósito.

O foco implacável em **evidências** é um hábito que muitas vezes provoca risadas assim que o mencionamos, uma vez que pode parecer um pouco obsessivo. Mas oferecemos a ideia desse hábito com toda a seriedade, visto que os líderes escolares de tempos em tempos nos dizem que o que eles fazem de mais importante para construir a confiança é estabelecer uma cultura que toma decisões baseadas em declarações específicas e descritivas sobre uma ampla variedade de fontes de dados. Mas eles também nos dizem que ler em informativos de dados todo o tipo de informação que não está exatamente lá é um hábito profundamente arraigado na maioria das pessoas, sendo necessário bastante esforço para romper com ele.

Temos observado que, em vez de fazer uma declaração concreta sobre o que veem, as pessoas tendem a fazer uma inferência sobre *por que* elas veem o que veem. A afirmação "O professor não sabe como deixar os alunos pensarem por si mesmos" leva a uma conversa muito diferente do que a afirmação "Das cinco vezes em que o professor fez uma pergunta, em quatro delas ele mesmo respondeu". No primeiro caso, há uma inferência e um julgamento que podem colocar pessoas na defensiva. No segundo, há uma simples afirmação de um fato, algo sobre o qual é muito mais difícil argumentar – e muito mais fácil remediar. Quando as interpretações são oferecidas como fatos (e quando essas interpretações variam muito), é extremamente difícil obter consenso sobre qual é o problema, muito menos sobre como resolvê-lo. Tendo em vista que todos estamos tão acostumados a entrelaçar nossas declarações com inferências, cultivar o hábito de manter um foco implacável em evidências exige esforço. Mas isso é possível e, quando amplamente praticado, pode permitir que o processo de melhoria de fato decole.

Para ajudá-lo a ver como esses hábitos se conectam ao processo de melhoria do Data Wise, oferecemos, no final de cada capítulo, ideias concretas sobre como tecer os Hábitos Mentais ACE em um determinado passo. Não pule esses *insights* ACE! Eles foram coletados a partir de nossa experiência com escolas ao redor dos Estados Unidos e do mundo que encontraram maneiras de cultivar esses hábitos em seu trabalho diário. Ao mostrar-lhe algumas das práticas específicas que outros educadores têm incorporado em suas rotinas diárias, esperamos ajudá-lo a ser mais bem-sucedido na forma como as realiza.

COMO ESTE LIVRO ESTÁ ORGANIZADO

Os primeiros oito capítulos deste livro se concentram nas tarefas que os líderes escolares enfrentam em cada passo do processo de melhoria do Data Wise, oferecendo ferramentas para realizar tais tarefas e lições de escolas que fizeram esse trabalho.

Para dar vida a essas tarefas, trazemos relatos de duas escolas ao longo de todo o livro: Franklin High School, com alunos do ensino médio, e Clark K-8 School, com alunos da educação infantil aos anos finais do ensino fundamental. As duas escolas do estudo de caso estão trabalhando para melhorar a aprendizagem dos alunos, e não simplesmente para melhorar os escores dos testes. A Clark enfrenta o desafio de construir um senso de urgência para a melhoria contínua, em vez de aceitar como satisfatório o desempenho moderadamente forte que a maioria dos seus alunos mostra em testes padronizados. A Franklin High School enfrenta um desafio diferente, mas também muito difícil: como responder de maneira construtiva à enorme pressão para reduzir as taxas de evasão e as taxas de reprovação no exame estadual de graduação. Os capítulos descrevem as escolhas e os desafios que essas escolas enfrentam em cada passo de suas respectivas jornadas e ilustram a "bagunça" de aplicar o processo de melhoria na prática. Quando precisamos fornecer uma gama mais ampla de respostas do que esses dois casos podem oferecer, complementamos os nossos exemplos com breves descrições de abordagens adotadas por outras escolas com as quais trabalhamos.

A última seção do livro é dedicada a apoiar os leitores na integração dessa melhoria em seu trabalho. O Capítulo 9 descreve as etapas que as secretarias municipais podem realizar para apoiar os esforços das escolas ao fazer uso construtivo dos resultados das avaliações dos estudantes. O capítulo é projetado para ser um recurso para superintendentes escolares e outros líderes municipais comprometidos em ajudar as escolas a se tornarem "Data Wise".

O Capítulo 10 fornece nosso melhor *insight* sobre como funciona uma escola quando ela permite que o processo e os hábitos mentais se desenvolvam de forma sustentável. Contribuímos com a nossa experiência, que nos mostrou as distintas abordagens adotadas pelas escolas que têm sido realmente capazes de fazer esse trabalho acontecer.

O livro termina com uma descrição das publicações e dos recursos de desenvolvimento profissional que criamos para dar suporte à sua jornada Data Wise. Essas ferramentas incluem o nosso *site*, em que continuamos a adicionar recursos à medida que eles se tornam disponíveis.

COMO USAR ESTE LIVRO

Para os líderes relativamente novos no processo de utilização de dados, recomendamos primeiro folhear todo o livro e, em seguida, trabalhar os capítulos de forma sequencial com um grupo de professores comprometidos.

Em certo sentido, cada capítulo pode ser lido como uma "lista de afazeres" das tarefas que ajudarão no avanço do trabalho. Ao seguir o progresso das duas escolas do estudo de caso à medida que elas percorrem seu caminho em torno do ciclo de melhoria, seu grupo vai ver como outras escolas lidam com essas tarefas. Ao usar os protocolos, exercícios e modelos apresentados nos capítulos, você deve achar relativamente simples o planejamento de reuniões eficazes com professores em cada tópico.

Para os líderes escolares com uma experiência considerável no uso de dados, pode não ser necessário seguir a sequência dos capítulos. Cada capítulo é projetado para existir sozinho, permitindo que os profissionais se concentrem em estratégias de aprendizagem que lidam com as partes do processo que consideram mais desafiadoras. De maneira alternativa, os líderes escolares podem pegar este livro no ponto do ciclo em que se encontram, sabendo que eventualmente vão trabalhar à sua maneira ao longo de todo o percurso. Alguns leitores vão querer começar com o Capítulo 10 para obter uma ideia ampla sobre como esse trabalho pode ser integrado às escolas ao longo do tempo.

Líderes de desenvolvimento profissional e professores universitários podem achar este livro útil para o planejamento de cursos que reúnam educadores de diferentes lugares. Em nossa experiência, as escolas aprendem muito trabalhando a partir do material em um capítulo específico por conta própria e, em seguida, unindo-se com pessoas de outras escolas para compartilhar seu trabalho, discutir suas preocupações e receber apoio técnico e moral dos instrutores. Os líderes escolares muitas vezes sentem-se revitalizados com as oportunidades de mostrar o trabalho de sua escola para colegas de outras instituições e saborear a chance de tomar emprestadas boas ideias.

Para o pessoal de secretarias de educação e outros que desejam aprender mais sobre como apoiar a melhoria no nível escolar, recomendamos a leitura dos primeiros oito capítulos a fim de desenvolver uma compreensão dos desafios que os educadores escolares enfrentam na tentativa de aprender a partir dos resultados das avaliações dos estudantes. Em seguida, que se concentrem nos capítulos da seção Integrar para obter *insights* que podem ser particularmente úteis.

Os *designers* de bancos de dados podem usar o livro para ajudar a pensar os processos aos quais o seu *software* precisa dar suporte. Os desenvolvedores de testes podem utilizar o livro como uma oportunidade de entender o que as pessoas que trabalham nas escolas precisam obter das avaliações – especialmente formativas – e o que podem fazer com os resultados quando os obtiverem. Por fim, os gestores em todos os níveis podem usar este livro para ajudá-los a entender quão difícil é o trabalho de usar os dados para melhorar as escolas, quanto tempo ele demora e como pode valer a pena.

SEÇÃO I

Preparar

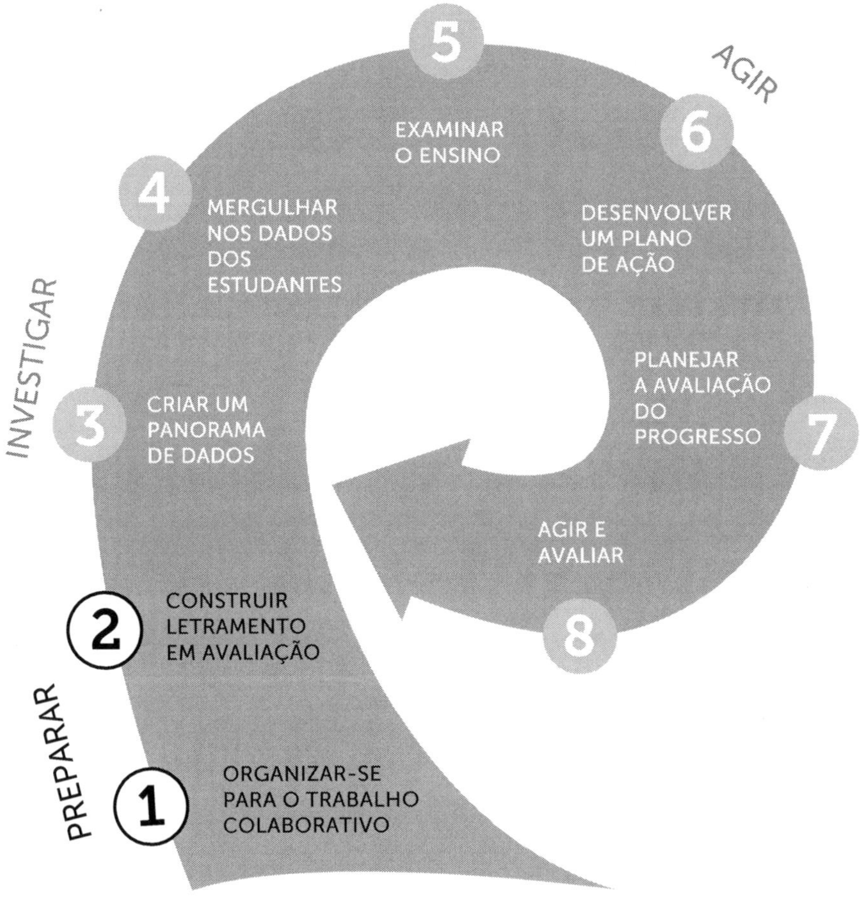
PREPARAR
1
ORGANIZAR-SE PARA O TRABALHO COLABORATIVO
2
CONSTRUIR LETRAMENTO EM AVALIAÇÃO
INVESTIGAR
3
CRIAR UM PANORAMA DE DADOS
4
MERGULHAR NOS DADOS DOS ESTUDANTES
5
EXAMINAR O ENSINO
AGIR
6
DESENVOLVER UM PLANO DE AÇÃO
7
PLANEJAR A AVALIAÇÃO DO PROGRESSO
8
AGIR E AVALIAR

1

Organizar-se para o trabalho colaborativo

Kathryn Parker Boudett
Liane Moody

A CABEÇA DA DIRETORA SANDY JENKINS ESTAVA GIRANDO ENQUANTO ELA E O assistente de direção da Clark K-8 School, Bob Walker, voltavam para a escola após um treinamento de três horas na Secretaria Municipal. Era a terceira semana de agosto e o município tinha revelado sua nova abordagem em relação aos planos de melhoria das escolas. Respondendo à pressão dos governos estadual e federal para aumentar o uso dos dados de avaliação dos estudantes, a Secretaria Municipal projetou um processo que exigia que as escolas incorporassem o aumento da análise de dados em seu planejamento de ensino. Sandy ficou alarmada ao saber que, para cumprir com a nova política de sua escola, precisaria apresentar um plano detalhado, baseado em dados – em breve.

"Eles certamente jogaram muitas atribuições sobre nossas costas", comentou Bob enquanto caminhavam. "Mas não se preocupe... Não é tão ruim quanto você pensa. Estou bastante familiarizado com o *software* que eles estão nos pedindo para usar e acho que posso executar um monte de análises e obter esse plano de melhoria elaborado antes mesmo de a escola iniciar o ano letivo."

Sandy pensou sobre isso. Sendo um assistente de direção em seu primeiro ano naquela instituição, ela ficou feliz ao saber que Bob estava disposto a assumir tão cedo a tarefa pela equipe toda. No entanto, se pode ser eficiente em curto prazo delegar essa tarefa a um ávido administrador, o instinto de Sandy era de que se todo esse planejamento fosse de fato resultar em algo bom, ela precisaria envolver toda a sua equipe no processo.

A diretora Sandy Jenkins está se debatendo com uma pergunta que surge para muitos líderes escolares: é melhor escolher algumas pessoas para se tornarem "especialistas em dados" e dar conta sozinhas dos requisitos dos relatórios, ou construir uma cultura na qual toda a escola participa da análise dos dados e descobre como melhorar o ensino? Em todo o país, os líderes escolares enfrentam decisões difíceis entre escolher a rota relativamente fácil, de usar os dados apenas para atender às demandas das avaliações externas, ou o caminho mais desafiador, de usar os dados para ajudar os educadores a se tornarem responsáveis não somente uns pelos outros, mas também pelos estudantes e sua aprendizagem.

Ao escolher o caminho mais desafiador, aumentam-se as chances de que sua escola usará os dados para inspirar os professores, em vez de pressioná-los, e para iluminar questões profundas, em vez de amplificar as superficialidades. Isso significa comprometer-se em transformar conversas ricas sobre dados em parte do trabalho cotidiano do professor. Mas é preciso esforço para garantir que essas conversas sejam produtivas. A mensagem central deste capítulo é que existem passos específicos que os líderes escolares podem seguir a fim de estabelecer a base para construir um processo de aprendizagem colaborativa para a melhoria escolar.

Há várias maneiras pelas quais as escolas podem se organizar para efetivamente incentivar conversas contínuas sobre os dados dos alunos. Decidir qual abordagem é mais apropriada para a sua instituição exigirá que você pense de forma criativa sobre como pode organizar o tempo de sua escola, pessoas e outros recursos de maneiras que permitam que professores e gestores se engajem regularmente nessas discussões. Os líderes escolares que fazem isso acontecer muitas vezes descreveram-se para nós como comprometidos com a construção de uma "cultura de dados" ou "cultura de investigação" dentro de suas escolas. Descobrimos que três tipos de tarefas básicas podem fundamentar esse tipo de cultura escolar: estabelecer estruturas, dar o tom e fazer um balanço dos recursos. Este capítulo oferece conselhos práticos para engajar-se nessas atividades enquanto você dá seus primeiros passos pelo caminho desafiador – mas gratificante – de usar os dados sabiamente.

ESTABELECENDO ESTRUTURAS

O primeiro conjunto de tarefas fornece o alicerce para sua fundação colaborativa. Isso inclui adotar um processo de melhoria, construir um sistema forte de equipes e arranjar tempo para o trabalho colaborativo.

Adote um processo de melhoria

Um processo explícito para melhorar o ensino e a aprendizagem é o alicerce sobre o qual você construirá sua fundação. Como discutido na Introdução, este livro é organizado em torno do processo de melhoria do Data Wise, um ciclo de investigação que desenvolvemos ao longo de anos de trabalho com as escolas. Descobrimos de maneira consistente que esta abordagem cíclica ajuda os educadores a fincarem os pés no que pode parecer, à primeira vista, um terreno desconhecido. Ao dividir o trabalho em passos menores, o processo passa de uma perspectiva tediosa para algo gerenciável. Enfatizando a repetição envolvida, o processo mostra aos educadores que seu investimento em aprender os passos será recompensado muitas vezes.

Quando trabalhamos com escolas, fica claro que, na prática, os educadores em geral não trabalham ao longo de um ciclo completo em ordem, mas em vez disso revisitam várias partes do processo como a realidade exige. No entanto, escolher um processo de melhoria clara e localizar discussões de dados dentro desse processo pode ser uma ótima maneira de mostrar ao seu corpo docente como o trabalho de melhoria afeta tanto o planejamento de longo alcance de toda a escola quanto a prática cotidiana nas salas de aula.

Um exercício que desenvolvemos para demonstrar a natureza iterativa do trabalho de melhoria envolve convidar os participantes a projetar seu próprio processo de melhoria com base nas etapas que fornecemos (ver o Protocolo de Construção do Processo de Melhoria, disponível em Protocolos Selecionados no final deste livro e no *site* do Projeto Data Wise).[1] Quando é hora de os grupos compartilharem seus projetos, há sempre uma grande variedade. Um grupo pode fazer uma espécie de escadaria, enquanto outro cria um projeto semelhante a uma roda com análise de dados no centro. Quase todos os grupos terão setas indo em muitas direções entre as várias etapas do processo. Na discussão que acompanha seu trabalho no projeto, os educadores exploram a importância de cada etapa do ciclo. Quando os grupos veem a variação nos cartazes criados, eles reconhecem que, embora nenhuma maneira de descrever esse processo seja o caminho "certo", é útil concordar com alguma ordem de eventos para orientar o trabalho.

---

1 Todos os nossos protocolos estão disponíveis no *site* do Projeto Data Wise: http://www.gse.harvard.edu/datawise.

O Data Wise é um processo de melhoria com sua própria linguagem, ações e conceitos específicos, e muitos educadores nos disseram que isso ajuda a organizar seu trabalho. Contudo, o Data Wise é simplesmente *um* dos vários ciclos de melhoria de resolução de problemas, baseados em dados, com uma forte ênfase na colaboração e um olhar aprofundado sobre a prática de ensino. Independentemente de como você quiser chamá-lo ou de como for ajudar a sua escola a compreendê-lo, o mais importante é escolher se comprometer com *algum* processo de melhoria e permitir que ele permeie a sua organização.

Construa um sistema forte de equipes

Em nosso trabalho com as escolas, vimos que muitas já têm uma equipe de liderança de ensino cuja responsabilidade é liderar a melhoria escolar na aprendizagem e no ensino. Essa equipe normalmente é formada por diretor, coordenadores e assessores pedagógicos, bem como professores que representam uma ampla gama de níveis escolares ou departamentos. Se sua escola já tem essa equipe, a primeira mensagem é que o trabalho dela vai se tornar mais importante do que nunca, e que o trabalho será cada vez mais focado em evidências. Se você não tem um grupo central de educadores encarregados de apoiar a sua escola para alcançar a melhoria contínua, chegou a hora de criar um. E, embora a equipe de liderança de ensino seja essencial para orientar e modelar o trabalho de melhoria, é importante entender desde o início que a mudança real somente ocorrerá quando os esforços coordenados de todas as equipes escolares – equipes de liderança e de professores – trouxerem melhores práticas de aprendizagem e ensino para todas as salas de aula.

A diretora Sandy Jenkins resistiu à tentação de responder à ênfase em dados da secretaria e não criou uma "equipe de dados" separada responsável por manter o controle das pontuações dos testes. Em vez disso, ela decidiu usar os dados para ajudar a resolver o trabalho contínuo de sua equipe de liderança de ensino, que incluiu a si mesma, o assistente de direção Bob Walker e professores de vários níveis. Ela sabia que as decisões tomadas por essa equipe poderiam ser prontamente compartilhadas com as quatro equipes já bem estabelecidas e lideradas por professores da escola: uma para a educação infantil, primeiro e segundo ano; uma para o terceiro e quarto ano; uma para o quinto e sexto; e uma para o sétimo e oitavo.

Sandy também planejou revitalizar uma equipe de escola e comunidade, um grupo formado para manter os pais e outros membros da comunidade envolvidos no trabalho escolar. Essa equipe nunca havia encontrado o seu propósito, e ela esperava que o envolvimento deste grupo em diálogo rico sobre os dados dos alunos permitiria que ele desempenhasse um papel mais significativo do que havia tido no passado. Ela resumiu as relações entre as equipes em um simples diagrama (Fig. 1.1) que transmite um fluxo bidirecional de informações entre os grupos dentro da escola.

Criar diagramas como este pode ajudar a esclarecer quais equipes compartilharão a responsabilidade pela melhoria e como as informações aprendidas de suas conversas serão disseminadas. É necessário prestar muita atenção às conexões entre as equipes para garantir que todos estejam envolvidos no trabalho de melhoria escolar. Um dos segredos para a criação de um sistema de equipes interconectadas é ter cada professor como um membro de pelo menos uma equipe de ensino (como uma equipe de série ou de departamento) e, em seguida, garantir que cada equipe envie pelo menos um representante para a equipe de liderança de ensino – um grupo escolar que toma decisões sobre aprendizagem e ensino em toda a escola.

A fim de que essas equipes possam concentrar a maior parte de seu trabalho no uso de dados para melhorar o ensino, pode ser muito importante delegar a responsabilidade pelo trabalho técnico de coleta e gerenciamento de dados a um grupo menor de pessoas. Muitas escolas escolhem um ou mais membros da equipe de liderança de ensino para servir como gerentes de dados. As pessoas que fazem este trabalho usam várias habilidades:

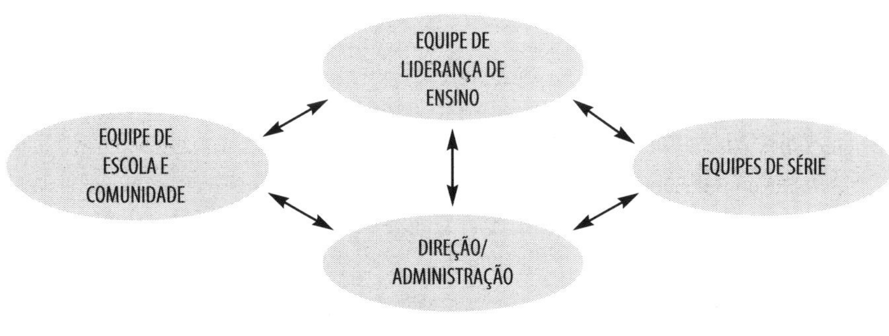

Figura 1.1 Estrutura de equipes da Clark K-8 School.

habilidades organizacionais para supervisionar a coordenação de múltiplas avaliações; habilidades de *software* para fazer o melhor uso da tecnologia; e habilidades de pessoas para interagir efetivamente com o pessoal da escola e do município. Os gerentes de dados precisam ter uma compreensão clara do ensino para que saibam quais tipos de gráficos e modelos os professores vão achar mais úteis. E, para que o trabalho seja bem feito, eles devem não apenas querer fazer o trabalho, mas também dispor de todo tempo, recursos e apoio institucional de que necessitam.

A equipe de liderança de ensino da Franklin High School percebeu em seu recesso de agosto que o gerenciamento de dados para os 1.520 alunos da escola era uma tarefa muito assustadora para ser delegada a qualquer indivíduo. Vários educadores da Franklin se voluntariaram para servir como gerentes de dados responsáveis por supervisionar todas as avaliações administradas na instituição. Assim como muitos educadores com quem trabalhamos, eles estavam dispostos a assumir tal posição porque podiam ver que a escola estava finalmente se comprometendo a fazer um uso construtivo dos dados de avaliação, e eles queriam ter um papel nessa importante transição. O diretor Roger Bolton expressou sua compreensão do compromisso de tempo que estariam fazendo ao liberar os gerentes de dados de outras responsabilidades administrativas, como supervisionar salas de estudo e atividades pós-escolares.

Na Clark K-8 School, que atende 450 alunos da educação infantil até o oitavo ano, a diretora Sandy Jenkins pediu que seu assistente de direção, Bob Walker, assumisse o papel de gerente de dados. Bob tinha forte interesse e aptidão para lidar com os aspectos técnicos do uso de dados, e depois de alguma discussão concordou em concentrar suas habilidades não na conclusão rápida do trabalho, mas sim na construção da capacidade dos professores da Clark de usar a tecnologia para analisar os resultados das avaliações dos estudantes. Ele concordou em trabalhar em estreita colaboração com dois professores-líderes durante o ano letivo, um das séries iniciais e um das séries finais, para garantir que a análise dos dados não se limitasse à administração escolar.

Nossa experiência em trabalhar com escolas nos mostrou que, a menos que os líderes escolares – diretores em particular – estejam dispostos a defender a causa da análise de dados frequentemente e usando os resultados para tomar decisões para a escola, o trabalho de dados não se tornará parte significativa da reforma escolar. Como líder escolar, a melhor maneira de manter contato com as equipes é sentar-se regularmente nas várias reuniões da equipe. Ao fazer parte da conversa, você passa a mensagem de que este trabalho é fundamental para sua missão de liderança e parte do processo de tomada de decisão para toda a escola. No entanto, convém considerar de forma cuidadosa o papel a ser desempenhado em discussões de dados. Como o propósito de tais discussões é permitir que seu corpo docente interprete e construa seu próprio significado a partir dos dados escolares, você vai precisar ter cuidado para não permitir que suas próprias visões silenciem o grupo.

Todavia, você pode usar outras estratégias para se manter informado mesmo quando não puder estar presente. Por exemplo, se você ler as anotações de uma amostragem das reuniões que ocorrem em uma semana específica, pode ficar a par das conversas que estão acontecendo, certificar-se de que as informações estão fluindo livremente entre essas equipes e a liderança da escola, e observar quando as equipes de ensino precisam de assistência. Quando a diretora de uma escola com quem trabalhamos revisou as anotações da reunião semanal da equipe de 2º ano, ela ficou sabendo que os professores estavam tendo dificuldades para agendar o café da manhã com um autor, evento em que os alunos iriam mostrar seus trabalhos para os pais e toda a escola. Essas informações permitiram que a diretora entrasse em cena e ajudasse a equipe de ensino a encontrar um tempo para ajustar o calendário escolar. O esforço da equipe para compartilhar evidências ricas de aprendizagem de alunos com famílias foi beneficiado pela assistência oportuna da diretora. Mais tarde, eles foram capazes de usar seu tempo de reunião de equipe para discutir questões de ensino em vez de questões logísticas.

Por fim, você pode se certificar de que algo acontece como resultado de toda essa conversa. Uma vez que seu corpo docente começa a ver que as perguntas que eles investigam e os *insights* que têm ao olhar para os dados são usados para ajudar a tomar decisões sobre como os recursos escolares são alocados, e que isso é realmente feito, você acredita que a mudança para uma "cultura de investigação" torna-se cada vez mais fácil de alcançar.

Arranje tempo para o trabalho colaborativo

O tempo talvez seja o recurso mais escasso nas escolas. E a única coisa mais difícil do que encontrar tempo para um indivíduo se concentrar em uma determinada tarefa é encontrar tempo para grupos de pessoas trabalharem juntos! A estrutura da equipe que você monta para a realização do trabalho de melhoria determinará em grande parte como o tempo será usado para este trabalho. Felizmente, nos últimos anos muitas escolas reorganizaram seus calendários para permitir que haja tempo de planejamento comum, de modo que as equipes de professores (chamadas muitas vezes de comunidades de prática ou comunidades de aprendizagem profissionais) possam encontrar-se. Descobrimos que fazer uma reunião pelo menos duas vezes por mês para o planejamento colaborativo parece funcionar bem para as escolas. Se sua escola já reservou esse tempo, então sua tarefa envolverá garantir que o trabalho que ocorre durante essas reuniões esteja vinculado ao seu processo de melhoria e fundamentado em ação, colaboração e evidências.

Se a sua agenda atual não permitir que todos os professores se reúnam pelo menos duas vezes por mês em uma equipe dedicada a trabalhar colaborativamente para melhorar a aprendizagem e o ensino, você pode ter que esperar até o próximo semestre ou ano letivo para se reorganizar. Entretanto, você pode tentar ressignificar parte do tempo que já havia planejado. Embora o trabalho de melhoria deva ocorrer durante todo o ano, é muito útil ter tempo para o trabalho de dados concentrado em determinados momentos. Por exemplo, algumas escolas acham a análise de dados mais útil no final ou no início do ano letivo, quando as conversas podem orientar de modo significativo o planejamento de ensino de longo prazo. As escolas também podem concentrar-se fortemente na análise e discussão de dados em junho e julho, quando os professores podem pensar em ajustes no meio do ano. Algumas escolas acham que agendar retiros completos ou de meio dia com todo ou parte do corpo docente é uma forma eficaz de envolver a equipe em trabalho intensivo de dados.

Os líderes escolares devem arranjar tempo no cronograma anual para reuniões colaborativas. Mas como você pode "arranjar" tempo? Vimos muitas escolas elaborando programações criativas que permitem que grupos de professores trabalhem juntos durante o dia escolar, liberando os professores de suas responsabilidades de sala de aula. Uma escola de ensino fundamental desenvolveu uma programação em que os professores poderiam se encontrar com seus pares de mesma série durante o dia escolar nas segundas-feiras, quartas-feiras ou sextas-feiras, e com os de mesma área de conteúdo nas terças ou quintas. Os professores decidiram em que dia da semana se reuniriam e, em seguida, encontravam-se semanalmente com suas equipes de série e área de conteúdo. Em outra escola, o diretor decidiu que os professores participariam de discussões sobre dados durante o tempo de desenvolvimento profissional pós-escolar remunerado com suas equipes de departamento. Uma terceira escola agendou um bloco de 90 minutos todas as manhãs de sexta-feira para os professores trabalharem juntos. Muitas outras escolas se organizam para a realização deste trabalho começando mais cedo ou terminando mais tarde.

DANDO O TOM

Com as estruturas arranjadas, você pode passar a dar o tom sobre como as pessoas trabalharão juntas. Três coisas concretas que se pode fazer em relação a isso são definir expectativas para reuniões efetivas, definir normas para o trabalho colaborativo e reconhecer as preferências de estilo de trabalho dos membros da equipe.

Defina expectativas para reuniões efetivas

O fato de arranjar tempo para o trabalho colaborativo não significa necessariamente que o tempo será usado de maneira eficaz. Uma estratégia poderosa para certificar-se de que seu tempo precioso é bem usado é estabelecer um formato-padrão para agendas da reunião na escola. Uma escola com a qual trabalhamos documentou sua estratégia eficaz de estruturação de reuniões conduzidas por professores.[2] Em nosso trabalho nos mais variados ambientes, consideramos que as agendas mais consistentes têm objetivos claramente estabelecidos, estratégias para garantir que todas as vozes serão ouvidas e tempo dedicado para registrar os próximos passos e discutir como tornar a próxima reunião ainda melhor. As boas agendas também oferecem tempos claros de início e fim e funções distintas - como, por exemplo, um facilitador, um tomador de tempo e um tomador de notas - que envolvem muitos participantes a fim de garantir que a reunião funcione sem problemas.

As boas agendas costumam incluir estratégias explícitas para ajudar os grupos a trabalharem juntos. Ao longo deste livro, referimo-nos a tais estratégias como "protocolos", um termo que aprendemos a partir de um livro fantástico chamado *The power of protocols: an educator's guide to better practice*. Neste livro, Joseph McDonald e seus colegas descrevem protocolo como uma forma de organizar interações entre os membros do grupo. Em seguida, eles oferecem breves descrições de mais de 20 protocolos que os educadores podem usar para tornar suas discussões mais eficazes.

---

2 Veja o artigo: CUNNINGHAM, J. (ed.). *Creating professional learning communities:* a step-by-step guide to improving student achievement through teacher collaboration. Dorchester: Project for School Innovation, 2004. (By Teachers for teachers series, book 12). p. 34-37.

Alguns dos protocolos que mencionamos nestas páginas são aqueles que aprendemos com este livro, outros deles aprendemos com diferentes educadores e alguns poucos nós mesmos elaboramos. Nossa esperança é que um dia ouviremos de *você* sobre os protocolos poderosos que ajudam no trabalho colaborativo entre pares.

Embora algumas pessoas inicialmente não gostem tanto do "sentimentalismo" e dos aspectos ligados às regras de protocolos, em nossa experiência a maioria dos educadores, no fim das contas, abraça esse tipo de dinâmica uma vez que vê como isso pode fazer os grupos funcionarem de modo mais suave. Fornecendo a estrutura, os protocolos conduzem a conversas que lidam frequentemente com questões muito mais profundas ao manter uma atmosfera não ameaçadora. Ao longo deste livro, vamos mostrar como as escolas Clark e Franklin usaram protocolos para ajudar nas várias tarefas envolvidas no bom uso de dados.

Na Franklin, Roger e a líder de equipe Inés Romero sabiam que se eles precisassem ter professores a bordo com o novo foco no uso de dados, a primeira reunião do corpo docente do ano seria um grande momento para dar ao pessoal uma experiência positiva e "mão-na-massa". Sendo assim, planejaram cuidadosamente como iriam estruturar a reunião. Eles queriam ter todos envolvidos na procura de dados reais, mas não queriam sufocá-los. Formularam uma atividade que fosse tanto gerenciável para o tempo disponível quanto geradora de uma discussão reflexiva.

Inés e Roger concordaram que, na primeira reunião escolar do ano letivo, eles compartilhariam alguns relatórios com gráficos fáceis de ler, resumindo o desempenho da Franklin High School no teste estadual. Em seguida, eles organizariam o corpo docente em pequenos grupos de diferentes séries durante a primeira meia hora da reunião para falar sobre o que eles viram naqueles dados. Cada grupo compartilharia suas principais descobertas e as registraria em um cartaz na parede. Na última meia hora, os professores seguiriam um protocolo estruturado para formular perguntas sobre por que os dados se apresentavam daquele jeito. Os dois facilitadores esperavam que, se tudo corresse de acordo com o planejado, no final da reunião, o corpo docente teria chegado a algum consenso sobre as perguntas mais urgentes que a Franklin precisava abordar no próximo ano.

Em nossa experiência, as reuniões mais eficazes são tão cuidadosamente planejadas como qualquer boa aula. Para a reunião escolar recém-descrita,

Inés e Roger planejaram-se com antecedência a fim de garantir que o corpo docente trabalhasse em uma tarefa envolvente. Para as reuniões de equipe de professores, é igualmente importante que a pessoa que facilita a reunião venha preparada com uma agenda que faça sentido, com materiais contendo resumos de dados úteis e com tarefas específicas que os professores deverão concluir antes do final da reunião. A estrutura fornecida por esses "planos de aula" ajuda os professores a se concentrarem em tarefas gerenciáveis que podem elevar os limites de sua experiência, mas também dar ao grupo uma poderosa sensação de realização. Quando essas realizações são capturadas pelo tomador de notas da reunião em anotações prontamente disponíveis, a reunião se torna um componente documentado de um processo de melhoria contínua.

Defina normas para o trabalho colaborativo

Quando Inés Romero abriu a primeira reunião do ano da equipe de liderança de ensino da Franklin High School, seus colegas ficaram surpresos ao vê-la escrevendo a palavra "normas" em um grande cartaz na parede. Como diretora de ensino, Inés estava liderando reuniões na escola há anos; será que ela iria, de repente, tentar mudar a forma como as coisas funcionavam por lá?

"Estamos todos acostumados a ver nossos resultados nos testes como uma arma apontada para nós", Inés começou. "A imprensa faz isso. O superintendente faz isso. Os pais fazem isso. Mas não é assim que vai ser dentro destas quatro paredes. Se vamos realmente aprender com nossos dados, precisamos trabalhar juntos de uma forma como nunca fizemos antes. Por isso, gostaria que começássemos concordando com o tipo de ambiente que queremos criar em nossas reuniões."

"Para começar, eu gostaria de nos ver adotando uma norma de grupo de "sem culpa", ela continuou. "Quando olhamos para os números, não vamos usá-los para apontar os dedos uns para os outros. Mas não quero ficar aqui apenas criando regras; eu gostaria de ouvir a todos." Inés passou pequenos blocos de *post-it* e pediu que os professores escrevessem, cada um, três normas com as quais eles gostariam que o grupo convivesse. Ao possibilitar que os professores expressassem suas opiniões por meio do papel, ela os liberou para fazerem sugestões que poderiam não ser confortáveis de fazer em voz alta. Em seguida, ela pediu que os membros da equipe agrupassem as respostas em um cartaz e abriu uma discussão sobre quais recomendações os professores se sentiam prontos para adotar.

Olhar para os dados em grupos pode ser um processo intimidador para os professores que talvez não saibam como olhá-los ou que se preocupam que os dados venham a ser usados para culpá-los por fraquezas no desempenho de seus alunos. Inés estava iniciando o importante trabalho de criar um ambiente produtivo para discussões colaborativas sobre dados, incentivando sua equipe a definir regras básicas para a maneira como os membros participariam das discussões. Concordar com normas como "sem culpa" é um primeiro passo essencial na criação de uma atmosfera que apoia discussões produtivas sobre dados. É importante ressaltar, desde o início, que os dados não serão usados para punir os professores, mas para ajudá-los a descobrir como ensinar seus alunos de forma mais efetiva.[3]

Outra razão para a definição de normas é que muitos professores têm pouca experiência em trabalhar com dados e pode faltar-lhes confiança em compreender os números. Eles podem resistir a participar de discussões sobre dados por medo de que não saibam como analisá-los da "maneira certa". Para lidar com essa questão, algumas escolas com as quais trabalhamos estabeleceram uma norma de que todos os membros da equipe abordam o trabalho como se fossem aprendizes. Entender que as discussões sobre dados são oportunidades de explorar e aprender pode fazer os professores se sentirem mais confortáveis. Um dos diretores que conhecemos enfatizou a importância de compreender as necessidades individuais de aprendizagem de seus professores em relação ao uso de dados. Ele forneceu ajuda individual aos professores que precisavam dele e se esforçou para encontrar papéis de liderança para aqueles com conhecimento avançado. Este apoio diferenciado ajudou a reduzir as barreiras entre os professores e enfatizou a vontade do diretor de tornar o processo menos intimidador.

Existem inúmeros protocolos para estabelecer normas, muitos dos quais podem ser encontrados no *site* do Projeto Data Wise. Alguns envolvem começar com uma folha em branco e permitir que as normas surjam a partir do grupo. Outros protocolos convidam a propor um conjunto de normas e, em seguida, permitem que o grupo as discuta. Em algumas configurações, achamos útil oferecer as três normas a seguir, que têm sido particularmente

3 Para mais auxílio sobre o uso de protocolos para o estabelecimento de normas, acesse http://www.turningpts.org/tools.htm e MCDONALD, J. P. *et al. The power of protocols:* an educator's guide to better practice. New York: Teachers College, 2003. p. 26–28.

eficazes em apoiar as equipes sobre como elas usam o processo de melhoria do Data Wise e cultivar os Hábitos Mentais ACE:

- Assumir intenções positivas.
- Adotar uma postura investigativa.
- Basear suas afirmações em evidências.

Iniciamos esclarecendo o que queremos dizer com cada norma e, em seguida, discutindo como seria se elas fossem seguidas. Por exemplo, explicamos que a primeira norma nos pede para começar assumindo que cada pessoa no grupo está agindo com o desejo de trabalhar em direção ao nosso objetivo compartilhado de ajudar todos os alunos a aprender. Assim como a lei de "inocente até prova em contrário" sustenta a nossa sociedade, a norma de acreditar que os colegas têm "boa vontade, a menos que se prove o contrário" pode facilitar a abertura de diversos pontos de vista. Essa norma é mais pessoal do que as outras duas; quando seguida, é experimentada como um lembrete silencioso para si mesmo: esta pessoa quer realmente fazer o bem pelos seus alunos.

Explicamos que a segunda norma desafia os indivíduos a fazerem perguntas que permitam *insights* sobre o ponto de vista do colega. Para colocar essa norma em prática, muitas vezes recomendamos que os membros da equipe usem frases iniciais como "O que o levou a concluir...?", "Você está dizendo... É isso mesmo?" e a simples, mas muitas vezes eficaz, "Me pergunto o que você quer dizer com...?". A princípio, essas palavras podem parecer forçadas, mas ao longo do tempo elas podem se tornar uma parte tão natural da maneira como o grupo se comunica que as pessoas dificilmente percebem que as estão usando.

A norma de se ater às evidências significa fazer um esforço consciente para citar dados e oferecer uma fundamentação ao explicar o seu ponto de vista. Frases iniciais como "Eu vejo...", "Eu notei que..." e "Eu vi evidências de que..." podem ajudá-lo mais do que outras declarações, já que não estão atreladas a adjetivos e afirmações. Muitas vezes, indicamos que esta norma pode ser difícil de seguir, e incentivamos os participantes a apoiarem uns aos outros a usá-la sentindo-se livres para perguntar, simplesmente, "Onde estão as suas evidências?".

Uma vez que tenhamos estabelecido essas normas e permitido alguma discussão, em geral perguntamos ao grupo se há alguém que não pode viver com alguma delas, ou não pode viver sem uma norma fora desta lista. Às vezes isso leva a uma discussão adicional e a uma modificação da lista. Outras vezes, ninguém fala e nós avançamos dizendo às pessoas que iremos adiante com essas normas e verificaremos regularmente em que medida as estamos seguindo.

Reconheça as preferências de estilo de trabalho

Chegamos à conclusão de que o trabalho de melhoria precisa acontecer em equipes. No entanto, vimos que as ideias dos indivíduos sobre o que significa ser um membro produtivo de uma equipe podem ser completamente variadas. Um protocolo que usamos para entender essa diversidade é chamado de Protocolo da Bússola.[4] Esse protocolo fornece uma oportunidade de excelente para os membros de um grupo conhecerem uns aos outros enquanto aprendem informações importantes sobre suas características de estilo de trabalho. Nesse protocolo, os indivíduos escolhem uma das quatro caracterizações que melhor descrevem sua orientação ao trabalhar em uma equipe. Pessoas que se identificam como "Norte" gostam de pular direto para a ação. "Oeste" corresponde àqueles que prestam atenção aos detalhes antes de agir, enquanto "Leste" é para as pessoas que precisam de uma visão do todo antes de agir. Por fim, "Sul" é para as pessoas que gostam de saber que as perspectivas de todos os membros foram levadas em consideração antes de agir. Pessoas com características semelhantes trabalham juntas para criar um gráfico que resume – entre outras coisas – os pontos fortes e as limitações de seu estilo. Quando esses grupos fazem o relato ao grande grupo, há sempre muitos *insights* e muitas risadas. Achamos que, além de quebrar o gelo, o protocolo ajuda um grupo de pessoas a conhecer uns aos outros (mesmo grupos que já trabalharam juntos antes) e construir a tolerância em relação às diferenças que podem causar tensões no trabalho colaborativo – mas que também são essenciais para se fazer um bom trabalho.

Talvez a coisa mais valiosa sobre esse protocolo seja o fato de que ele fornece a você e seus colegas uma linguagem para falar sobre as diferentes maneiras de abordar o trabalho em grupo e um impulso para sondar questões mais profundas. Ele também lhe ajuda a ver quais características de estilo de trabalho são mais prevalentes e onde pode haver uma necessidade de trazer alguém para cumprir um papel que está faltando no grupo atual, ou

4 Para obter uma descrição deste protocolo, acesse: http://www.turningpts.org/tools.htm.

em que ponto o grupo existente precisaria trabalhar para obter uma perspectiva que, de outra forma, iria perder.

FAZENDO UM BALANÇO

O último conjunto de tarefas fundamentais envolve fazer um balanço de onde você está; afinal, a melhoria escolar não acontece em um vácuo. Há três dimensões a serem consideradas: Quais dados nós já temos? Que iniciativas já implementamos? Qual é a nossa abordagem atual para a melhoria?

Tais perguntas são importantes de fazer porque, como mencionamos na Introdução, o processo de melhoria do Data Wise não é um "programa" para "implementar", mas sim um meio de organizar e trazer coerência para o trabalho de melhoria que você já faz. A maioria dos educadores está cansada de ser bombardeada com novos programas. Caso você envolva seus colegas na descrição do ambiente atual, pode ajudar a mostrar que trabalhar com dados de maneira sábia não é "mais uma iniciativa", mas *a* iniciativa que unifica seus esforços coletivos.

Crie um inventário de dados

Quando a diretora Sandy Jenkins anunciou em sua primeira reunião do corpo docente que o processo de planejamento da melhoria escolar deste ano se concentraria em aprender com dados, ninguém aplaudiu.

"Passar tanto tempo olhando para o teste estadual parece um desperdício de tempo", começou um professor de 4º ano. "Nossa escola tem uma das taxas de aprovação mais elevadas no município. Não entendo por que todo esse alarde."

"Eles podem estar sendo aprovados", respondeu um professor de 7º e 8º ano de inglês, "mas eles também não estão exatamente arrasando no teste. Porém, não é isso que me incomoda. O problema é que o teste dá uma imagem muito incompleta de quem são os nossos alunos. Ele não nos diz essencialmente nada sobre um monte de coisas que todos sabemos ser de fato importantes: quantas vezes eles vêm para a escola, como eles se comportam quando estão aqui, em que habilidades específicas eles têm mais dificuldade, sendo novos demais para aprender inglês, se eles podem escrever uma redação decente no papel, se são curiosos ou aprendizes independentes. Não vamos ser capazes de descobrir mais sobre nossos filhos, além do fato de passarem ou não, se não levarmos em conta essas outras questões".

"Bem, então, vamos ampliar a nossa definição de dados", respondeu Sandy. "De alguma forma, aposto que alguém em nossa escola coletou dados sobre todas as coisas que você acabou de mencionar. Pelo que todos vocês me disseram, parece que há uma avaliação de algum tipo sendo feita quase todas as semanas por aqui. Acho que parte do problema é que, em termos de escola, não temos certeza de que tipos de dados estão disponíveis para nós."

Pergunte a qualquer professor se ele sente que seus alunos são testados o suficiente, ou qualquer secretaria escolar se sua escola mantém o controle de tipos suficientes de informações sobre os alunos. Suficiente? A maioria dos educadores estaria rindo! No entanto, embora uma grande quantidade de tempo seja gasta coletando dados, muitas das escolas não têm uma visão geral de exatamente quais dados possuem. Uma maneira simples, mas poderosa, de ter essa visão geral é criar um inventário de dados como o da equipe de liderança de ensino da Clark K-8 School, como demonstrado nas Tabelas 1.1A e 1.1B.

Um inventário de dados fornece um resumo de todos os tipos de dados que estão disponíveis em sua escola. Se você atualizar seu inventário com regularidade e disponibilizá-lo eletronicamente, pode garantir que ele se torne um documento vivo. Você pode se dar conta de que colocar essas informações juntas em um só lugar ajuda a sua escola a desenvolver uma visão abrangente dos recursos e necessidades de dados, o que pode começar a fazê-lo pensar sobre que tipos de perguntas os dados podem servir para responder.

É útil que um inventário de dados inclua informações sobre três tipos de fontes de dados: avaliações externas, avaliações internas e outras informações sobre os alunos. As avaliações externas são aquelas exigidas por agentes externos, como agências de educação municipal, estadual e federal. Talvez o exemplo mais óbvio de uma fonte de dados externa seja sua avaliação educacional estatal, como a avaliação estadual de domínio de habilidades listada no início da tabela da Clark K-8 School, ou testes nacionalmente desenvolvidos e de responsabilidade municipal, como referência ou avaliações provisórias. As escolas de ensino médio podem incluir os exames de aptidão escolástica (SAT) e colocação avançada (AP), entre outras avaliações, nos seus inventários. As avaliações internas são instrumentos

Tabela 1.1A* Inventário de dados da Clark K-8 School: avaliações externas

FONTE DE DADOS (NOME DO TESTE)	CONTEÚDO	DATAS DE COLETA	ESTUDANTES AVALIADOS	ACESSO	USO DOS DADOS ATUAIS	USO MAIS EFETIVO
AVALIAÇÃO ESTADUAL DE DOMÍNIO DE HABILIDADES	Leitura; inglês; matemática	Maio (resultados em outubro)	3º a 8º anos	Intranet; direção	A equipe de liderança de ensino analisa os dados, olha para discrepâncias e tendências e considera as práticas do currículo e de ensino atuais com equipes de série e líderes de currículo	Ter todos os dados em uma folha, por aluno, incluindo dados não acadêmicos (dados de presença, questões de saúde, etc.)
PESQUISA DE OBSERVAÇÃO	Leitura	Outubro, janeiro e maio	Educação infantil	Intranet; professores	*Benchmarking* dos estudantes e decisões sobre retenção	Informar sobre ensino
AVALIAÇÃO DE DESENVOLVIMENTO DE LEITURA	Leitura	Setembro, janeiro e maio; cada trimestre	1º a 3º anos	Intranet; professores	Situação dos estudantes e decisões sobre retenção	Informar sobre ensino
STANFORD 9	Leitura; matemática	Setembro	3º a 5º anos	Município	Determinações sobre elegibilidade de talentos	Realizar análise de questões
AVALIAÇÃO DE PROFICIÊNCIA EM INGLÊS	Inglês	Setembro; início das aulas	Educação infantil a 8º ano	Professores; direção	Colocação do aluno e acomodações	Acompanhar escores para descobrir tempo para proficiência
AVALIAÇÃO MUNICIPAL DE MATEMÁTICA	Matemática	Janeiro e maio	Educação infantil a 8º ano	Município; direção	Determinações da situação dos estudantes	Discutir escores com os alunos

*N. de T.: Nos Estados Unidos, o ano letivo começa entre agosto e setembro, no final do verão do Hemisfério Norte, e segue até o final de dezembro, quando há um recesso de inverno. As aulas são retomadas em janeiro e vão até março, quando ocorre um recesso de primavera. Após a retomada, o ano letivo se estende entre o final de maio e início de junho, quando se iniciam as férias de verão.

Tabela 1.1B Inventário de dados da Clark K-8 School: avaliações internas

FONTE DE DADOS (NOME DO TESTE)	CONTEÚDO	DATAS DE COLETA	ESTUDANTES AVALIADOS	ACESSO	USO DOS DADOS ATUAIS	USO MAIS EFETIVO
CHECKLISTS DE LEITURA	Leitura	Janeiro e maio	Educação infantil a 1º ano	Intranet; professores	Situação dos estudantes e decisões sobre retenção	Realizar discussões guiadas sobre como os resultados se relacionam com o ensino praticado
REGISTROS CORRENTES	Leitura	Janeiro e maio	1º a 3º anos	Professores	Determinações da situação dos estudantes	Promover análise e conversa em nível de série
AMOSTRAS DE ESCRITA	Escrita	Formalmente em outubro e janeiro; na escola, mais ou menos uma vez por mês	Educação infantil a 8º ano	Professores	Olhar para sessões de trabalho dos alunos entre professores e coordenadores de série; desenvolvimento de estratégia de miniaulas	Acompanhar escores de rubrica ao longo do tempo; criar rubricas-padrão por série
AVALIAÇÃO DE UNIDADE	Matemática	Periodicamente quando as unidades são completadas	Educação infantil a 8º ano	Folhas de resumo do professor	Professores usam para identificar dificuldades dos alunos em matemática	Acompanhar dados ao longo do tempo para garantir que as crianças adquiram as habilidades necessárias

OUTRAS INFORMAÇÕES SOBRE OS ESTUDANTES EM NÍVEL DE SÉRIE

- Raça/etnia
- Proficiência em inglês
- Deficiências
- Retenção
- Presença
- *Status* socioeconômico

Lista de desejos de dados

- Data de entrada na escola
- Tempo (em anos) nos Estados Unidos
- Medidas de habilidades do século XXI

desenvolvidos em sua escola, como temas de redação, avaliações de trabalhos como projetos de feira de ciências e testes de final de unidade ou período avaliativo. Essas avaliações são muitas vezes projetadas, coletadas e avaliadas por professores individualmente ou em grupos. Outras informações úteis sobre o aluno incluem dados demográficos ou de histórico, como os listados na parte inferior do inventário da Clark K-8 School. As escolas também costumam achar útil incluir uma categoria para tipos de dados que eles desejam ter, mas que não coletam atualmente. Por exemplo, os professores podem querer saber o quão bem seus alunos demonstram as habilidades do século XXI, como o pensamento crítico ou a comunicação complexa. Convidar os professores a contribuir para uma "lista de desejos de dados" pode incentivá-los a pensar de forma criativa sobre quais tipos de dados podem ajudá-los a obter uma melhor imagem de seus alunos.

Depois de decidir quais fontes de dados devem ser incluídas, você também precisa escolher quais informações descritivas deve listar sobre cada fonte. Os cabeçalhos de coluna do inventário da Clark K-8 School mostram tipos de informações descritivas que podem ser particularmente úteis. Além de nomear a fonte de dados, o inventário mostra a área de conteúdo da fonte, as datas de coleta e os estudantes avaliados. Decidir como preencher as três colunas finais – que identificam quem tem permissão para ver os dados, como eles são usados atualmente e como eles podem ser usados de modo mais efetivo – pode fazer o seu corpo docente pensar criticamente se você está extraindo o máximo das informações de que dispõe.

Você pode se dar conta de que o processo de montar um inventário de dados acaba levando sua equipe de dados a criar um calendário de avaliações. Esse calendário especifica com antecipação as datas em que as avaliações em si, a coleta de dados e a divulgação dos dados serão realizadas e indicará quem é responsável por registrar, coletar e compilar cada avaliação. Se você tem uma boa maneira de lidar com quais tipos de informações ficarão disponíveis durante todo o ano e quando isso vai ocorrer, achará mais fácil começar a planejar o uso de seus dados de forma eficaz.

Crie um inventário de iniciativas de ensino

É importante reconhecer o que já está acontecendo em termos de ensino em sua escola antes de planejar quaisquer melhorias. As iniciativas instrucionais são programas que a escola conscientemente colocou em vigor para atender a uma necessidade de ensino. Essas iniciativas podem ser implementadas pelos professores de uma determinada série ou área, ou podem ser direcionadas a um determinado grupo estudantil. Às vezes, a iniciativa diz respeito a toda a escola. O inventário da Franklin High School, apresentado na Tabela 1.2, mostra uma maneira de capturar essas informações em um formato fácil de entender.

Como mostra o inventário da Franklin, este documento pode ser usado para capturar vários tipos de informações. Muitas escolas com as quais

Tabela 1.2 Inventário de dados de iniciativas de ensino da Franklin High School

NOME DA INICIATIVA DE ENSINO	INTENÇÃO DE SER IMPLEMENTADA POR	FRAÇÃO RELEVANTE DE PROFESSORES QUE ESTÃO IMPLEMENTANDO*	EM RELAÇÃO AOS PROFESSORES QUE IMPLEMENTAM, EXTENSÃO DA IMPLEMENTAÇÃO**	EVIDÊNCIA DA IMPLEMENTAÇÃO	OUTRAS EVIDÊNCIAS ÚTEIS A SEREM COLETADAS
COACHING COLABORATIVO E VISITAS A SALAS DE AULA	Todos os professores	3	4	Conversas com assessores pedagógicos	Pesquisa com professores; visitas de sala de aula
FOCO NA ESCRITA	Todos os professores de inglês	4	3	Tarefa de escrita para toda a escola	Grupos focais de estudantes
MODELO DE OFICINA	Todos os professores de inglês	3	2	Pesquisa com professores	Visitas de sala de aula; avaliações
DIÁRIO DE BORDO	Professores em sala de aula	Não se sabe	Não se sabe	Não se sabe	Visitas de sala de aula; caderno dos estudantes; grupos focais de estudantes
PROGRAMA SOBRE RESPEITO	Professores de estudos sociais	2	Não se sabe	Conversas informais	Visitas de sala de aula; projetos dos alunos
TESTE PREPARATÓRIO PARA O EXAME ESTADUAL	15 professores	4	4	Conversas informais	Visitas de sala de aula; visão do currículo

* 4 = todos (100%); 3 = maioria (> 75%); 2 = alguns (25-75%); 1 = poucos (< 25%).
** 4 = completamente; 3 = majoritariamente; 2 = parcialmente; 1 = apenas começando.

trabalhamos ficam surpresas ao ver quantos programas elas têm, e ao listá-los todos em um só lugar descobriram que algumas iniciativas são redundantes ou contraditórias. Quando a equipe de liderança de ensino da Franklin criou esta tabela, surpreendeu-se ao encontrar muitas iniciativas escolares dedicadas à alfabetização, porém poucas dirigidas à matemática e nenhuma em geral para melhorar o ensino de alunos com fortes habilidades acadêmicas.

Faça um balanço de onde você está em relação à melhoria

Uma vez que você selecionou um processo para ser usado por toda a escola, vai querer apresentá-lo aos membros da equipe e dar-lhes uma possibilidade de conectá-lo às experiências de cada um. Para fazer isso, desenvolva uma estratégia para engajar ativamente os membros da equipe na aprendizagem dos oito passos do processo de melhoria do Data Wise (ver *Stoplight Protocol* [Protocolo do Semáforo] no *site* do Projeto Data Wise). Nesse protocolo, os indivíduos avaliam de forma independente até que ponto acreditam que a escola está realizando cada passo e, em seguida, discutem como as percepções dessa abordagem na escola diferem entre os indivíduos. Isso leva as pessoas a falarem sobre sua abordagem atual de melhoria e onde elas gostariam de estar. Essa conversa é muitas vezes uma poderosa motivação para que as pessoas queiram aprender mais sobre como seus vários esforços podem ser mais deliberados e coordenados.

Isso também pode ser útil para nomear as práticas com dados específicos que já estão em andamento na sua escola e ver como elas se posicionam em relação aos passos do processo de melhoria do Data Wise. O Protocolo de Coerência é uma estratégia que ajuda as equipes a apreciarem de uma forma muito visual que o Data Wise pode ajudar a integrar o trabalho da escola em um conjunto coerente. (O Protocolo de Coerência está disponível na seção Protocolos Selecionados no final deste livro e no *site* do Data Wise.) Nós, em geral, o utilizamos imediatamente após o Protocolo do Semáforo, e incentivamos os participantes a aplicar o que aprenderam com o Protocolo do Semáforo para mostrar como pensam. Nesta atividade, os membros da equipe escrevem cada uma das práticas de dados da escola em um *post-it* separado. As práticas podem incluir "paredes com gráficos de resultados em todos os corredores", "reuniões bimestrais para discutir os resultados da avaliação provisória" e o "Modelo do plano de ação da escola". As próximas etapas são colocar um grande cartaz do processo de melhoria do Data Wise e convidar os membros da equipe para colocar cada *post-it* perto do(s) passo(s) do ciclo que acham mais conveniente (ver Fig. 1.2 para um exemplo da Clark K-8 School). Ver como as práticas existentes se encaixam no processo como um todo, em seguida, leva a uma conversa sobre áreas de esforço redundante ou contraditório, bem como partes do Data Wise que não são abordadas por nenhuma das práticas atuais. Também mostra aos membros da equipe o quanto eles já podem estar fazendo com dados ou melhoria escolar, e isso valoriza seus esforços anteriores e o trabalho atual. Permitir que essa conversa ocorra pode ser um passo importante para garantir que a integração seja a meta para a qual todos estão se dirigindo.

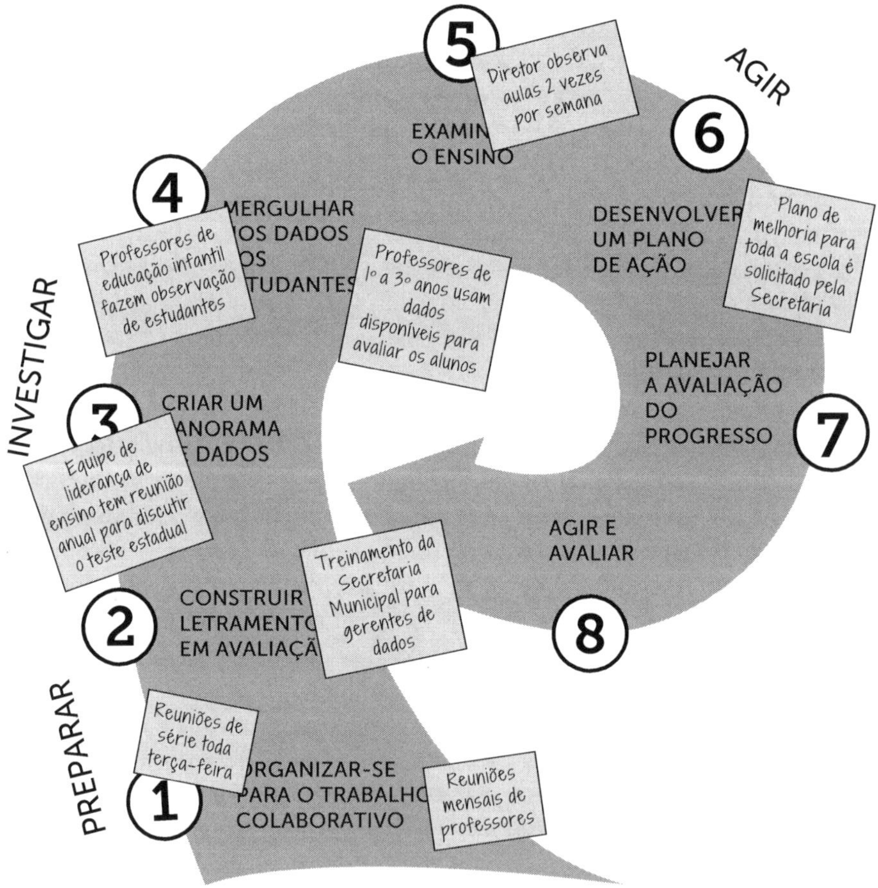

Figura 1.2 Pôster de coerência da CLARK K-8 SCHOOL.

INTEGRANDO OS HÁBITOS MENTAIS ACE NO PASSO

1 ORGANIZAR-SE PARA O TRABALHO COLABORATIVO

Como descrevemos na Introdução, nosso trabalho com as escolas na última década nos mostrou que o uso de dados para melhorar o ensino envolve muito mais do que verificar os oito passos do processo de melhoria do Data Wise. Como pano de fundo para essas etapas, é essencial que você cultive três hábitos mentais que permitem que o trabalho transformador real ocorra. A seguir oferecemos algumas ideias para tecer os Hábitos Mentais ACE neste primeiro passo.

A

COMPROMISSO COMPARTILHADO COM **AÇÃO, AVALIAÇÃO E AJUSTES**

Pode parecer que esta etapa envolva principalmente tarefas de bastidores, mas ela está implicada em uma série de itens de ação. Um inventário de dados, um mapa da estrutura de equipe da sua escola e um formato de agenda padrão são todos artefatos que você terá produzido depois de passar pelo Passo 1. Entretanto, é provável que você não queira estratificar qualquer um deles. Até que de fato use as ferramentas que criou, você não será capaz de avaliar a sua eficácia e fazer os ajustes necessários para que elas realmente deem suporte ao seu trabalho. Por exemplo, a equipe do Projeto Data Wise descobriu que nosso modelo de agenda de reunião inicial deixou de fora uma peça importante da qual não nos demos conta até depois de várias reuniões sem isso: nossa agenda não abria espaço em qualquer momento para que fizéssemos check-in um com o outro para ver como cada um de nós estava se sentindo naquele dia em particular. Mergulhar nos objetivos sem primeiro nos reconhecermos uns aos outros como pessoas – alguém que pode ter tido um dia difícil com um aluno, outro que pode estar radiante com a notícia de que seu filho acabou de entrar na faculdade, e um terceiro cujos problemas alérgicos o mantiveram acordado durante toda a noite – na verdade nos impede de fazer nosso melhor trabalho. Agir, avaliar e ajustar nos permitiu aperfeiçoar a maneira como nos organizamos, e agora começamos todas as nossas reuniões com um check-in de cinco minutos.

C

COLABORAÇÃO INTENCIONAL

No processo de melhoria do Data Wise, o Passo 1 está localizado em uma área de base ampla da seta. Quando a seta se curva sobre si mesma, ela parece pular as tarefas de preparação para as jornadas subsequentes ao redor do ciclo. No entanto, é importante ter em mente que não importa onde você está no processo: você está sempre revisitando e atualizando o trabalho fundamental que fez para se organizar para a melhoria.

Isso é particularmente verdadeiro em relação às normas do grupo. Quando você começa a colaborar, é essencial reservar tempo para estabelecer as maneiras pelas quais trabalhará em conjunto. Mas esta conversa é apenas o ponto de partida, e é desperdiçada se você não consultar continuamente as normas enquanto seu trabalho evolui. Vimos escolas usarem várias estratégias para garantir que suas normas fossem um documento vivo e sua colaboração fosse sempre intencional. Uma abordagem envolve iniciar cada segunda ou terceira reunião revisitando as normas e pedindo ao grupo para oferecer provas concretas de que uma determinada norma está ou não sendo seguida. Isso muitas vezes traz à tona a seguinte questão: "O que fazemos quando quebramos nossas próprias normas?". Se a resposta é "Nada", então as normas não valem o papel onde estão escritas. Se a resposta é "Descobrir por que não estamos seguindo uma norma e conversar sobre como vamos abordar a questão", então isso significa que o grupo está a caminho de se tornar cada vez mais intencional em seu trabalho colaborativo.

Em grupos que estabeleceram certo nível de confiança, os indivíduos podem solicitar a ajuda do grupo para manter as normas que eles acham particularmente desafiadoras. Vimos uma facilitadora começar uma conversa sobre normas dando um minuto de tempo de reflexão e pedindo aos participantes que selecionassem uma das normas do grupo que eles, pessoalmente, gostariam de melhorar na sequência. Ela então pediu às pessoas que escrevessem essa norma em um cartão de grandes dimensões e o dobrassem de modo que ficasse em frente de onde estavam sentados. Tornar os desafios públicos desta forma provocou muitas risadas, com os membros da equipe dizendo uns aos outros: "E aí, Mike, como vai aquela norma de compartilhar mais tempo de recreio?"

E

FOCO IMPLACÁVEL EM **EVIDÊNCIAS**

Mesmo quando não há avaliações sobre a mesa, as equipes que encaram esse hábito mental encontram maneiras de praticá-lo usando evidências para basear todas as suas conversas. Acredite ou não, você pode começar a construir este hábito no primeiro dia em que montar um grupo! O Protocolo de Apresentações Investigativas é projetado para permitir que as pessoas se conheçam e ao mesmo tempo para ajudá-las a praticar a habilidade de fazer perguntas e de oferecer respostas elucidativas.[5] As etapas são simples: o "apresentador" diz o seu nome e responde a um enunciado, como, por exemplo, "Como você se envolveu na área da educação?". A pessoa à esquerda do apresentador responde fazendo uma pergunta diretamente relacionada com o que ouviu, e o apresentador responde a essa pergunta. Em seguida, uma terceira pessoa faz uma nova pergunta diretamente relacionada com a resposta que acabou de ouvir. Em suas perguntas, as pessoas são encorajadas a usar frases que ajudam a manter as conversas conectadas, como "Você pode me dar um exemplo do que quer dizer?" e "O que o levou a essa conclusão?". Essas perguntas exercitam o músculo que ajuda a manter um foco implacável nas evidências, assim como permitem o uso dessa evidência para uma investigação adicional.

Participantes têm nos relatado que ficam espantados com o quão cuidadosamente tal protocolo os faz ouvir. Eles também comentam sobre o quão profundamente vêm a entender a experiência de outra pessoa quando a permissão para perguntar sobre evidências é explicitamente concedida. Perguntas como "Pode me dar um exemplo de uma lição de ciência em que você de fato se conectou com seus alunos?" ou "O que o levou a decidir que estava mais interessado em ensinar as crianças mais jovens?" fornecem janelas para a experiência de alguém que o típico protocolo de "Vamos nos conhecer" não oferece.

5 Este protocolo foi desenvolvido por Anne Jones. Está disponível na seção de Protocolos Selecionados deste livro e também no *site* do Projeto Data Wise, disponível em: http://www.gse.harvard.edu/datawise.

2

Construir letramento em avaliação

Jennifer Price
Daniel M. Koretz

"BEM, SE VAMOS COMEÇAR A FALAR SÉRIO SOBRE DADOS", PENSOU A DIRETORA da Clark K-8 School, Sandy Jenkins, consigo mesma, "também vou precisar levar a sério o entendimento de todos esses relatórios que recebo". Assim, ela resolveu se debruçar sobre os resultados das avaliações. Porém, em poucos minutos, a frustração tomou conta dela.

"As diferenças aparentes em escores escalonados podem não ser estatística ou educacionalmente significativas", dizia um dos manuais.[1] Ela então pegou outro e foi informada de que esses resultados não devem ser usados "para decidir quais objetivos de aprendizagem devem ser ensinados em um determinado nível escolar".[2] Um terceiro explicou que "os resultados são mais úteis quando considerados em combinação com outras informações sobre a população estudantil e o sistema educacional, como tendências de ensino, mudanças na população em idade escolar, níveis de financiamento e demandas e expectativas sociais".[3]

Com todas essas considerações, Sandy se perguntou como ela seria capaz de orientar seus professores a entender o que os escores dos testes significavam e como eles poderiam ser usados apropriadamente. Ela sabia que havia muitos especialistas em avaliação lá fora, mas não tinha tempo ou interesse em se tornar uma. "Se alguém apenas me dissesse claramente os conceitos-chave que preciso saber", Sandy refletiu, "então eu poderia começar a descobrir o que os resultados desses testes têm a dizer sobre nossos alunos".

---

1 MASSACHUSETTS DEPARTMENT OF EDUCATION. *Guide to interpreting the spring 2001 reports for schools and districts.* Malden: MDE, 2001. p. 7.

2 HOOVER, H. D. *et al. Iowa tests of basic skills interpretive guide for school administrators.* Chicago: Riverside, 1994. p. 14.

3 BRASWELL, J. D. *et al. The nation's report card: Mathematics 2000*, NCES 2001-517. Washington: U.S. Department of Education, National Center for Education Statistics, 2001. p. 54.

Quando você olha os relatórios de avaliação da sua escola, pode às vezes ter a sensação de que estão escritos em outra língua. Tantos termos, tantas advertências, tantas notas de rodapé! Sendo um líder escolar, como você pode ajudar seus professores a começar a dar sentido a tudo isso? Nossa experiência diz que, se você desenvolver um conhecimento prático sobre os conceitos-chave descritos neste capítulo, estará em boa posição para ajudar seu corpo docente a desenvolver o letramento em avaliação.

UM EXEMPLO ESTILIZADO

Suponha que você enfrente o seguinte desafio. Como chefe do departamento de línguas em sua escola, você foi convidado a selecionar um estudante para uma competição nacional que testa as habilidades de vocabulário dos participantes. Como os prêmios incluem grandes bolsas de estudo para a universidade, muitos alunos em sua escola gostariam de ser selecionados. Claro, você quer selecionar um aluno com um vocabulário particularmente forte, para maximizar a chance de que ele ganhe a competição. Você decide usar vários indicadores diferentes para selecionar o concorrente, sendo um deles a pontuação dos alunos em um teste de vocabulário. Projetar um teste exaustivo seria difícil porque mesmo um típico aluno formado do ensino médio tem um vocabulário de cerca de 10.000 palavras.[4] A única opção prática seria testar os alunos com uma pequena amostra de palavras que eles possam conhecer.

Vamos supor que você tem de construir o teste e que vai precisar de 40 palavras. Você recebe três listas para escolher essas palavras, sendo as três primeiras de cada lista as seguintes:

A	B	C
siliculose	banho	parcimonioso
vilipendiar	viagem	depreciar
epimísio	tapete	minúsculo

Para cada lista, as palavras não mostradas são aproximadamente semelhantes em termos de dificuldade em relação àquelas que você vê. É óbvio que não se aprende nada de útil sobre as habilidades de vocabulário de um candidato a partir de um teste usando as palavras nas listas A ou B. A lista A

4 BIEMILLER, A. Teaching vocabulary: early, direct, and sequential. *American Educator*, v. 25, n. 1, 2001.

contém palavras altamente incomuns, especializadas, sendo pouco provável que um candidato (se houver algum) as conheça. Uma vez que todos os candidatos se sairiam extremamente mal em tal teste, ninguém aprenderia nada sobre a extensão relativa de seus vocabulários. Ao contrário, a lista B é composta de palavras extremamente fáceis que todos os alunos mais velhos do ensino médio saberiam, ou seja, um teste baseado na lista B, de forma semelhante, não forneceria nenhuma informação útil. Como consequência, você escolheria a lista C, que consiste nas palavras que são de dificuldade média. Alguns alunos conheceriam qualquer palavra dada, enquanto outros, não. Apenas o uso da lista C permitiria que você diferenciasse entre candidatos com vocabulários mais fortes e mais fracos.

Por causa deste exercício, e por motivos que explicamos a seguir, suponha que você decide substituir uma palavra na lista C, tendo o cuidado de selecionar outra palavra que é, em média, tão difícil quanto a original. Por exemplo, digamos que você substitua "parcimonioso" por "displicente". Você percebe rapidamente que essa substituição pode alterar o *ranking* dos candidatos, mesmo que a nova palavra não seja mais difícil ou mais fácil do que a anterior. Uma pessoa pode saber "displicente", mas não "parcimonioso", enquanto outro candidato com um vocabulário comparável pode saber "parcimonioso", mas não "displicente".

PRINCÍPIOS PARA INTERPRETAR RESULTADOS DE AVALIAÇÃO

Este breve exercício ilustra diversos princípios fundamentais que são essenciais para a interpretação adequada dos escores dos testes dos alunos.

Princípio da amostragem do teste

O primeiro e mais fundamental desses princípios poderia ser chamado de o princípio da amostragem do teste. A maioria dos testes de desempenho tem por objetivo chegar a conclusões sobre a proficiência dos alunos em um amplo domínio de conhecimento. Em nosso exemplo, o domínio é "vocabulário", mas poderia ser qualquer outra área de assunto comum, como a leitura do 6º ano ou a matemática do 8º ano. No entanto, você não pode medir a proficiência em tais domínios exaustivamente porque eles são grandes demais. Em vez disso, você deve criar uma pequena amostra do domínio e medir a proficiência de cada aluno nessa amostra.

Como um teste não é uma medida direta do grau de domínio de um aluno em uma área de conhecimento inteira, qualquer conclusão que você tirar sobre a proficiência nesse domínio é baseada em uma inferência de proficiência na amostra menor. A qualidade dessa inferência – ou seja, o grau em que a inferência é apoiada pelo desempenho no teste – é o que se entende por validade. É por isso que especialistas em estatística afirmam que a validade é um atributo de uma inferência baseada em pontuações de teste, não um atributo do teste propriamente dito. Mesmo um teste que fornece um bom suporte para uma inferência pode fornecer suporte fraco para outra. Por exemplo, um teste de álgebra de fim de ano pode fornecer uma base sólida para inferências sobre o domínio da álgebra básica, mas não forneceria uma base válida para inferências sobre o domínio de toda a matemática do ensino médio.

Discriminação dos dados

A escolha das listas de palavras ilustra um segundo princípio: a importância dos itens de teste discriminados. Na linguagem de testes, "discriminar" significa "diferenciar" e não tem implicações negativas. Um item discriminado simplesmente tem mais probabilidade de ser respondido de forma correta pelos alunos com um nível mais elevado de proficiência no domínio de interesse – neste caso, os alunos com maiores vocabulários de trabalho – do que por aqueles com menor proficiência. Quando você deseja fazer inferências sobre níveis relativos de proficiência, precisa de itens discriminados. Existem outros tipos de inferências para as quais a discriminação não é importante. Por exemplo, se alguém quiser saber quantos alunos dominaram uma habilidade específica e discreta, um item que a maioria dos alunos responderá correta ou incorretamente e que, portanto, não se pode discriminar pode ser aceitável. Para inferências sobre variações de proficiência, contudo, precisa-se de itens que possam ser discriminados. Além disso, em geral é necessário discriminar itens a fim de se obter informações precisas sobre se um aluno atingiu com sucesso um padrão de desempenho. O uso de itens discriminados não cria diferenças de proficiência, como alguns críticos argumentam. Em vez disso, os itens discriminados são usados para revelar as diferenças que já existem. O fato de isso ser bom ou ruim depende da inferência que é feita sobre o teste. Por exemplo, se você simplesmente quer saber se uma turma compreendeu uma lista de novos termos para uma aula de química, pode não se preocupar com a classificação dos alunos e pode querer incluir itens que todos ou quase todos os alunos possam responder corretamente. No entanto, no exemplo de vocabulário, e em todos os casos nos quais os escores são usados para esclarecer as diferenças no desempenho dos alunos, itens discriminados são essenciais.

Erro de medição

A substituição de "parcimonioso" por "displicente", como no exemplo anterior, demonstra um terceiro princípio: o erro de medição. Erro de medição refere-se a inconsistências em pontuações em várias "instâncias de medição", como múltiplos exames. Uma fonte de erro de medição, ilustrada pelo nosso exemplo de vocabulário, são as inconsistências que surgem quando várias formas de um teste empregam diferentes amostras de itens. Outra fonte de erro de medição são as inconsistências no comportamento das pessoas ao longo do tempo. Por exemplo, um aluno pode estar mais descansado em um dia do que no outro, ou menos distraído, ou mesmo doente. Quando os alunos realizam um teste, como o SAT, mais de uma vez, suas pontuações costumam variar como resultado de ambos os tipos de erro de medição. Quando os testes exigem pontuação dada por pessoas, uma terceira fonte de erro de medição são as inconsistências entre cada um dos corretores ou feitas por um único corretor ao longo do tempo. Claramente, o erro de medição pode fazer as pontuações serem inconsistentes.

Confiabilidade

O outro lado da moeda do erro de medição é nosso quarto princípio: a confiabilidade. Confiabilidade refere-se ao grau de consistência da medição. Uma medida confiável é aquela que lhe dá quase a mesma resposta ao longo do tempo, enquanto uma medida não confiável é inconsistente. Se você tem uma balança comum no seu banheiro, por exemplo, as possibilidades são de que ela não seja muito confiável. Você pode aparecer com um quilo a mais e, 30 segundos depois, um quilo a menos ao se pesar outra vez.

Em nosso exemplo, a substituição de "parcimonioso" por "displicente" é análoga ao seu pisar na balança duas vezes: os dois testes são duas diferentes "instâncias de medida" que se destinam a medir a mesma coisa. Entretanto, as pontuações e o *ranking* dos candidatos provavelmente diferem. Se você pedisse aos candidatos para fazer 100 testes diferentes com palavras similarmente difíceis, esta diferença se dissiparia com o tempo. A pontuação do teste não é sistematicamente tendenciosa; é apenas variável de vez em quando. Como resultado dessa variabilidade, todavia, a pontuação em um teste específico não é necessariamente uma medida confiável das verdadeiras habilidades do candidato. A chave para entender a confiabilidade é que, quanto maior o erro de medição, menor a confiabilidade. Claramente, você iria querer projetar um teste de vocabulário que fosse bastante confiável se as pontuações dos candidatos fossem desempenhar um grande papel na decisão de quem foi escolhido para participar da competição nacional.

Inflação do escore

Até este ponto, nosso exemplo hipotético espelha o teste de "baixo risco"* – isto é, um teste sem consequências sérias para estudantes ou professores, como é o caso de muitos testes diagnósticos. No entanto, quando os testes têm altos riscos, temos também de considerar como as pessoas respondem a esta pressão e qual o efeito dela sobre o uso dos resultados. Como exemplo extremo, suponha que alguém interceptou cada um dos candidatos no caminho para a sua sessão de teste e ensinou-lhes todas as palavras do teste de vocabulário. Este exemplo o leva diretamente para o nosso último princípio: a inflação do escore – ou seja, aumentos em pontuações que não indicam um aumento proporcional na proficiência real. Se alguém ensinasse aos candidatos as palavras específicas na amostra testada, seus resultados já não diriam nada sobre o conhecimento relativo de vocabulário deles. A maioria dos candidatos iria obter pontuações muito elevadas, independentemente de seus vocabulários reais. A inflação do escore do mundo real é muitas vezes menos extrema do que este caso hipotético – que muitas pessoas considerariam uma simples trapaça –, mas o princípio é o mesmo.

ALGUMAS QUESTÕES-CHAVE SOBRE AVALIAÇÃO

No restante deste capítulo, usamos "escore" como significado de uma pontuação de teste – ou seja, qualquer forma de pontuação que descreva o desempenho de um aluno ou de um grupo em um teste, como uma porcentagem correta ou um escore de 625 no SAT. Os resultados do teste

* N. de T.: *Low-stakes* e *high-stakes tests* referem-se, respectivamente, a testes nos quais há pouco e muito em jogo, sendo usada nesta obra a expressão "risco". O "risco" associado aos testes de baixo, médio ou alto risco refere-se ao impacto ou ao nível de consequência que o teste apresenta para quem o realiza. Se o teste envolve uma classificação para a universidade, ou para ser aprovado de ano, ele possui mais riscos que uma avaliação de meio de ano ou apenas um teste menor dentro da escola.

Tabela 2.1 Relatório amostral de estudante no MCAS

CONTEÚDO	NÍVEL DE DESEMPENHO	ESCORE	ATENÇÃO	PRECISA MELHORAR	PROFICIENTE	MATEMÁTICA AVANÇADA
MATEMÁTICA	Proficiente	246				

200 220 240 260 280

DISPOSIÇÃO DO ESCORE E PROVÁVEL INTERVALO DE ESCORES

também são relatados às vezes com contagens para porções do teste (chamadas frequentemente de subtestes). Por exemplo, alguns testes de desempenho fornecem um escore de matemática geral, bem como escores para vários subtestes, como conceitos matemáticos ou computacionais. Às vezes, as pessoas usam o termo "escore do item" para se referir ao desempenho em um único item de teste. Para evitar confusão, no entanto, nunca usaremos "escore" em referência ao desempenho em um único item.

Contabilização de erro de amostragem e erro de medição

Em graus variados, todos os resultados de avaliação exibem erro de medição, como já discutido, e eles também podem conter erro de amostragem. É provável que você encontre o conceito de erro de medição em relatórios de escores de teste, embora ele nem sempre seja rotulado como tal. Por exemplo, o Departamento de Educação de Massachusetts tem relatado escores do seu Massachusetts Comprehensive Assessment System (MCAS) conforme mostrado na Tabela 2.1.

O escore de escala (ver explicação na p. 48) que este aluno realmente recebeu foi 246, que se encontra na categoria "Proficiente". Esse escore dimensionado é representado pela linha vertical. A linha horizontal (de 240 a 252) representa, nas palavras do guia de relatórios de teste dos pais, "o intervalo de escore que seu filho pode obter se os testes forem realizados muitas vezes".[5] Por causa do erro de medição, seria um equívoco concluir que a pontuação do estudante é precisamente 246. Talvez fosse muito alta

5 MASSACHUSETTS DEPARTMENT OF EDUCATION. *Guide to the 2000 MCAS parent/guardian report*. Malden: MDE, 2000. p. 5.

desta vez, ou muito baixa. Portanto, o Departamento de Educação de Massachusetts optou por apresentar uma série de pontuações para ilustrar os resultados que alguém obteria com o teste repetido por causa do erro de medição. Em teoria, o intervalo pode ser de qualquer largura. Se o intervalo é muito largo, então a pontuação do estudante quase sempre cairia dentro dele. Se o intervalo é muito estreito – digamos, de 244 a 248 – o aluno, se testado repetidas vezes, obteria em geral uma pontuação fora desse intervalo. Convencionalmente, por razões matemáticas, a escala é mais frequentemente larga o bastante, de modo que, se o estudante fosse testado repetidas vezes, 95% dos escores cairiam dentro dela. Ocasionalmente, entretanto, você encontrará uma escala mais estreita que abrangeria apenas cerca de dois terços das pontuações que o estudante obteria.

A maioria das pessoas está mais familiarizada com outro tipo de erro que é análogo ao erro de medição: o erro de amostragem. Enquanto o erro de medição se refere à inconsistência entre medidas múltiplas de uma única pessoa (ou escola, etc.), o erro de amostragem se refere à inconsistência que surge ao se escolher a pessoa em particular (ou as escolas) de quem se tomará medidas. Por exemplo, antes de cada eleição presidencial, encontramos pesquisas mostrando que *x*% dos eleitores prováveis apoiarão um determinado candidato, seguidas por uma advertência do tipo “Estes resultados têm uma margem de erro de mais ou menos três pontos percentuais”. Se a votação fosse conduzida repetidamente, usando uma amostra diferente de eleitores prováveis de cada vez, os resultados variariam de uma amostra à seguinte apenas por acaso, porque uma amostra pode ter incluído alguns conservadores a mais e outra pode ter incluído alguns liberais adicionais. A margem de erro é apenas uma maneira de quantificar o quanto os resultados variam de uma amostra para a próxima. Assim como no exemplo de erro de medição citado, a “margem de erro” é muitas vezes o intervalo de pontos percentuais que incluiria os resultados de 95% das pesquisas retiradas de diferentes amostras.

O erro de amostragem é uma consideração importante ao examinar pontuações agregadas de salas de aula ou escolas, como pontuações médias ou a porcentagem de alunos que atingem o padrão “Proficiente” estabelecido pelos regulamentos federais e estaduais. Um grupo de estudantes em qualquer ano é seguidamente muito diferente de outros em anos anteriores, e essas diferenças entre os grupos estudantis geram escores que flutuam de forma substancial de um ano para o outro, mesmo que a efetividade da escola permaneça inalterada. Tal inconsistência tende a ser particularmente grande quando o desempenho de salas de aula ou escolas de pequeno porte é descrito.

Mantendo os escores dos testes em perspectiva

No exemplo de vocabulário, o escore de um candidato foi baseado em uma pequena amostra de palavras que representavam um domínio bem maior. Em muitos casos, a amostra incluída em um teste não é apenas pequena, mas também incompleta de maneiras sistemáticas. Há muitos resultados importantes da educação que são difíceis de testar. Portanto, embora um teste bem projetado possa fornecer informações valiosas, há muitas perguntas que não podem ser respondidas. Quão bem uma pessoa persistiu na resolução de problemas que levam muito tempo para serem resolvidos e que envolveram muitos falsos começos? Em que medida uma aluna desenvolveu as habilidades que queremos – por exemplo, a vontade de tentar aplicar o que ela aprendeu na aula de matemática em problemas fora da escola? Quão bem um aluno escreveu redações longas e complexas que exigiam revisão repetida? As pessoas demonstram crescimento e proficiência de muitas maneiras que não aparecem em um único teste.

Por mais de meio século, muitos especialistas em estatística alertaram os educadores e outros profissionais para que desconfiassem das limitações do uso de escores. Esses avisos não são um argumento contra os testes, mas um lembrete para usá-los com sensibilidade. De fato, alguns dos avisos mais claros sobre essas limitações foram escritos pelos autores de testes amplamente utilizados. Os escores de um único teste padronizado fornecem uma forma especializada de informação que é muito útil. Por exemplo, uma pontuação em um teste padronizado é comparável entre uma escola e outra, porque qualquer pontuação dada tem o mesmo significado, independentemente da escola que o aluno frequenta. Isso já não é verdade em notas de curso, ou mesmo com notas nos próprios testes dos professores. Por essa razão, os escores em testes padronizados são valiosos, mas devem ser vistos como complementos para outras informações sobre o desempenho dos alunos. Na verdade, o fato de que decisões significativas sobre um aluno não devem ser feitas com base em um único escore trata-se de um axioma explícito da área de testagem. A importância de examinar várias fontes de informação sobre o desempenho dos alunos é um tema que se repetirá de maneiras diferentes, não apenas neste capítulo, mas ao longo de todo o livro.

DIFERENTES MANEIRAS DE RELATAR O DESEMPENHO

O desempenho em testes é relatado de muitas maneiras, e as várias formas de fazer esse relato às vezes parecem oferecer retratos diferentes do desempenho do estudante. Cada forma de comunicar também tem suas próprias vantagens e desvantagens. Portanto, entender algumas das maneiras mais comuns de mostrar resultados de avaliação é fundamental para aprender lições úteis sobre os escores de teste dos alunos.

A maneira mais simples de fazer um relatório de desempenho é com um escore bruto, que é simplesmente uma contagem ou percentual de pontos alcançados em um teste. Esta é a maneira mais comum de relatar avaliações internas; todos os alunos estão familiarizados com os testes em sala de aula que são classificados em termos da porcentagem das notas possíveis. Os escores brutos parecem simples, mas são difíceis de comparar e interpretar porque dependem da dificuldade do conjunto específico de itens incluídos no teste. Em outras palavras, os alunos com um determinado nível de proficiência receberão uma pontuação bruta mais alta – número ou porcentagem correta – se o teste contiver itens fáceis e uma pontuação bruta mais baixa se forem usados itens mais difíceis. Este é um problema comum para os professores nas escolas em que a porcentagem correta é tradicionalmente uma pontuação de corte para um grau de letra – por exemplo, 90% ou melhor recebe um A. Os professores que classificam suas notas dessa maneira podem facilmente fazer alguns estudantes com grau B ficarem com grau A (ou vice-versa) mudando a dificuldade de seus testes em sala de aula. O mesmo problema surge com testes externos. Mesmo que o desenvolvedor do teste tente manter a dificuldade dos itens consistente, é provável que eles variem de teste para teste, causando diferenças enganosas em escores brutos.

Como os escores brutos são difíceis de interpretar sem o conhecimento da dificuldade dos itens específicos em um teste, o desempenho em testes padronizados em geral é relatado em termos de um ou mais tipos de escores de escala, que descrevemos em mais detalhes a seguir. Embora os resultados de qualquer teste possam ser relatados por meio de diversos tipos de escalas, as escalas enfatizadas no relatório de desempenho devem estar relacionadas aos propósitos do teste. Na sequência, descrevemos os principais tipos de testes que estão agora mais popularmente em uso e, logo após, os tipos de escores de escala mais utilizados para relatar os resultados desses tipos de teste.

Testes baseados em normas

Dos testes que consideramos aqui, o tipo mais antigo compreende os principais testes de desempenho nacionais, comercialmente preparados, como o Iowa Tests of Basic Skills (ITBS), o Stanford 9 e o Terra Nova. Todos eles são testes baseados em normas (TBNs), que são testes projetados para descrever o desempenho – muitas vezes o desempenho individual de alunos, mas, em alguns casos, de escolas, municípios, estados ou até mesmo países – em termos de uma distribuição de desempenho. Com um TBN, o desempenho de cada pessoa (ou escola) é relatado em comparação com outros. Por exemplo, o resultado de um aluno seria relatado em termos de como o desempenho dele se compara à distribuição de uma amostra de estudantes em todo o país. O grupo ao qual um indivíduo é comparado é chamado de grupo normativo.

A escala baseada em norma mais simples é a classificação percentual, que é simplesmente a porcentagem dos estudantes no grupo normativo que está desempenhando abaixo de uma pontuação específica. Voltando ao nosso exemplo sobre vocabulário, suponha que um grupo normativo fez o teste antes que você o aplicasse aos candidatos de sua escola. Imagine ainda que 75% do grupo normativo respondeu a menos de 24 das 40 perguntas corretamente. Todos os alunos que respondessem de forma correta 24 itens (60% corretos como uma pontuação bruta) receberiam uma classificação percentual de 75. Observe que a classificação percentual não está vinculada à porcentagem correta. A classificação percentual informa onde um aluno está, mas apenas em relação a um grupo de comparação específico fazendo um teste específico. Em nosso exemplo hipotético, o grupo normativo inclui todos os alunos fazendo o teste, mas em geral seria um grupo representativo nacional ou algum outro grupo escolhido como tendo um padrão razoável para comparação. Quando o grupo de comparação é um grupo de estudantes nacionalmente representativo, a classificação percentual costuma ser chamada de Classificação Percentual Nacional (CPN).

Por exemplo, a primeira linha do relatório do ITBS na Tabela 2.2 indica que os alunos de 1º ano do ensino fundamental do hipotético Condado de Dalen fizeram 59 pontos, em média, na classificação percentual nacional no teste de vocabulário do ITBS. Este resultado significa que um aluno de 1º ano, em média, no Condado de Dalen, marcou mais pontos do que 59% dos estudantes que compuseram o grupo normativo nacionalmente representativo.

As principais vantagens da classificação percentual incluem o fato de ela ser familiar e fácil de explicar. A principal desvantagem é menos óbvia: qualquer quantidade dada de melhoria no desempenho pode significar mudanças variadas em fileiras de percentuais. Comumente, a maioria dos alunos tem pontuações próximas à média, e uma porcentagem muito menor

Tabela 2.2 Perfil do sistema do Iowa Tests of Basic Skills (ITBS)

		Ano:	1º
		Nível:	7
Sistema:	CONDADO DE DALEN	Forma:	K
Normas:	Primavera de 1992	Data do teste:	03/93
Ordem Nº:	000-A33-76044-00-001	Página:	91

EE = Escore médio na escala
NE = Nota equivalente da média de EE
CNE = Curva normal da média equivalente
CPN = Classificação percentual da média EE: Norma nacional. Alunos (▬▬)

Med N Tent = Média do número de tentativas
Med %C = Média do percentual de respostas corretas

TESTES	ESCORE					CLASSIFICAÇÃO PERCENTUAL NACIONAL
						BAIXO MÉDIO ALTO
N TESTADO = 255	N	EE	NE	CNE	CPN	1 10 20 30 40 50 60 70
VOCABULÁRIO	247	153,8	2,0	53,6	59	
COMPREENSÃO DE LEITURA	247	153,6	2,0	52,6	59	
TOTAL LEITURA	247	153,7	2,0	52,8	58	
ESCUTA	247	152,7	1,9	53,5	58	
LINGUAGEM	247	158,7	2,3	57,7	70	
TOTAL LINGUAGEM	247	155,7	2,1	56,0	64	
CONCEITOS	247	153,0	2,0	54,7	59	
PROBLEMAS	247	151,0	1,9	50,7	53	
TOTAL MATEMÁTICA	247	152,0	2,0	52,6	55	
TOTAL	247	153,8	2,0	53,6	58	
ESTUDOS SOCIAIS	246	151,4	1,9	50,7	54	
CIÊNCIAS	246	149,5	1,8	49,9	49	
FONTES DE INFORMAÇÃO	246	158,2	2,2	62,6	74	
COMPOSIÇÃO	246	153,5	1,9	54,1	60	
ANÁLISE DE PALAVRAS	247	155,8	2,2	54,3	62	
COMPUTAÇÃO MATEMÁTICA	247	150,0	1,8	50,1	50	

Fonte: H. D. Hoover et al., *Iowa tests of basic skills interpretive guide for school administrators* (Chicago: Riverside, 1994): p. 102, Forms L and K, Levels 5–15.

tem pontuações muito altas ou muito baixas. Portanto, um aluno próximo à média que realiza um considerável progresso – por exemplo, respondendo a três itens adicionais de forma correta – passará por muitos alunos, simplesmente porque muitos alunos têm pontuações semelhantes às dele. Como resultado, sua classificação percentual aumentará de maneira substancial. Em contrapartida, um aluno com uma pontuação muito alta ou muito baixa que responde a três itens a mais corretamente vai "passar por" menos alunos, porque há menos estudantes nesse intervalo de escore. Por conseguinte, sua classificação percentual aumentará menos.

Testes baseados em critérios

Um segundo tipo de teste é um teste baseado em critérios (TBC). Um TBC tem por objetivo determinar se um aluno dominou um conjunto definido de habilidades ou conhecimentos. No uso mais comum, o TBC refere-se a um teste que mede se um aluno atingiu um nível de passagem preestabelecido, muitas vezes chamado de pontuação de corte. Para ter um exemplo de um TBC, volte a pensar em nosso exercício sobre vocabulário. Se o departamento de línguas decide que só vai considerar os alunos que atingem o escore 35 ou acima no teste, não é mais importante se um candidato tira 40 ou 35. Em ambos os casos, o candidato passou. Neste caso, o teste de vocabulário não classifica os alunos e serve apenas para diferenciar aqueles que passaram daqueles que não passaram. Os exemplos mais importantes de TBCs são os testes de competência mínima que muitos estados e municípios nos Estados Unidos têm imposto como requisitos de graduação ou promoção.

Testes baseados em padrões

O tipo mais recente de avaliação padronizada é frequentemente chamado de teste baseado em padrões (TBP). Os TBPs são desenvolvidos mediante especificação de padrões de conteúdo (o que os alunos devem saber e ser capazes de fazer) e padrões de desempenho (quanto desse conteúdo é esperado que saibam e sejam capazes de fazer). Em termos de relatórios, os TBPs são muito semelhantes aos TBCs, exceto pelo fato de que na maioria dos casos três ou quatro níveis de desempenho diferentes são especificados. (Muitos estatutos federais e estaduais de prestação de contas nos Estados Unidos especificam vários níveis de desempenho, mas, na maioria dos casos, o alvo para atender o padrão é chamado de "Proficiente".) Algumas avaliações estabelecem três padrões de desempenho e quatro intervalos de desempenho: "Atenção ou Falhando", "Precisa melhorar", "Proficiente" e "Avançado". As principais formas de geração de relatórios para esses testes (embora não necessariamente as únicas) são relatos que mostram o intervalo de desempenho no qual se encontra um aluno e aqueles que mostram a porcentagem de alunos que excedem um dos padrões de desempenho. Por exemplo, o pai que recebe o relatório apresentado na Tabela 2.1 é informado de que seu filho pontua no intervalo "Proficiente". (O governo federal exige que as escolas e os estados relatem o desempenho em termos de porcentagens de alunos atingindo ou excedendo o padrão "Proficiente".)

Com uma escala baseada em padrões, as informações sobre o desempenho dentro dos intervalos não são relatadas. Por exemplo, um aluno que estava perto do nível mais baixo do intervalo "Precisa melhorar" e que evoluiu para perto do topo desse intervalo – uma diferença bastante grande em muitos casos – não mostraria nenhum avanço no relatório. Por outro lado, um aluno que progrediu uma quantidade muito pequena, mas cruzou um padrão de desempenho, seria mostrado como tendo melhorado. Alguns estados respondem a esse problema relatando o desempenho em um formulário adicional. Por exemplo, certos estados usam uma pontuação de escala, como a relatada na Tabela 2.1. No entanto, tendo em vista que os educadores, a imprensa e os gestores dependem da própria escala baseada em padrões – uma prática comum hoje –, as informações sobre as diferenças de desempenho entre quaisquer dois padrões são obscurecidas.

As escalas baseadas em padrões têm outras limitações. Os níveis em que as normas são definidas dependem de muitos fatores, incluindo o julgamento dos painéis montados para defini-los, o método específico usado para determiná-los (há muitos) e, às vezes, as características do teste, como a dificuldade dos itens e os variados formatos que cada um deles possui.

Observações-chave ao relatar padrões

Na prática, o desempenho em qualquer um dos tipos de testes descritos na Tabela 2.3 pode ser relatado de várias maneiras, e o relatório não é totalmente previsível a partir do tipo de teste. Por exemplo, algumas empresas que produzem testes comerciais adicionaram padrões de desempenho aos seus TBNs, dando a seus clientes a opção de receber relatórios baseados em padrões e baseados em normas a partir de um único TBN. Em muitos casos, os estados constroem escalas para seus TBPs que são muito similares àquelas usadas com TBNs, e tais escalas são relatadas às vezes.

Tabela 2.3 Comparação entre tipos de testes

TIPO DE TESTE	DEFINIÇÃO	EXEMPLOS
TESTE BASEADO EM NORMAS (TBN)	Um teste que descreve o desempenho de uma unidade (estudante, escola, etc.) em relação a uma distribuição representativa de desempenho (grupo normativo)	ITBS, Stanford 9, Terra Nova
TESTE BASEADO EM CRITÉRIOS (TBC)	Teste cujo objetivo é determinar se o estudante domina um tipo definido de habilidades/conhecimento	Testes de competência mínima
TESTE BASEADO EM PADRÕES (TBP)	Teste cujo objetivo é medir um nível de desempenho do estudante em padrões curriculares predeterminados	Programas de testes estaduais obrigatórios mais recentes

É importante ter em mente que algumas das escalas que são usadas para relatar os escores dos alunos são necessariamente arbitrárias. Por exemplo, não há nenhuma razão particular pela qual a pontuação máxima é 36 no ACT e 2.400 no SAT I. As empresas de teste poderiam ter escolhido qualquer outro número. Porém, há duas implicações importantes desta arbitrariedade. Em primeiro lugar, uma determinada pontuação não tem necessariamente o mesmo significado em diferentes testes ou mesmo entre os diferentes sujeitos de um único teste. É evidente que um 36 não tem o mesmo significado no ACT e no SAT (cuja escala nem chega a um limiar tão baixo). No entanto, em geral a escala é fixada de modo que uma determinada pontuação em um assunto em um único teste tem um significado semelhante de um ano para o outro.

Algo é necessário para dar significado a pontuações de escala arbitrária. Em alguns casos, a experiência é suficiente. Por exemplo, os professores em escolas de ensino médio sabem que uma pontuação de 2.250 no SAT I é muito alta, porque a experiência tem demonstrado que tais pontuações são raras, e quem tem experiência com processos de ingresso na universidade sabe que esta é uma pontuação que tornaria um estudante competitivo nas faculdades mais seletivas.

Na maioria dos casos, os autores de teste não dependem apenas da experiência, mas, em vez disso, adotam outras medidas para abordar a arbitrariedade das escalas. Uma abordagem comum é contar com relatórios baseados em normas. Se a pontuação de escala de uma aluna em um TBN a coloca no percentil 95 do *ranking* nacional, então sabemos que seu desempenho tem sido muito bom. Similarmente, como é possível saber se o escore médio da escala de Minnesota de 288 em matemática do 8º ano na National Assessment of Educational Progress (NAEP), ou o achado de que 40% de seus alunos pontuaram no nível "Proficiente" ou melhor, é bom? Uma indicação são as normas estaduais: Minnesota pontuou no topo da distribuição de todos os estados que participaram dessa avaliação naquele ano.[6]

Escalas de desenvolvimento

Educadores e pais muitas vezes querem acompanhar o desenvolvimento de um aluno à medida que ele progride na escola. As escalas para esta finalidade são chamadas, por essa razão, de escalas de desenvolvimento ou escalas "verticais". Um exemplo de uma escala de desenvolvimento são as notas equivalentes (NEs), que são escores de desenvolvimento que relatam o desempenho de um aluno, comparando-o com a mediana em um estágio específico. Por exemplo, uma nota equivalente de 3,7 representa o desempenho mediano de um aluno no sétimo mês do 3º ano; portanto, um aluno de 3º ano tirando 3,7 é um exemplo típico, enquanto outro tirando 4,3 está mais de meio ano acima da média. (Há dez meses acadêmicos em um ano nesta escala.) Assim, a nota equivalente de 2,0 relatada como a média do escore de vocabulário para alunos de 1º ano do Condado de Dalen no ITBS de primavera na Tabela 2.2 significa que o aluno de 1º ano médio no Condado de Dalen está pontuando no nível mediano de um aluno de 2º ano no primeiro mês da escola. Dado que o ITBS é administrado na primavera, este escore seria considerado um pouco acima do escore típico. É importante notar que, como a taxa de crescimento muda com a idade, uma diferença de qualquer tamanho dado – digamos, uma NE – não representa necessariamente o mesmo crescimento em diferentes níveis de série. Por exemplo, a diferença entre 3,7 e 4,7 não representa a mesma diferença de desempenho entre 6,7 e 7,7. Infelizmente, embora as NEs sejam relativamente fáceis de interpretar e explicar, elas se tornaram impopulares e raras vezes são usadas.

Um tipo mais comum de escala de desenvolvimento, às vezes chamado de escore padrão de desenvolvimento ou escore de escala de desenvolvimento, relata o desempenho em uma escala numérica arbitrária. Um aluno de 5º e um de 6º ano cujos escores chegaram a 286 em uma escala de desenvolvimento em um teste seriam considerados como tendo aproximadamente o mesmo nível de proficiência, apesar de estarem em séries diferentes. Por exemplo, o escore médio de escala de desenvolvimento (escore de escala [EE]) para o Condado de Dalen no ITBS para o teste de vocabulário de 1º

6 BRASWELL, J. D. *et al. The nation's report card: Mathematics 2000*, NCES 2001-517. Washington: U.S. Department of Education, National Center for Education Statistics, 2001. p. 54.

ano foi 153,8 (ver Tab. 2.2). Esta pontuação não lhe diz muita coisa, a menos que você também saiba o desempenho mediano para uma determinada série. Neste caso, o desempenho mediano para os primeiros anos é 150; portanto, um escore de 153,8 está ligeiramente acima do que é considerado típico. Essas escalas são projetadas para que um determinado aumento no desempenho (p. ex., 50 pontos) tenha o mesmo significado em qualquer nível da escala ou nível de série. Infelizmente, não está claro se este objetivo é de fato cumprido, sobretudo para as séries que não são adjacentes.

Ao interpretar os resultados de um único teste, costuma ser útil obter dados de desempenho de mais de uma escala. Por exemplo, um relatório de desempenho baseado em padrões escolares é uma informação essencial para alguns requisitos federais e estaduais, mas fazer um relato apenas em termos de padrões tem inúmeras limitações, como a falta de informações desses relatórios sobre o progresso dentro de um intervalo de desempenho. Portanto, muitas vezes é útil complementar essa informação referenciada por padrões com outros tipos de relatórios. Infelizmente, nem todas as escolas terão as mesmas informações disponíveis. Alguns estados fornecem escores de escala junto com tipos de *benchmarks* – em alguns casos, informações normativas – que ajudam os líderes escolares a interpretar os escores de escala. Alguns estados fornecem classificações de percentual também. Como diferentes estados fornecem informações distintas, os educadores precisam explorar as opções que estão disponíveis para eles. A Tabela 2.4 apresenta uma comparação de diferentes tipos de escore fornecidos nos relatórios de avaliação.

O PERDE-GANHA DOS DETALHES PELA CONFIABILIDADE

Em geral, o desempenho em testes externos é relatado em muitos níveis de detalhe. Em um extremo, fica a pontuação total para todo o teste. O desempenho neste nível pode ser relatado em termos de qualquer uma das escalas recém-observadas. No outro extremo, alguns testes relatam o desempenho em itens de teste individuais. No meio, pode haver vários níveis intermediários de detalhes, como pontuações de subtestes. Cada subteste normalmente compreende muitos itens de teste, e o desempenho nos subtestes é muitas vezes apresentado em termos das escalas antes mencionadas. Em um nível de detalhe mais refinado, algumas provas relatarão resultados em pequenos *clusters* de itens que dependem de conhecimentos ou habilidades semelhantes, como mostrado no relatório do ITBS na Tabela 2.5.

Tabela 2.4 Comparação de tipos de escore

TIPO DE ESCORE	DEFINIÇÃO	EXEMPLO
ESCORE BRUTO	Uma simples contagem ou porcentagem de pontos alcançados no teste	Testes de aula que recebem pontuação de percentuais de acertos corretos
CLASSIFICAÇÃO PERCENTUAL	O percentual de estudantes desempenhando em relação a um grupo particular	SAT de matemática – um escore de 700 = 95º na classificação percentual
ESCORE DE CORTE	O escore necessário para alcançar um nível predeterminado de passagem	Escore bruto necessário para passar minimamente em um teste por competência
NÍVEIS DE DESEMPENHO	Um número de níveis que demonstram uma gama de desempenho	MCAS – Atenção ou Falhando, Precisa melhorar, Proficiente, Avançado
NOTAS EQUIVALENTES	Escores de desenvolvimento que relatam o desempenho de um estudante comparando-o com a mediana em um estágio específico	ITBS – uma NE de 3,7 representa o desempenho mediano de um estudante no sétimo mês do 3º ano
ESCORE DE ESCALA DE DESENVOLVIMENTO	Escores de desenvolvimento que relatam o desempenho de estudantes em diferentes séries em uma única escala numérica	ITBS Form K – 176 é o escore de escala de desenvolvimento correspondendo a uma NE de 3,2 em leitura

Fontes: *SAT Program Handbook: 2004-2005* (New York: College Board, 2004).
H. D. Hoover et al., *Iowa tests of basic skills interpretive guide for school administrators* (Chicago: Riverside, 1994): p. 74.

Na maioria das vezes, como no relatório do ITBS, o desempenho nesses pequenos *clusters* não é relatado em termos de pontuações de escala porque há pouca informação para criar uma escala razoável. Ele é relatado, em vez disso, em termos de estatísticas simples, como a porcentagem de itens no *cluster* respondido corretamente.

Para fins de diagnóstico e melhoria de ensino, a maioria dos educadores quer mais detalhes em vez de menos. Saber que uma turma de alunos vai mal em matemática, ou mesmo em "computação matemática", fornece orientação limitada sobre como melhorar seu desempenho. Por outro lado, saber que muitos dos alunos da turma têm dificuldade com o conceito de "valor posicional" fornece um ponto de partida claro para a melhoria do planejamento.

Então, por que não usar apenas o detalhe mais refinado disponível a partir de um teste? Como em muitos aspectos da avaliação, há um "perde-ganha" – neste caso, entre detalhes e confiabilidade. Embora os níveis de detalhe mais refinados sejam mais úteis para o ensino, visto que menos

Tabela 2.5 Análise de item agrupada para o Iowa Tests of Basic Skills (ITBS) no 1º ano*

Nº ITEM	CONCEITOS MATEMÁTICOS	ITEM	CLASSE MED %C N=21	ESCOLA MED %C N=139	MUNICÍPIO MED %C N=247	NAC'L MED %C	DIF (CLASSE MENOS NAC'L)	DIFERENÇA (CLASSE MENOS NAC'L) −20 0 20
	SISTEMAS NUMÉRICOS & NUMERAÇÃO	9	76	68	68	65	+11	
1	Comparar & ordenar		95	89	91	86	+9	
5	Comparar & ordenar		90	83	80	72	+18	
7	Comparar & ordenar		86	72	75	74	+12	
12	Posicionar valor		90	90	89	88	+2	
15	Comparar & ordenar		76	68	67	67	+9	
17	Posicionar valor		90	83	84	71	+19	
22	Comparar & ordenar		38	31	30	30	+8	
26	Propriedades		48	35	34	32	+16	
29	Comparar & ordenar		67	65	62	62	+5	
	NÚMEROS INTEIROS	3	84	85	83	82	+2	
2	Leitura e escrita		81	82	64	95	−4	
6	Leitura e escrita		100	93	89	93	+7	
11	Valores relativos		71	79	75	68	+3	
	GEOMETRIA	4	82	86	84	80	+2	
3	Figuras geométricas		90	93	92	91	−1	
14	Propriedades, padrões e relações		76	82	78	72	+4	
19	Figuras geométricas		67	74	73	67	0	
25	Propriedades, padrões e relações		95	95	93	89	+6	
	MEDIDAS	4	88	88	88	82	+6	
9	Unidades apropriadas		100	98	97	95	+5	
13	Medidas estimadas		81	80	81	72	+9	
16	Comp., distância, temp., peso, vol.		95	97	95	81	+14	
21	Medidas estimadas		76	76	78	79	−3	
	FRAÇÕES & DINHEIRO	4	79	63	63	57	+22	+
10	Representação		90	71	72	68	+22	+
23	Representação		38	24	27	22	+16	
24	Representação		95	82	79	85	+10	
27	Valores relativos		90	76	74	54	+36	+
	SENTENÇAS NUMÉRICAS	4	75	71	67	67	+8	
4	Sentenças		95	86	84	79	+16	
8	Símbolos		86	89	88	91	−5	
18	Variáveis		57	51	47	48	+9	
20	Variáveis		62	58	49	51	+11	
	ESTIMATIVA	1	29	46	49	47	−18	
28	Arredondamento padrão		29	46	49	47	−18	

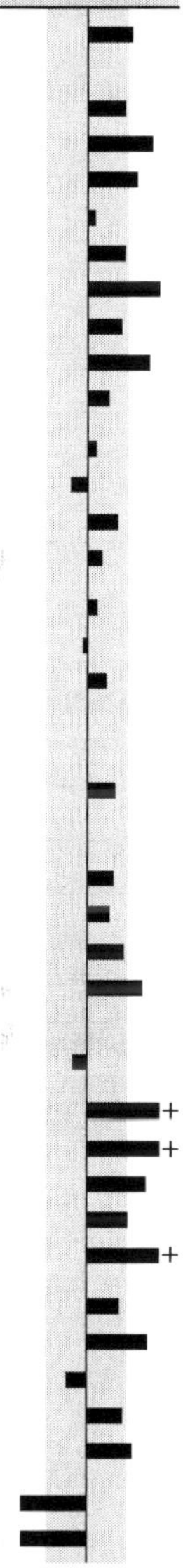

Fonte: H. D. Hoover et al., *Iowa tests of basic skills interpretive guide for school administrators* (Chicago: Riverside, 1994): p. 88.

*N. de T.: Na BNCC (Base Nacional Curricular Comum) do ensino fundamental no Brasil, a área de matemática está dividida em cinco unidades temáticas: Números, Álgebra, Geometria, Grandezas e medidas e Probabilidade e estatística.

itens são usados ao relatar o desempenho, os resultados também serão menos confiáveis. Por exemplo, observando um relatório do ITBS semelhante ao da Tabela 2.5, um líder escolar estaria mais seguro de que o teste avaliaria de forma confiável o desempenho dos alunos em "sistemas numéricos e numeração" (com base em nove perguntas) do que o seu desempenho em "estimativa" (com base em uma pergunta). Quando você opta por um nível mais específico de detalhamento a fim de obter a informação diagnóstica mais útil, você opta, simultaneamente, por uma medida que seja menos consistente e tenha uma probabilidade mais elevada de ser enganosa por causa do erro de medição. Como discutimos, uma maneira de lidar com as limitações da informação de um único teste é combiná-la com outras informações sobre o desempenho. Quanto maior o detalhamento da informação que você toma do teste e menos itens dele isso reflete, mais importante se torna a informação adicional.

No extremo, alguns estados incentivam os professores a examinarem o desempenho em itens únicos. Um único item é uma base arriscada para inferir o que os alunos podem ou não fazer. Para esclarecer isso, é necessário distinguir entre usar um único item para aprender sobre apenas um aluno e confiar nele para ajudar a descrever o desempenho de uma turma, escola ou outro grupo.

Há duas razões básicas pelas quais é arriscado e muitas vezes seriamente enganoso confiar em um único item para tirar conclusões sobre apenas um aluno. Uma das razões é o erro de medição já discutido – isto é, o desempenho dos alunos muitas vezes varia acentuadamente de um item para outro, mesmo quando os itens têm por objetivo medir a mesma coisa. Uma segunda razão é que mais de uma habilidade é necessária para responder a muitos itens de forma correta, sobretudo em algumas avaliações modernas que visam deliberadamente analisar itens de situações mais realistas, e, portanto, muitas vezes mais complicadas. Assim, quando um aluno responde incorretamente um item, pode não ficar claro se ele iria responder a outro item semelhante incorretamente, ou qual dentre várias habilidades ele de fato não aprendeu.

Ao olhar para o desempenho de uma turma ou outro grupo, o problema do erro de medição é diminuído, mas o segundo problema permanece porque muitas vezes há várias explicações possíveis para o desempenho fraco no item. Portanto, a melhor maneira de usar as informações sobre o desempenho ruim em um único item é entender que tal desempenho sugere possíveis fraquezas no conhecimento e nas habilidades dos alunos. Especialistas em avaliação geralmente aconselhariam testar essas possíveis explicações, observando *clusters* de itens que compartilham a habilidade em questão, mas diferem em outros aspectos. Em muitos casos, no entanto, você pode ficar sem itens adicionais para serem usados desta forma. Quando não dispõe de itens adicionais nos quais se fundamentar, você deve tomar todas as decisões com base em um único item e procurar evidências adicionais para testar sua hipótese sobre as razões para as respostas incorretas.

COMO VOCÊ MEDE A MELHORIA?

As escolas e as secretarias de educação seguem duas abordagens muito diferentes para utilizar escores de teste a fim de medir o progresso dos alunos ao longo do tempo. O modelo mais comum é chamado de "modelo de mudança de grupo para grupo". Nesta abordagem, as escolas testam um determinado nível (p. ex., 4º ano) a cada ano. Para avaliar o progresso, as pontuações de cada ano para os alunos nessa série são comparadas com os escores dos alunos do ano anterior nessa série. Essa abordagem compara um grupo de alunos do 4º ano com o grupo anterior de 4º ano – daí o nome dado à abordagem. Tal abordagem é mostrada para um estado hipotético na Figura 2.1. As pontuações médias para cada grupo de 4º ano são apresentadas em uma escala hipotética de desenvolvimento (ou "vertical"). A Figura

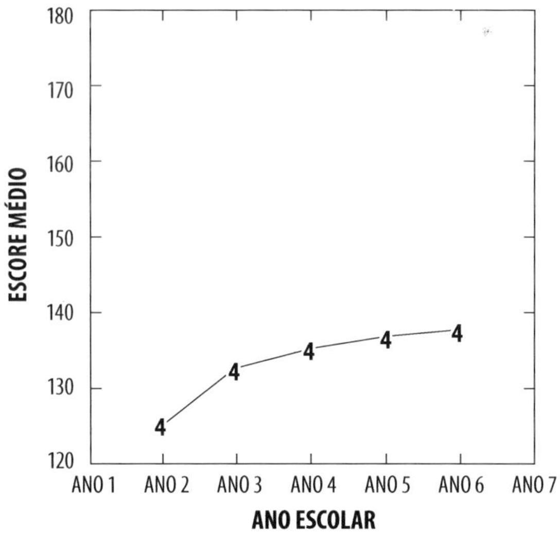

Figura 2.1 Resultados da avaliação de mudança de grupo para grupo.

2.1 mostra um padrão típico: ganhos rápidos ao longo dos primeiros anos do programa de testes, seguidos por ganhos mais lentos após vários anos.

Uma abordagem alternativa mede os ganhos demonstrados por um determinado grupo de alunos à medida que progride ao longo da escola. Essa abordagem pode ter vários nomes, incluindo "avaliação de valor agregado" e "avaliação longitudinal". Essa abordagem é ilustrada para o mesmo estado hipotético na Figura 2.2, usando a mesma escala de desenvolvimento. Na Figura 2.2, um único grupo de estudantes, aqueles que foram testados no 4º ano no ano 2, têm um acompanhamento de sua progressão ao longo do processo escolar. O mesmo gráfico ilustra os escores deste grupo, pois seus membros foram testados no 5º ano no ano 3, no 6º ano no ano 4, e assim por diante.

Cada uma dessas abordagens tem vantagens e desvantagens. A abordagem de grupo para grupo é simples de implementar e permite que as escolas usem testes específicos de série sem se preocupar com sobreposição de série a série ou dimensionamento vertical. Ela é projetada para medir a melhoria no desempenho dos alunos da escola ao longo do tempo de um grupo para o próximo – e não a sua eficácia no ensino de um grupo de alunos. Por outro lado, a abordagem de grupo para grupo tem um ar de "máquina de movimento contínuo" porque se baseia no pressuposto de que as escolas podem simplesmente continuar melhorando sem limite. O problema com

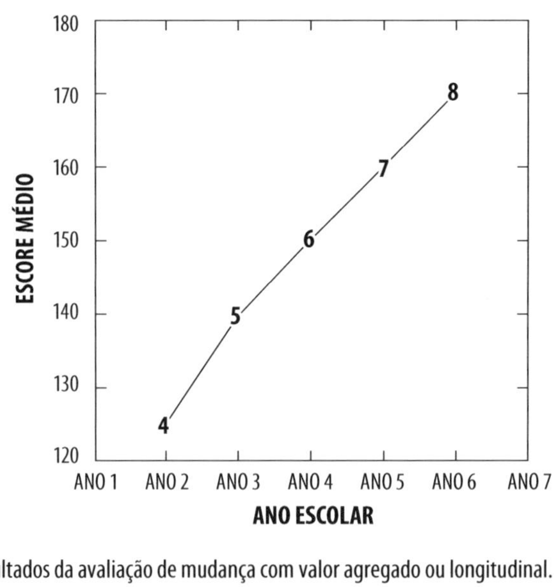

Figura 2.2 Resultados da avaliação de mudança com valor agregado ou longitudinal.

esta suposição fica bem demonstrado se você considera uma escola altamente eficaz em que os estudantes aprendem muito e em que essa taxa de aprendizagem é estável com o tempo. Tal escola apareceria em um sistema de ganho de grupo para grupo como não mostrando nenhuma melhoria com o passar do tempo.

A abordagem de grupo para grupo também é suscetível a vieses causados por alterações na composição da população dos estudantes. Por exemplo, uma escola que está melhorando pode parecer não estar fazendo nenhum progresso se for confrontada com um afluxo de estudantes de pontuação mais baixa, como estudantes com proficiência limitada em línguas. As estimativas de mudança em um sistema de mudança de grupo para grupo também são altamente suscetíveis a flutuações sem sentido que surgem das diferenças entre os grupos que entram na escola em diferentes anos. Esta questão é particularmente verdadeira para escolas menores.

Em contrapartida, a abordagem de valor agregado destina-se a medir diretamente o que os alunos aprendem na escola, o que se torna uma opção interessante para muitos educadores e gestores. No entanto, isso também tem suas desvantagens. Uma delas é que comparar o desempenho de um aluno em níveis requer testes que podem ser colocados em uma escala vertical. Isso só é possível quando o currículo é cumulativo entre as séries – como é o caso da leitura, mas não de ciências no ensino médio. Como o currículo muda de série para série, essas estimativas de crescimento tornam-se cada vez mais questionáveis à medida que a distância das séries aumenta. Essas estimativas também são altamente suscetíveis ao erro de medição. Por exemplo, pesquisas sugerem que as avaliações de valor agregado podem distinguir de forma confiável as salas de aula nas quais os ganhos são excepcionalmente grandes ou pequenos, mas não distinguem de forma confiável entre a maioria das salas de aula.[7]

ESTRATÉGIAS PARA INTERPRETAÇÃO DE DADOS

Interpretando escores de testes isoladamente

Como antes discutido, o erro de medição é um motivo para não se avaliar um aluno com base em apenas um escore de um único teste, mas não é a

7 Para uma discussão mais aprofundada sobre modelos de valor agregado, acesse: KORETZ, D. Value-added models are a promising improvement, but no one measure can evaluate teacher performance. *American Educator*, v. 39, p. 18-27, 2008. p. 18–27; e McCAFFREY, D. F. *et al. Evaluating value-added models for teacher accountability*. Santa Monica: RAND, 2003.

única razão para evitar o uso de um único escore de forma isolada. Quando estudantes, todos já tivemos a experiência com um teste que não media a nossa verdadeira competência em uma área de conhecimento em particular. Como educadores, sabemos que às vezes é importante entender a situação de um aluno quando se visualizam os resultados dos testes. Será que ele tem uma deficiência de aprendizagem? Será que sofre de ansiedade que diminui seu desempenho em testes? O aluno mostra um desempenho muito mais forte ou muito mais fraco em outros tipos de trabalho do que em testes? Estes não são exemplos de erro de medição porque o teste repetido não lhe daria uma pontuação média que seria um indicador mais preciso do desempenho do aluno. Todavia, eles são fatores que podem levar um escore, se tomado sozinho, a ser um indicador tendencioso de proficiência do aluno.

Sugerimos três estratégias complementares para interpretar escores em uma determinada avaliação, todas envolvendo o uso de informações adicionais. Primeiro, olhe para além dos resultados da avaliação de um ano, aplicando a mudança de grupo para grupo ou abordagens de avaliação de valor agregado, como explicado antes. Embora as duas abordagens forneçam informações diferentes, ambas são valiosas para dar sentido aos resultados de avaliações mais recentes.

Em segundo lugar, compare os resultados dos seus alunos com os dos alunos relevantes no município ou no estado. Por exemplo, uma diretora pode ter se preocupado em ver que somente 64% dos estudantes da 1ª série do ensino médio em sua escola classificaram-se como proficientes ou no nível avançado no teste de língua inglesa do estado. No entanto, a descoberta de que as porcentagens comparáveis para os alunos da 1ª série no município e no estado foram de 62% e 61%, respectivamente, a faria reavaliar o desempenho de sua escola. Naturalmente, tais comparações levantam a pergunta de "quanto é ser bom o bastante?" Retornaremos a essa pergunta quando discutirmos a determinação de metas no Capítulo 7.

Em terceiro lugar, compare os resultados dos seus alunos na avaliação mais recente com o seu desempenho em outras avaliações. Seguindo os conselhos do Capítulo 1 para realizar um inventário de dados para a sua escola, podemos obter informações críticas acerca de que outros dados sobre o desempenho dos alunos estão disponíveis.

Determinando quando as diferenças são significativas

Visto que muitas avaliações têm consequências importantes para estudantes, educadores e escolas, educadores, pais e gestores estão procurando ver significado mesmo nas menores diferenças de pontuações. Contudo, algumas dessas diferenças podem não representar nenhuma mudança real no desempenho do aluno.

Há três razões pelas quais não se deve dar crédito a essas pequenas diferenças. Como discutimos, a primeira é o erro de amostragem. Esse erro afeta mesmo grupos grandes, como as amostras de cerca de 2.500 estudantes que foram testados no nível de estado para a NAEP até recentemente. Ao olhar as comparações estaduais, você vai descobrir que muitos estados com pontuações semelhantes foram classificados como sem diferenças estatisticamente significativas. Este resultado significa que, se diferentes amostras de alunos fossem escolhidas para fazer o teste, os estados poderiam ter o mesmo escore que o outro ou a ordem de classificação poderia até mudar. Fica evidente que a incerteza resultante do erro de amostragem é muito maior no caso das escolas analisadas como caso único, sobretudo as pequenas. A segunda razão, o erro de medição, é análoga, mas não decorre da amostragem de pessoas, e sim da amostragem de itens no teste.

Uma terceira razão para ser cauteloso com pequenas diferenças é que qualquer determinado conjunto de padrões de conteúdo pode levar a uma variedade de esquemas diferentes para um teste. Diferentes pessoas podem chegar a conclusões diferentes sobre que conteúdo específico deve ser incluído e quais os formatos a serem usados. Portanto, testes diferentes geralmente fornecem uma visão um pouco diferente do desempenho. Indivíduos, escolas e até mesmo estados e países mostrarão um desempenho um pouco diferente em dois testes que são projetados para medir o mesmo domínio.

Embora abordar plenamente essas fontes de incerteza exija conhecimento substancial sobre estatísticas, medição e o teste específico, há coisas que podem ser feitas para orientar a sua interpretação dos resultados das avaliações. Em primeiro lugar, às vezes você poderá encontrar informações sobre os tipos e a extensão do erro. Por exemplo, os relatórios de escores para alunos em específico costumam fornecer algumas informações sobre o erro de medição. Relatórios de dados do grupo muitas vezes têm informações sobre quais comparações são estatisticamente significativas – ou seja, grandes o suficiente para que provavelmente não surjam de erro de amostragem ou erro de medição, e, portanto, merecedoras de serem aceitas com confiança. Mesmo que essas informações não sejam relatadas, vale a pena descobrir se elas estão disponíveis.

Em segundo lugar, mesmo na ausência dessas informações, você deve desconfiar de pequenas diferenças, incluindo diferenças entre grupos ou mudanças no desempenho ao longo do tempo. As diferenças que são consideráveis ou que persistem por algum tempo devem ser levadas a sério. Pequenas diferenças, ou diferenças que apareceram apenas em um determinado período (digamos, ao comparar este ano com o anterior), devem ser entendidas como "um grão de areia" e, como tal, devem ser ignoradas até que mais dados estejam disponíveis para confirmá-las.

Entendendo o "Jogo do Sistema"

Alguns líderes escolares respondem à introdução de avaliações de alto risco tentando descobrir como jogar com o sistema. As empresas de preparação de testes desenvolveram um negócio rentável, tentando ensinar as pessoas a ter sucesso em testes específicos, e algumas de suas técnicas dependem de como jogar com o sistema, em vez de ajudar os alunos a desenvolver o domínio dos conteúdos. Além disso, inúmeros estudos descobriram que, quando a pressão para elevar os escores é alta, alguns professores se envolverão em práticas questionáveis para aumentar os escores de testes dos estudantes. Por exemplo, a Tabela 2.6 fornece um resumo das respostas de professores em Kentucky (KY) e Maryland (MD) para pesquisas investigando suas respostas aos programas de teste estaduais.[8]

Tabela 2.6 Percentual de professores relatando práticas questionáveis de gestão de testes em suas escolas

PRÁTICA DOCENTE	KY	MD
Questões refeitas	36	27
Questões sobre conteúdo respondido	21	13
Revisões recomendadas	21	14
Dicas dadas ou respostas corretas dadas	17	6
Respostas modificadas	9	2
Materiais úteis ou pôsters à vista	NA	42

NA, não avaliado.
Fonte: D. Koretz, "Preparing students for the MSPAP assessments," in *Assessment-based educational reform: a look at two state programs, Part 2*, symposium presented at the annual meeting of the American Educational Research Association (Jessie Pollack, chair), New York, April 1996.

8 KORETZ, D. Preparing Students for the MSPAP Assessments. *In:* ANNUAL MEETING OF THE AMERICAN EDUCATIONAL RESEARCH ASSOCIATION, New York, 1996. Symposium presented at Assessment-based educational reform: a look at two state programs, part 2, J. Pollack, chair, 1996, New York.

Outra prática que muitos educadores empregam para inflacionar escores é a realocação, que se refere a trocas de recursos de ensino entre as várias partes de uma área de conteúdo. A pesquisa mostrou que quando as pontuações em um teste são importantes para os professores, alguns irão realocar seu tempo de ensino para se concentrar mais no material enfatizado pelo teste e menos no material que seja omitido ou menos enfatizado por ele – por exemplo, todas as palavras não incluídas em nosso teste de vocabulário.[9] Assim como a realocação transfere o tempo entre as partes da área de conteúdo, também muda o desempenho dos estudantes em relação a isso. A realocação inflaciona as pontuações no teste dependendo de qual material obtém mais ou menos ênfase. Se os professores não enfatizam o material que é importante para as inferências nas quais você e outros se baseiam em relação aos escores – isto é, se os materiais representam uma parte importante do domínio curricular (as 10.000 palavras) que o teste deve cobrir – então os escores se tornarão inflacionados. Isso é verdadeiro mesmo se o material que ganha a ênfase é importante. As pontuações irão subir, mas o domínio do conteúdo, não. É por isso que ter "um teste para o qual vale a pena ensinar", embora desejável por muitas razões, não é suficiente para se proteger contra a inflação do escore.

A pesquisa mostrou que a realocação também ocorre entre as matérias como resultado de testes de alto risco.[10] As escolas e os municípios sentem a pressão para demonstrar a melhoria em áreas de conteúdos testadas, e alguns consequentemente realocam recursos e tempo de ensino para longe das áreas não testadas. Como demonstra a Figura 2.3, isso muitas vezes leva a uma falta de ênfase em assuntos como ciências, estudos sociais, artes, saúde e educação física. Quando isso ocorre, um aumento subsequente nos escores matemáticos, por exemplo, pode de fato demonstrar maior domínio do conteúdo matemático. No entanto, este crescimento provavelmente vem à custa da diminuição do domínio dos conteúdos de ciências ou estudos sociais.

9 Por exemplo, KORETZ, D. *et al. The Perceived Effects of the Kentucky Instructional Results Information System (KIRIS)*, MR-792-PCT/FF. Santa Monica: RAND, 1996; SHEPARD, L. A.; DOUGHERTY, K. C. Effects of high-stakes testing on instruction. *In:* ANNUAL MEETING OF THE AMERICAN EDUCATIONAL RESEARCH ASSOCIATION AND NATIONAL COUNCIL ON MEASUREMENT IN EDUCATION, Chicago, 1996. Paper presented.

10 STECHER, B. M. *et al. The effects of the Washington State education reform on schools and classrooms*. Los Angeles: University of California, National Center for Research on Evaluation, Standards, and Student Testing, 2000. (CSE Technical Report, 525).

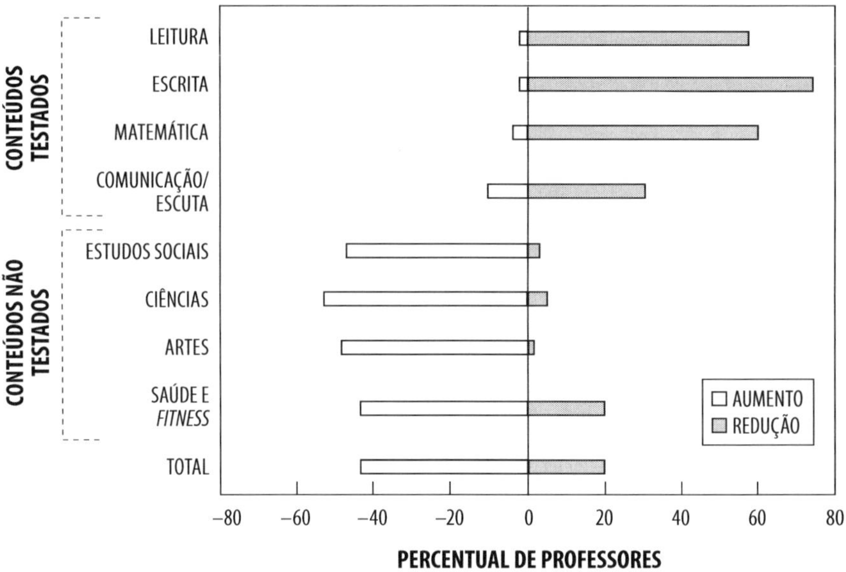

Figura 2.3 Percentual de professores de 4º ano no Estado de Washington com aumento ou redução de tempo de ensino em conteúdos testados e não testados.

Fonte: B. M. Stecher, S. I. Barron,T. Chun, and K. Ross, *The effects of the washington state education reform on schools and classrooms*, CSE Technical Report No. 525 (Los Angeles: National Center for Research on Evaluation, Standards, and Student Testing, 2000).

Vários estudos mostraram que as respostas dos educadores aos testes padronizados de alto risco resultam em inflação do escore em nível substancial. Um estudo relevante examinou o desempenho em um grande município, predominantemente com menores de idade em situação de extrema pobreza que, considerando os padrões de hoje, tinha um programa de teste de risco "moderado" – e embora não trouxesse nenhuma recompensa formal ou sanções, a administração pressionou muito os educadores para elevar os seus escores. Ao longo do ano de 1986, o município usou um teste padronizado e viu os resultados dos testes crescerem. Especificamente, na primavera do mesmo ano, o aluno médio de 3º ano teve uma nota equivalente de 4,3 (4 anos, 3 meses) – metade de um ano acadêmico acima da média. Isso é mostrado pelo primeiro diamante na Figura 2.4.[11] O município

11 Adaptada de: KORETZ, D. *et al.* The effects of high-stakes testing: preliminary evidence about generalization across tests. *In:* ANNUAL MEETINGS OF THE AMERICAN EDUCATIONAL RESEARCH ASSOCIATION AND THE NATIONAL COUNCIL ON MEASUREMENT IN EDUCATION IN THE EFFECTS OF HIGH-STAKES TESTING. Symposium presented at The Effects of High-Stakes Testing, R. L. Linn, chair, 1991, Chicago. Reimpressão com permissão do primeiro autor.

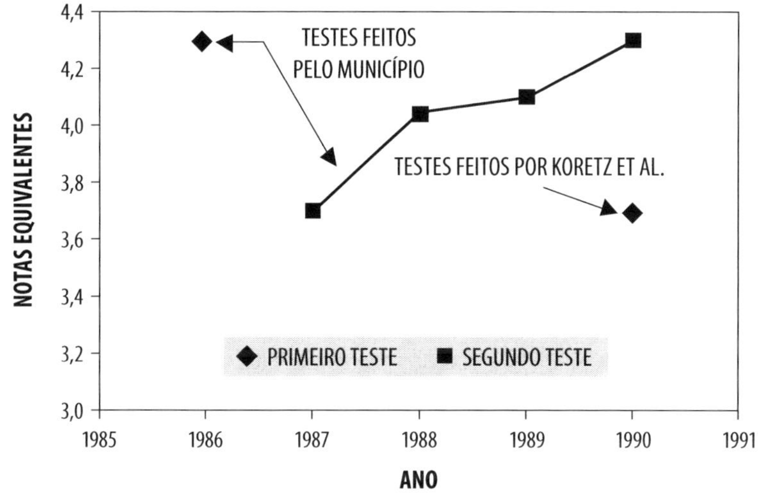

Figura 2.4 Inflação do escore em avaliação de risco moderado em matemática do 3º ano.

Fonte: Adaptada de D. Koretz, R. L. Linn, S. B. Dunbar, and L.A. Shepard, "The effects of high-stakes testing: preliminary evidence about generalization across tests," in *The effects of high-stakes testing*, symposium presented at the annual meetings of the American Educational Research Association and the National Council on Measurement in Education (R. L. Linn, chair), Chicago, April 1991.

então adquiriu um teste novo, bastante semelhante, representado pelos quadrados na Figura 2.4, e o desempenho caiu para um nível médio. Quatro anos depois, o desempenho do município no novo teste foi mais uma vez metade de um ano acadêmico acima da média. Os pesquisadores então administraram, com uma amostra aleatória de salas de aula, exatamente o mesmo teste que tinha sido administrado antes. Eles descobriram que, embora o desempenho no novo teste tivesse aumentado em meio ano acadêmico, o desempenho no teste antigo tinha diminuído na mesma proporção, como mostrado pelo diamante à direita na Figura 2.4.

Assim, independentemente do teste utilizado, os alunos obtiveram um resultado equivalente de meio grau menor em um teste que foi inesperado do que em um teste para o qual os professores tiveram tempo para se preparar. Não parece que os ganhos em escores no segundo teste representem melhorias claras na aprendizagem – como poderia ocorrer se o segundo teste fosse mais difícil ou se os alunos aprendessem novos materiais no novo teste sem perder tempo em outro lugar. Se isso fosse verdade, o desempenho no primeiro teste não teria diminuído. Em vez disso, parece que os alunos e professores substituíram o domínio do material enfatizado no segundo teste pelo domínio do material enfatizado no primeiro teste.

A realização foi transferida entre os materiais amostrados do domínio para os dois testes. A menos que se pudesse argumentar que o material do primeiro teste que não foi enfatizado não era importante para as conclusões que os pais e professores projetaram para a proficiência em matemática, isso representa a inflação do escore.

Padrões semelhantes têm sido mostrados por vários outros estudos.[12] Normalmente, os ganhos em testes de alto risco foram de três a cinco vezes maiores que os ganhos em outros testes com baixo (ou menor) risco. Em diversos casos, grandes ganhos em testes de alto risco não foram acompanhados por nenhum ganho sequer em testes de risco inferior.

Para entender se a melhora nas pontuações dos alunos é significativa, os educadores precisam determinar se o ensino tem se concentrado em aumentar o domínio de conteúdo em vez de aumentar os escores. O que significa fazer isso? Não há resposta simples, mas a regra é concentrar-se nas habilidades que os alunos devem saber, e não nos detalhes específicos do teste. Os alunos não estão na escola para aprender a sair-se bem em um teste específico exigido pelo departamento de educação do seu estado. Eles estão lá para aprender as habilidades de que precisam para ser bem-sucedidos em seus estudos subsequentes, em seu trabalho posterior e como cidadãos. O critério a ser aplicado ao preparar os alunos para tal teste é se você acredita que a preparação criará uma melhoria geral ou simplesmente melhorará o desempenho no teste específico. Ensinar truques de teste (p. ex., decorar uma fórmula em vez de resolver um problema de matemática) não atende a esse padrão, assim como se concentrar em detalhes do teste em particular. Por exemplo, uma professora de escola secundária nos disse que ela não se preocupa mais em ensinar seus alunos sobre polígonos irregulares, porque o teste de seu estado inclui apenas polígonos regulares. Este é um atalho que irá gerar pontuações mais elevadas, mas não um nível verdadeiramente mais alto de competência. Se os alunos estão se tornando mais competentes, então a melhoria aparecerá em muitos lugares diferentes – em outros testes que realizam ou na qualidade de seu trabalho acadêmico posterior – não apenas em suas pontuações no teste de seu próprio estado.

---

12 Por exemplo: JACOB, B. *Accountability, incentives and behavior: the impact of high-stakes testing.* Cambridge: National Bureau of Economic Research, 2002. (The Chicago Public Schools, Working Paper W8968); KLEIN, S. P. *et al. What do test scores in Texas tell us?* Santa Monica: RAND, 2000. (Issue Paper IP-202). Disponível em: http://www.rand.org/publications/IP/IP202. Acesso em: 12 jan. 2004; KORETZ, D.; BARRON, S. I. *The validity of gains on the kentucky instructional results information system (KIRIS)*, MR-1014-EDU. Santa Monica: RAND, 1998.

Este livro concentra-se em como usar os resultados da avaliação para mudar a prática de maneiras que façam a diferença em longo prazo e que sejam significativas para os alunos. Em alguns casos, os líderes escolares precisarão criar mudanças culturais em suas escolas, fornecer novas formas de desenvolvimento profissional e combater os incentivos para concentrar-se nos testes, em vez de nos domínios mais amplos de habilidades e conhecimentos. Entendemos que muitas vezes isso significa ir contra a maré, resistindo à pressão para fazer o que for preciso para levantar escores. Durante esse processo, é necessário monitorar não apenas os obstáculos para elevar os escores, mas também as práticas que resultam em inflação do escore em vez de melhorias significativas. Como você vai ver nos próximos capítulos, este trabalho pode ser desafiador e confuso.

INTEGRANDO OS HÁBITOS MENTAIS ACE NO PASSO

2 CONSTRUIR LETRAMENTO EM AVALIAÇÃO

A

COMPROMISSO COMPARTILHADO COM **AÇÃO, AVALIAÇÃO E AJUSTES**

Quando a equipe do Projeto Data Wise ensina letramento em avaliação, um ponto-chave que enfatizamos é este: não agir com base em uma única medida. Toda vez que você é tentado a agir sobre um escore, pergunte a si mesmo: Que outras provas ou informações posso reunir a fim de obter uma imagem mais completa do que está acontecendo? Por exemplo, ao decidir se os alunos estão qualificados para se inscrever em Álgebra I, uma escola considerou os resultados de sete avaliações comuns administradas ao longo de um ano. A equipe não quis negar aos alunos a oportunidade de levar este importante curso adiante com base em seu desempenho em um único teste. Este princípio é útil de ser considerado para decisões menores também. Por exemplo, uma equipe de professores pode notar que os estudantes não se saíram bem nas poucas perguntas sobre poesia no teste estadual. Antes de decidir se e como esses dados iriam impactar sua prática de aula no próximo ano, os professores podem se perguntar: Que habilidades esses itens de teste específicos avaliam? Como os alunos executaram as avaliações de poesia que projetamos como equipe? Se o desempenho foi diferente, por que foi assim?

C

COLABORAÇÃO INTENCIONAL

Esse hábito mental ajuda a reunir muitas pessoas em torno da investigação sobre as avaliações, em vez de ter o conhecimento restrito apenas a alguns "especialistas em dados" na escola. Para um item, um grupo mais diverso de pessoas trará todos os pontos de vista e níveis diferentes de cuidado ao olhar os dados. Os especialistas das matérias podem fornecer a informação sobre se um determinado grupo de itens cobre uma parte pequena ou grande de um domínio de conhecimento, tal como a química dentro de ciências. Os professores de cada ano podem fornecer informações sobre outros fatores que podem ter afetado a forma como um grupo de alunos se saiu no teste – por exemplo, pode haver erro de medição porque o 8º ano fez esse teste na segunda-feira depois de voltarem de uma viagem da turma no fim de semana. Por fim, especialistas de educação especial podem contribuir com outros conhecimentos sobre dados, como ser cauteloso em fazer inferências sobre um teste para alunos com deficiências de aprendizagem, porque a falta de espaçamento entre parágrafos ou respostas muito agrupadas podem confundir os alunos que têm problemas para processar informações visualmente. Reunir um grupo tão diversificado de pessoas para discutir os resultados da avaliação pode permitir que cada um seja especialista e aprendiz – compartilhando seus conhecimentos específicos sobre avaliação e aprendizado a partir da diversidade em torno da mesa.

FOCO IMPLACÁVEL EM **EVIDÊNCIAS**

Uma maneira fácil de construir o letramento em avaliação é dar às pessoas tempo para, regularmente, praticar a leitura e a interpretação de provas e dados reunidos na forma de gráficos e relatórios. Tome alguns minutos no começo de cada reunião de equipe para que os professores simplesmente olhem os gráficos e os relatórios que estão na frente deles. Pratique a procura por elementos-chave, como o intervalo de datas dos resultados da avaliação, o tamanho da amostra, o grupo de comparação e o domínio que está sendo testado. Faça perguntas do tipo: Como são relatados os resultados? Estamos olhando para escores brutos ou escores escalonados? Se os escores forem escalonados, como a escala foi feita? Lembre-se de que você continuará a construir o letramento em avaliação com seu corpo docente ao longo do processo de melhoria do Data Wise. A partir da nossa própria experiência como professores e aprendizes, acreditamos agora que o tema do letramento em avaliação não pode ser ensinado por causa própria ou isoladamente. Os educadores aprenderão este material de forma mais profunda e entusiasmada se fizerem isso no contexto de algo que lhes interessa, como a leitura de seus resultados de avaliação de *benchmark*, e também quando está relacionado a algo que eles precisam saber ou fazer em sua prática regular, como a criação de um gráfico que compare os escores de seus alunos do ano anterior com o ano atual.

SEÇÃO

II

Investigar

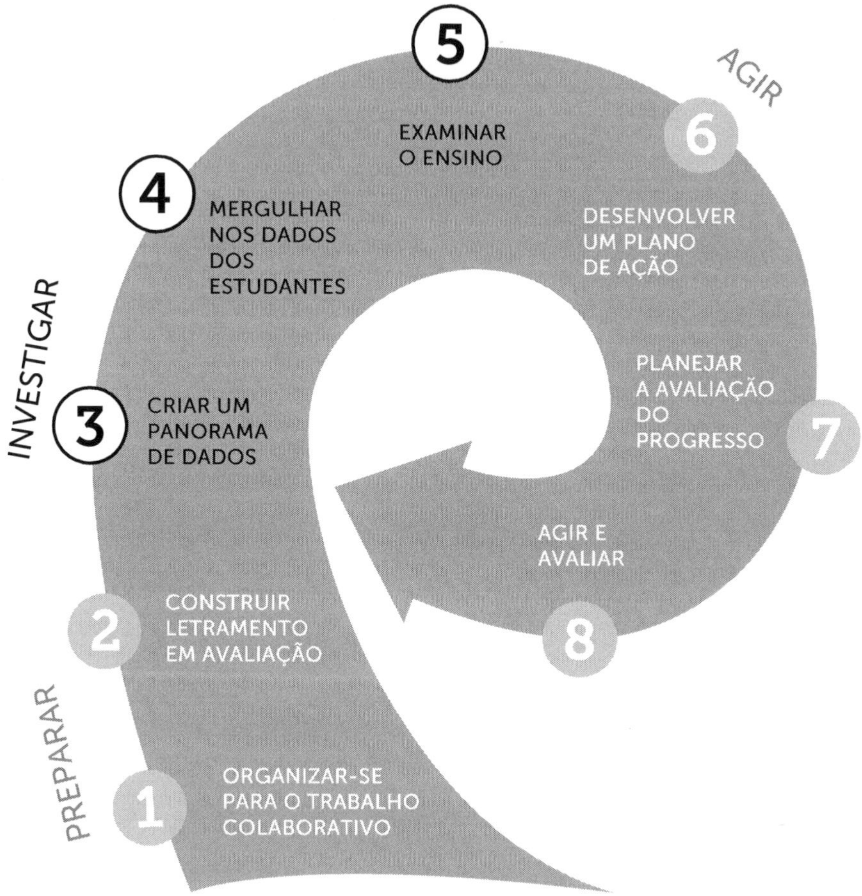
PREPARAR
INVESTIGAR
AGIR
1
ORGANIZAR-SE PARA O TRABALHO COLABORATIVO
2
CONSTRUIR LETRAMENTO EM AVALIAÇÃO
3
CRIAR UM PANORAMA DE DADOS
4
MERGULHAR NOS DADOS DOS ESTUDANTES
5
EXAMINAR O ENSINO
6
DESENVOLVER UM PLANO DE AÇÃO
7
PLANEJAR A AVALIAÇÃO DO PROGRESSO
8
AGIR E AVALIAR

3

Criar um panorama de dados

Shannon T. Hodge
John B. Willett

A LÍDER DE EQUIPE INÉS ROMERO E O DIRETOR ROGER BOLTON CONCORDARAM que a primeira reunião do ano na Franklin High School se concentraria nos resultados recém--liberados da avaliação do estado. Eles esperavam envolver o corpo docente em uma conversa franca sobre o que viram nos dados. No entanto, quando foram direto a eles, decidindo quais dados apresentariam, não pareceu assim tão fácil.

"Eu posso dizer-lhe agora", Inés comentou enquanto Roger segurava uma tabela cheia de números, "vamos perdê-los imediatamente se jogarmos algo assim na tela".

"Eu sei", respondeu Roger. "Mas o que mostraremos a eles? Como vamos transformar todos esses dados em uma história que as pessoas possam acompanhar?"

O presente capítulo fornece conselhos sobre como construir gráficos que ressaltem padrões importantes nos resultados da avaliação, que podem então ser usados para envolver os professores da escola em conversas construtivas sobre o significado desses resultados. O principal desafio na construção de tais gráficos é direcionar a atenção do público para padrões importantes, respeitando as limitações dos resultados da avaliação, conforme descrito no Capítulo 2. Outras considerações importantes incluem decidir qual das muitas partes de dados de avaliação exibir, como mostrar esses dados de forma clara e eficaz, e como iniciar conversas em torno dessas imagens.

Este capítulo tem quatro seções principais, cada uma delas sendo organizada em torno das tarefas que uma equipe de liderança de ensino teria de cumprir para se preparar para uma reunião do corpo docente sobre os resultados da avaliação. A primeira seção explica que a equipe deve começar escolhendo uma área-foco para sua investigação. A segunda seção enfatiza que a equipe deve preparar seus gráficos usando uma abordagem "quanto mais simples, melhor". A terceira seção explica que uma boa abordagem para estimular o debate do corpo docente é procurar e exibir comparações interessantes – por exemplo, comparações entre subgrupos estudantis em grupos no mesmo ano ou ao longo do tempo. A seção final descreve de que maneiras os líderes escolares podem usar esses gráficos para estimular conversas construtivas entre os membros do corpo docente.

ESCOLHA UMA ÁREA-FOCO

Uma tarefa importante para a equipe de liderança de ensino é ajudar a restringir o escopo da investigação, identificando uma área-foco para o trabalho.[1] A escolha de uma área-foco ajuda a decidir se essa investigação fará sentido no nível da escola como um todo ou apenas da equipe. A área deve estar diretamente relacionada com o ensino e ser ampla o suficiente para que todos os membros da equipe engajados na conversa vejam-se desempenhando um papel ao abordá-la. Por exemplo, um colégio que conhecemos decidiu concentrar-se na forma como os estudantes foram preparados para a faculdade. Algumas equipes de liderança optam por se concentrar em uma determinada área de conteúdo, como língua inglesa ou matemática, enquanto outras decidem trabalhar em algo que é transversal a várias disciplinas, como leitura crítica ou resolução de problemas. Também conhecemos escolas que buscam uma área-foco mais abstrata, como o nível de rigor de ensino exigido pelos alunos.

Apesar de ser importante que o trabalho de melhoria seja um esforço colaborativo, é típico que um grupo central da escola escolha a área-foco. Na verdade, às vezes as escolas acham que a área-foco é transmitida do alto de uma secretaria de educação ou de uma iniciativa municipal. Se o seu

1 Para aumentar a clareza, nesta edição revisada e ampliada, aprimoramos a linguagem relacionada a esta tarefa. A equipe de liderança de ensino escolhe uma *área-foco* para o panorama de dados e, em seguida, traz *perguntas* aos dados que ajudam a esclarecer o que está acontecendo dentro da área-foco. (Já não utilizamos o termo "questão pedagógica", que tínhamos usado na primeira edição para nos referir a ambas as ideias.) O objetivo da discussão do panorama de dados ainda é envolver um grupo mais amplo no processo de concordar com uma *questão prioritária* que informará em que ponto os professores irão mergulhar nos dados.

superintendente lhe disse que a sua primeira prioridade este ano é melhorar a alfabetização em todo o sistema, então sem dúvida o melhor é escolher a alfabetização como sua área-foco! A chave é integrar a melhoria nesse trabalho como algo nuclear da escola, e não como algo paralelo. Seu panorama de dados fornecerá uma oportunidade para você compartilhar evidências do que já sabe sobre o desempenho dos alunos dentro da área-foco.

Na Franklin High School, o desempenho dos alunos em matemática foi particularmente baixo por vários anos. Na esperança de tirar proveito de um recente investimento municipal em formação docente em matemática, Roger e sua equipe escolheram a matemática como área-foco para o próximo ano.

ANALISE OS DADOS E ENCONTRE A HISTÓRIA

Gestores como Roger Bolton costumam ter seu primeiro vislumbre dos resultados de avaliação dos alunos de suas escolas em relatórios de escores de teste, como os exibidos nos três painéis da Tabela 3.1. Esses relatórios apresentam resultados agregados da 1ª série na Franklin High School na avaliação global do estado. Eles mostram como os estudantes dessa escola foram distribuídos em níveis de proficiência definidos pelo estado nas áreas de conteúdo de matemática e língua inglesa. O formato desses relatórios é muito semelhante ao dos relatórios de escore de teste usados por muitos estados e empresas de teste.

O Painel A exibe as porcentagens de alunos de 1ª série na Franklin que caem nas quatro categorias de proficiência definidas pelo estado ("Avançado", "Proficiente", "Precisa melhorar" e "Falhando"). Essas quatro categorias e o número total de estudantes definem as linhas no painel. Na parte superior do painel, as colunas primeiro distinguem a área de conteúdo ("Língua inglesa" e "Matemática") e, em seguida, o ano letivo ("Ano 1" até "Ano 4"). Examinando as entradas na quinta coluna, por exemplo, você pode ver que apenas 1% dos alunos da 1ª série da Franklin foram avaliados no nível "Avançado" em língua inglesa no ano 4, enquanto 37% foram classificados como "Falhando". Comparando as listas de porcentagens, coluna por coluna, em todo o painel, você pode examinar como a distribuição de proficiência diferiu entre grupos de série da Franklin nos anos 1 a 4.

O painel B da Tabela 3.1 apresenta informações semelhantes, mas adiciona frequências dos estudantes (números de alunos) às porcentagens mostradas no painel A. Contudo, em vez da comparação cruzada entre os

Tabela 3.1 Distribuição de escores dos estudantes da 1ª série da Franklin High School em níveis de proficiência nas avaliações estaduais de língua inglesa e matemática

Painel A: porcentagem de estudantes em cada nível de proficiência, por matéria e série (anos letivos 1–4)

1ª SÉRIE	LÍNGUA INGLESA				MATEMÁTICA			
	ANO 1	ANO 2	ANO 3	ANO 4	ANO 1	ANO 2	ANO 3	ANO 4
AVANÇADO	1	1	2	1	2	6	5	2
PROFICIENTE	7	6	5	19	10	9	10	7
PRECISA MELHORAR	28	38	42	43	13	12	19	41
FALHANDO	64	55	51	37	75	73	66	50
TOTAL DE ESTUDANTES	414	425	417	423	417	430	422	425

Painel B: número e porcentagem de estudantes em cada nível de proficiência para escola, município e estado, por especialidade de matéria, ano letivo 4

1ª SÉRIE	LÍNGUA INGLESA						MATEMÁTICA					
	ESCOLA		MUNICÍPIO		ESTADO		ESCOLA		MUNICÍPIO		ESTADO	
	#	%	#	%	#	%	#	%	#	%	#	%
AVANÇADO	3	1	355	10	12.877	19	7	2	856	22	20.619	29
PROFICIENTE	82	19	1.123	30	30.208	43	29	7	819	21	19.286	28
PRECISA MELHORAR	183	43	1.399	37	18.584	27	176	41	1.175	31	19.913	28
FALHANDO	155	37	865	23	7.935	11	213	50	987	26	10.313	15
TOTAL DE ESTUDANTES	423	100	3.742	100	69.604	100	425	100	3.837	100	70.131	100

Painel C: número total de estudantes e porcentagem em cada nível de proficiência, por características de contexto de estudantes selecionados, ano letivo 4

	MATEMÁTICA					
	TODOS OS ESTUDANTES		APRENDIZES DE LÍNGUA INGLESA ($N = 81$)		ESTUDANTES COM NECESSIDADES ESPECIAIS ($N = 85$)	
	#	%	#	%	#	%
AVANÇADO	7	2	0	0	1	1
PROFICIENTE	29	7	2	2	5	6
PRECISA MELHORAR	176	41	10	13	33	39
FALHANDO	213	50	69	85	46	54
TOTAL DE ESTUDANTES	425	100	81	100	85	100

grupos no primeiro painel, o painel B fornece uma comparação entre a distribuição de proficiência dos alunos do ensino médio na Franklin no ano 4 e as distribuições de desempenho de 1ª série no município e no estado para o mesmo ano. Observe que a porcentagem em "Escola" de alunos em cada nível de proficiência no painel B é idêntica às distribuições do "Ano 4" no painel A.

Ao ler este painel, Roger Bolton conseguiu ver, por exemplo, que a proficiência matemática dos estudantes da 1ª série da Franklin era decepcionante quando comparada às médias do município e do estado, porque desproporcionalmente mais alunos da 1ª série da Franklin ficaram nas categorias "Falhando" e "Precisa melhorar". No entanto, é difícil selecionar as colunas apropriadas e lembrar os números ao tentar chegar a uma conclusão sobre o significado educacional das diferenças. Essas dificuldades sugerem o valor de capturar graficamente os elementos-chave da comparação.

O painel C da tabela apresenta a proficiência matemática para subgrupos de estudantes. Como no painel B, não é fácil lembrar os números necessários para fazer qualquer comparação complexa entre os grupos. Há simplesmente muita informação na tabela para alguém vê-la pela primeira vez e já sair identificando padrões-chave. E, mais importante, há muita informação na tabela que também poderia ser usada para abordar várias outras perguntas diferentes simultaneamente.

APRESENTE OS DADOS

"Bem, dizem que uma imagem vale mais que mil palavras", disse Roger Bolton para sua equipe de liderança de ensino, "mas ainda estou em dúvida sobre como deve ser essa imagem. Há tantos tipos de gráficos que poderíamos fazer... O que seria melhor? Quantos detalhes queremos fornecer?"

Roger reconheceu que os temas mais interessantes e atraentes nos resultados de avaliação do estado foram obscurecidos por sua formatação tabular complicada, detalhada e genérica. O desafio que ele e sua equipe de liderança de ensino enfrentaram foi encontrar maneiras adequadas de reexibir os dados agregados de avaliação do aluno para que as histórias e temas educacionais subjacentes ficassem transparentes. As exibições gráficas são ferramentas-chave para atender a esse desafio. O conteúdo, a organização, a rotulagem e a formatação de exibições efetivas devem refletir os objetivos gerais do apresentador para exibir os dados e ser adaptados ao público que examinará a exibição.

Uma vez identificada a área-foco, a equipe de liderança de ensino deve desenvolver uma lista de perguntas específicas para se ter em mente enquanto examina os dados e escolhe ou cria exibições de dados gráficos. Muitas questões substanciais podem ser comunicadas pelos resultados da avaliação que são fornecidos às escolas. Uma forma efetiva de apresentar dados e estimular discussões bem-sucedidas entre os docentes é planejar exibições gráficas que abordem uma sequência lógica e interconectada dessas questões substanciais. Essas perguntas determinarão a história que é comunicada a partir de um panorama de dados.

As questões subjacentes também devem conduzir todos os aspectos da apresentação dos dados de avaliação e fornecer uma justificativa para o motivo pelo qual é importante apresentar os dados de uma maneira em vez de outra. Por exemplo, as perguntas que você está tentando responder devem ajudá-lo a tomar as seguintes decisões sobre sua apresentação de dados: Você quer enfatizar as tendências de tempo? Você está interessado em comparações de grupos? É importante analisar o desempenho do aluno por grupo? Você quer concentrar a discussão nos alunos com as proficiências mais baixas ou naqueles com as mais altas? Você quer concentrar a atenção dos professores no desempenho dos alunos da sua escola em relação ao desempenho médio dos alunos no município ou no estado?

As perguntas identificadas por sua equipe de liderança de ensino fornecem os temas de organização que o gerente de dados da escola deve usar para definir a ordem e a orientação de linhas e colunas em uma tabela, ou a ordem das barras e linhas em um gráfico. Essas perguntas ajudam você a decidir quais recursos de imagem gráfica devem ser enfatizados para que seu público repare neles imediatamente. Suas perguntas devem sugerir como orientar os eixos de um gráfico a fim de que as comparações importantes possam ser feitas. Elas devem determinar também as escalas adequadas para que as comparações entre as quantidades exibidas sejam informativas e não enganosas, além de sugerir formas de redação das legendas para manter a atenção do público.

Lembre-se de que uma boa imagem vale mais que mil palavras. Cada gráfico convincente que sua equipe cria a partir das estatísticas fornecidas pelos relatórios de avaliação permitirá que você comunique uma história ao seu público. Bons gráficos podem criar um senso de urgência e estimular conversas sobre possíveis explicações para os padrões marcantes que são ilustrados.

Na Franklin High School, Roger e a equipe de liderança de ensino queriam fornecer ao grupo de professores um panorama de dados com área-foco em matemática. Como primeiro passo, o gerente de dados introduziu os dados agregados do painel A da Tabela 3.1 no *software* de planilha e criou o gráfico de barras verticais apresentado na Figura 3.1.

Observe que as categorias de proficiência estão arranjadas ao longo do eixo horizontal do gráfico, com a porcentagem de alunos em cada categoria de proficiência medida em uma escala ao longo do eixo vertical. Cada barra fornece informações resumidas para um nível de proficiência diferente, com a altura da barra representando a porcentagem de alunos com escore nesse nível. O percentual de alunos pontuando em cada nível também foi incluído acima da barra correspondente para facilitar a leitura do gráfico e para fornecer informações que o corpo docente possa consultar ao discutir o gráfico. Ao contrário da representação tabular densa dos dados matemáticos mostrados na Tabela 3.1, gráficos de barras verticais como este naturalmente atraem os olhos do público para uma comparação da porcentagem de alunos em cada categoria de proficiência.

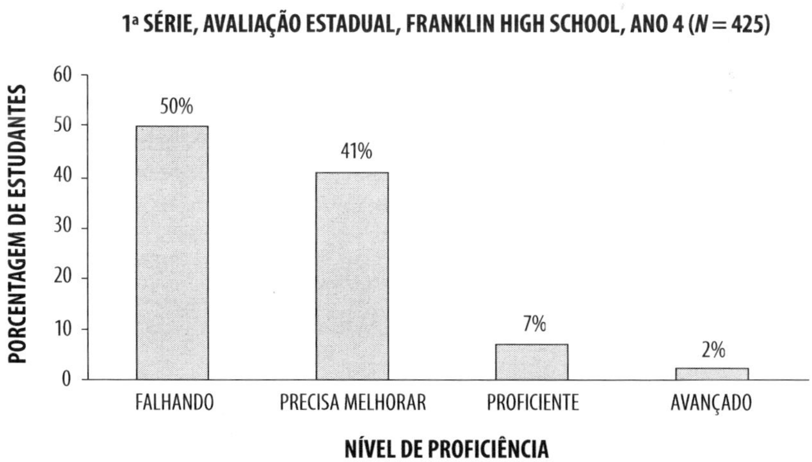

Figura 3.1 Distribuição de proficiência de estudantes – Matemática.

Há muitos outros tipos de gráficos que a equipe poderia ter escolhido para apresentar a distribuição de desempenho dos estudantes da Franklin no teste de matemática do estado; a equipe usou o gráfico de barras vertical porque é uma das exibições de dados mais simples e facilmente compreendidas.

Observe que a equipe seguiu a prática padrão de localizar o "resultado" conceitual da análise (neste caso, a porcentagem do corpo de estudantes em cada categoria de proficiência) no eixo vertical e o "preditor" conceitual (aqui, a própria categoria de proficiência) no eixo horizontal. A equipe também seguiu a prática padrão de classificar os "valores" do resultado e do preditor ao longo de cada eixo para que eles corressem de um valor conceitualmente baixo para um valor conceitualmente alto. Assim, no eixo vertical, as porcentagens do aluno são executadas de 0% na parte inferior do eixo para 60% na parte superior. No eixo horizontal, a proficiência começa à esquerda com a categoria "Falhando" e termina com "Avançado" à direita. Na verdade, na definição do eixo horizontal do gráfico de barras verticais, a equipe teve que reverter a ordem das categorias de proficiência na tabela fornecida pelo estado (na Tab. 3.1, as categorias começam com "Avançado" e terminam com "Falhando").

A equipe optou por não estender a métrica do eixo vertical para incluir um valor de 100%. Em vez disso, terminou com o valor de 60% porque não existiam valores de dados que excedessem 60%. Limitando o intervalo de valores representados no eixo desta forma, a equipe poderia "esticar" as barras verticais e tirar vantagem do espaço disponível no gráfico. O efeito desse alongamento é ampliar as diferenças entre os percentuais de alunos de cada categoria; modificar a escala do eixo vertical só faz sentido se você acha que essas diferenças são substancialmente importantes.

Direcione a atenção para comparações críticas

A equipe de liderança de ensino da Franklin decidiu concentrar a discussão adicional do corpo docente sobre a questão do desempenho em matemática, perguntando "Como é que o nosso desempenho em matemática se compara ao desempenho médio de alunos no estado?". Para abordar essa pergunta, a equipe criou outro gráfico de barras verticais com base nas estatísticas resumidas na Tabela 3.1, mas desta vez sobrepostas às porcentagens de proficiência do estado no gráfico. Para distinguir o desempenho da escola das médias do estado, a equipe usou uma maneira ligeiramente diferente de exibir os dados de comparação. O gráfico de barras verticais para a comparação com o estado é apresentado na Figura 3.2. Note que o perfil de proficiência matemática para os estudantes de 1ª série da Franklin aparece como foi feito na Figura 3.1. No entanto, a equipe sobrepôs um conjunto de segmentos de linha conectados para representar o desempenho médio do estado entre as quatro proficiências. O uso que a equipe fez de duas estratégias de apresentação – barras verticais para a Franklin High School e quadrados e segmentos de linha para o estado – ajuda o espectador a enxergar de forma simultânea (e distinta) as histórias dos desempenhos escolar e estadual.

Entender como os alunos fora da sua escola se saem na mesma avaliação pode fornecer referências para comparar o desempenho dos alunos da sua escola. Ao contrastarem a Franklin High School e os perfis médios do estado, Roger e sua equipe de liderança de ensino esperavam criar um senso de urgência entre seus colegas professores. A partir do gráfico produzido, ficou claro que a taxa de reprovação de 50% da Franklin em matemática na 1ª série é três vezes maior que a taxa de reprovação do estado, que é de 15%. A imagem também enfatiza imediatamente que as porcentagens de estudantes da Franklin classificados nas categorias "Avançado" e "Proficiente"

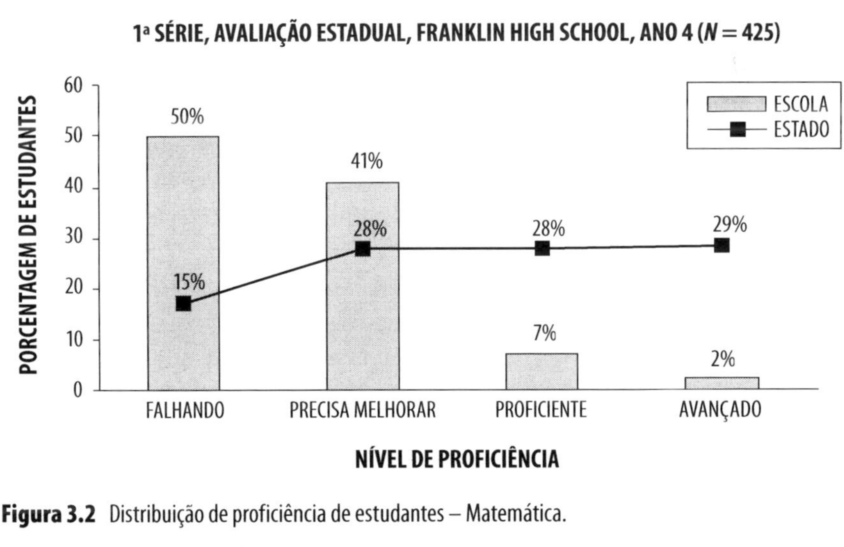

Figura 3.2 Distribuição de proficiência de estudantes – Matemática.

estão muito abaixo das porcentagens do estado. Roger esperava que, ao direcionar a atenção para esses padrões, motivaria seu corpo docente de matemática a levantar possíveis explicações.

É importante notar que a equipe foi cautelosa ao descrever a porcentagem de alunos da Franklin que ficou no nível avançado em matemática, porque a barra de 2% representa apenas oito estudantes. Se o teste fosse administrado outra vez, é bem possível que o número de alunos de 1ª série da Franklin no intervalo "Avançado" se alteraria em três ou quatro alunos. Isso mudaria a figura percentual marcadamente. Em outras palavras, a figura de 2% pode ser uma estimativa bastante imprecisa da porcentagem de alunos de 1ª série da Franklin com habilidades matemáticas avançadas.

Compare o desempenho dos grupos

Pode ser útil comparar as distribuições de desempenho dos subgrupos de estudantes. A Figura 3.3A mostra como o percentual de alunos da 1ª série da Franklin classificados nas quatro categorias de proficiência em matemática difere ou não caso o aluno seja um aprendiz de língua inglesa (ALI).

Neste gráfico de colunas por segmentos, é fácil, para os membros do corpo docente, ver que as taxas de reprovação dos alunos ALI são substancialmente mais elevadas em relação aos outros alunos. Entretanto, ao exibir dados de subgrupos, é importante certificar-se de que os membros do corpo docente estejam cientes do tamanho dos subgrupos para que compreendam até que ponto o desempenho de um subgrupo pode estar contribuindo para as suposições gerais. Por exemplo, como os alunos ALI correspondem a apenas 81 dos 425 alunos de 1ª série, seria inadequado concluir, a partir desses dados, que um foco no ensino de matemática para os alunos ALI resolveria os problemas de desempenho da Franklin. Uma vez que a equipe de liderança de ensino quis garantir que os membros do corpo docente não chegassem a essa conclusão, eles parearam a Figura 3.3A com a Figura 3.3B, que mostra o *número* de alunos em cada categoria de proficiência em vez das porcentagens. Este gráfico de colunas empilhadas deixa claro que a maioria dos alunos que estão falhando na avaliação matemática não são aprendizes de língua inglesa. Esta representação visual ajuda a definir o cenário para uma conversa sobre o que a escola vai fazer para melhorar o desempenho em matemática *para todos*.

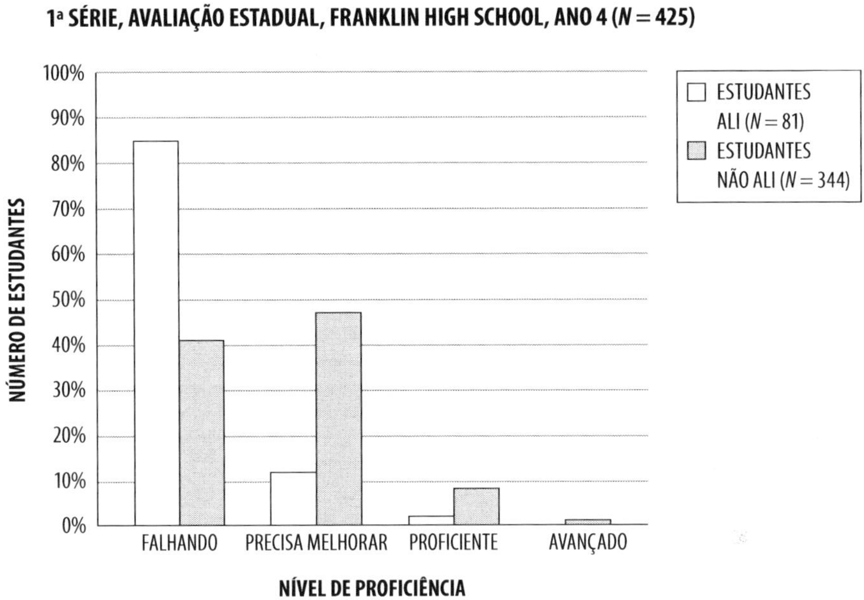

Figura 3.3A Matemática: porcentagem de estudantes em cada nível de proficiência, por *status* ALI.

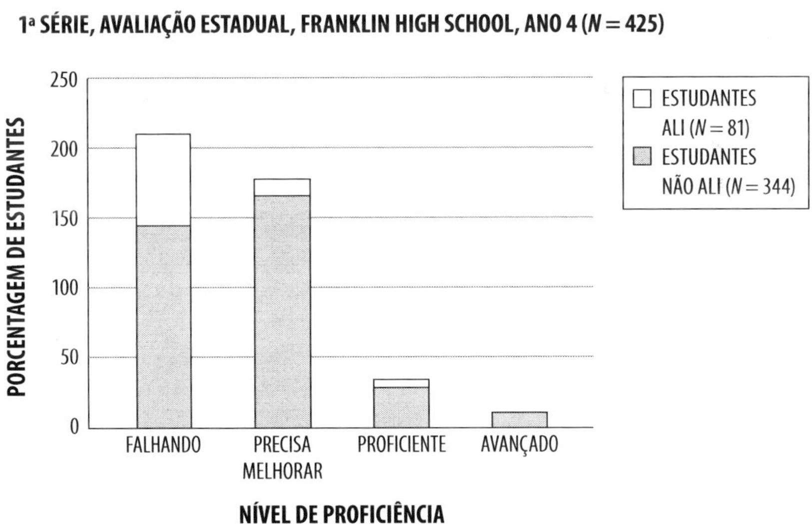

Figura 3.3B Matemática: porcentagem de estudantes em cada nível de proficiência, por *status* ALI.

Apresente tendências de desempenho

A diretora Sandy Jenkins, da Clark K-8 School, ficou feliz em ver que sua escola tinha alcançado um progresso anual adequado, com mais de 75% dos alunos atendendo à meta. Ela sabia que a meta da escola seria substancialmente maior no ano seguinte. "Como bem deve ser", pensou Sandy consigo mesma. Havia um punhado de escolas na região onde quase todos os alunos estavam classificando-se nas categorias proficiente e avançado. Por que a Clark não seria uma delas? Para começar uma conversa com seus professores, Sandy pediu à equipe de liderança de ensino que produzisse alguns gráficos que mostrassem como o desempenho dos estudantes no teste do estado havia mudado ao longo dos últimos anos.

"Quando você diz que quer que exibamos escores médios de compreensão de leitura das crianças ao longo do tempo, o que exatamente quer dizer com isso?", perguntou Elvira Brown, uma professora veterana e membro da equipe de liderança de ensino. "Você está procurando gráficos de como o 3º ano se saiu neste ano, em comparação com o 3º ano do ano passado e o ano anterior, ou está nos pedindo para seguir os escores do mesmo grupo de crianças ao longo do tempo, digamos, do 3º ano até o 5º ano?"

A Tabela 3.2 contém estatísticas fornecidas pelo estado, resumindo as habilidades de compreensão de leitura dos alunos do 3º ao 8º ano na Clark K-8 School. A figura lista o escore médio de compreensão de leitura em cada nível para os anos 2 a 5. Felizmente, o teste de compreensão de leitura do estado tinha sido verticalmente conectado de modo que as pontuações no teste pudessem ser comparadas entre as crianças de idades diferentes e de série a série. Esta conexão vertical significa que as tendências na compreensão de leitura média poderiam ser acompanhadas ao longo do tempo.

Para abordar suas perguntas sobre mudanças ao longo do tempo, a equipe de liderança de ensino da Clark usou os dados da Tabela 3.2 para criar dois tipos de apresentação, cada uma fornecendo diferentes *insights* sobre as tendências na compreensão média de leitura dos alunos da Clark. A Figura 3.4 contém um gráfico de colunas por segmentos que exibe as diferenças gerais na compreensão de leitura média por série e por ano letivo. A Figura 3.5 contém um gráfico de linha de tendência que ilustra as trajetórias médias de desenvolvimento das crianças em cada grupo à medida que ficam mais velhas.

A Figura 3.4 exibe os escores médios de leitura em cada série dentro de cada grupo de ano letivo. Cada barra representa a pontuação média de

Tabela 3.2	Escores médios de compreensão de leitura de estudantes de 3º a 8º anos na Clark K-8 School		
	ANO LETIVO		
	ANO 2	**ANO 3**	**ANO 4**
3º ANO	249	250	245
4º ANO	253	252	255
5º ANO	259	257	256
6º ANO	260	261	259
7º ANO	258	263	264
8º ANO	264	262	265

leitura (eixo vertical) para os alunos em uma determinada nota para esse ano letivo, conforme registrado no eixo horizontal. O conjunto completo de pontuações ao longo dos três anos é representado pelos três grupos separados de barras verticais. Cada barra é sombreada de forma ligeiramente diferente para que se possa distinguir entre as várias classes.

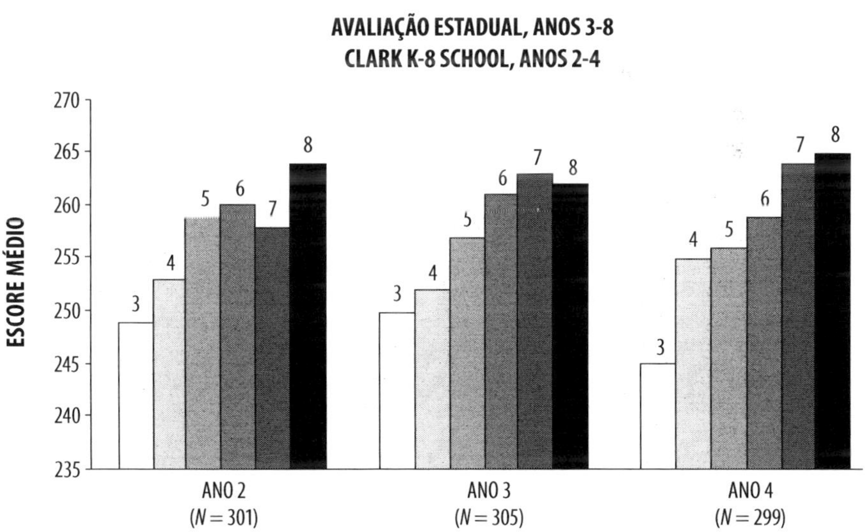

Figura 3.4 Proficiência média dos estudantes por série – Compreensão de leitura.

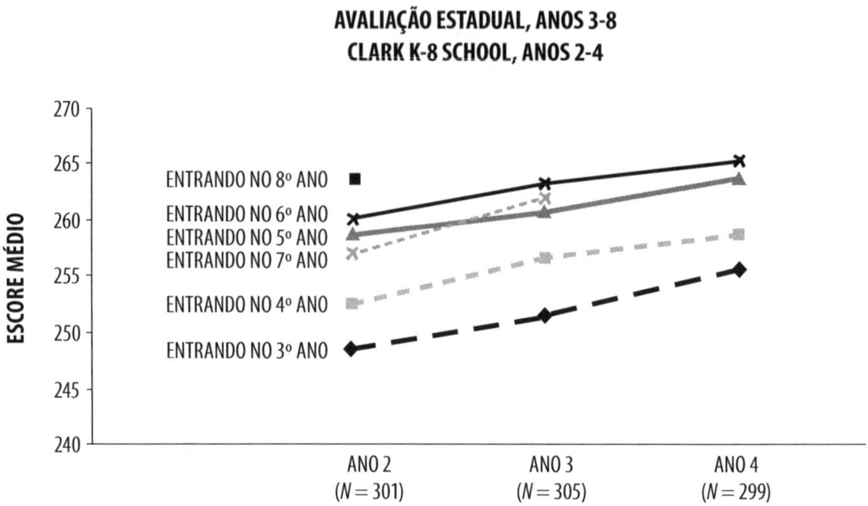

Figura 3.5 Proficiência média dos estudantes por grupo – Compreensão de leitura.

A partir deste gráfico, a equipe da Clark poderia discernir várias tendências interessantes e idiossincrasias nos dados de compreensão de leitura. Em primeiro lugar, observe que em qualquer ano letivo (um agrupamento de colunas), as crianças nas séries posteriores costumam atingir escores mais elevados de compreensão de leitura do que as crianças nas séries anteriores. Porém, um ligeiro desvio dessa tendência ocorreu no ano 2, quando o desempenho médio do 7º ano caiu abaixo do 5º e 6º anos, e no ano 3, quando este grupo (que agora era de 8º ano) também teve escores relativamente baixos. Sandy reconheceu que havia muitas explicações possíveis para esse padrão, sendo que uma delas poderia se dever a fraquezas na equipe de ensino do 7º ano. No entanto, ela ficou aliviada ao ver que o desempenho médio dos alunos de 7º ano da Clark no ano 3 e no ano 4 foi maior do que o desempenho médio dos alunos de 6º ano nestes períodos, e maior do que o desempenho médio de estudantes do 7º ano no ano 2. Estas foram todas as comparações que Sandy conseguiu fazer rapidamente usando o gráfico da Figura 3.4.

Outra explicação possível para o desempenho relativamente baixo de estudantes do 7º ano da Clark no ano 2 era que esta turma recebeu um grupo excepcionalmente grande de crianças novas na escola que não tiveram o benefício do ensino contínuo na Clark nos anos anteriores. Uma importante questão de acompanhamento para Sandy foi se o grupo da Clark de 7º ano no ano 2 fez progressos reais ao longo do ano seguinte – o seu último na escola. A Figura 3.5 fornece uma exibição alternativa das informações da Tabela 3.2, com uma orientação que ajudou Sandy a responder a sua pergunta.

O gráfico da Figura 3.5 reconhece que o grupo de crianças que entraram no 7º ano no ano 2 tornou-se o grupo de 8º ano no ano 3. Claro, pode ser que nem todas as crianças sejam as mesmas; algumas podem ter saído da escola e novas crianças podem ter entrado. No entanto, se a equipe de liderança de ensino assume que a maioria das crianças que começaram no 7º ano no ano 2 de fato vão para o 8º ano na Clark no próximo período letivo, ela pode realizar uma interpretação do desenvolvimento para as trajetórias médias na Figura 3.5.

Cada linha na Figura 3.5 traça a trajetória de desempenho médio para um grupo de crianças ao longo do tempo. A legenda ao lado de cada linha indica a classe dentro da qual estava o grupo durante o ano 2. Observe, devido às limitações no próprio conjunto de dados, que há apenas dois pontos de dados para as crianças que estavam no 7º ano no ano 2, e apenas um ponto de dados para as crianças que estavam no 8º ano no ano 2.

Uma rápida olhada na Figura 3.5 mostra que os alunos de 7º ano no ano 2 melhoraram seu desempenho médio de leitura marcadamente durante o período letivo seguinte, aliviando um pouco a preocupação com o desempenho acadêmico deste grupo.

Embora os gráficos das Figuras 3.4 e 3.5 sejam baseados nos mesmos dados, as ênfases são diferentes. Se houver pouca mobilidade estudantil dentro e fora da Clark K-8 School, a Figura 3.5 ilustra o progresso longitudinal do "mesmo" grupo de crianças ao longo do tempo. Observe que as crianças que entram na Clark no 3º ano no ano 2, cujas pontuações são representadas pela menor trajetória no gráfico, têm a menor pontuação de compreensão de leitura de qualquer grupo no conjunto de dados. Claro, isso é de se esperar, já que em qualquer período letivo são as crianças mais jovens representadas. Note, também, que a taxa média de crescimento ao longo do período de três anos para este grupo, essencialmente, espelha a das crianças nas outras séries de entrada.

A exibição longitudinal dos escores de compreensão de leitura destaca um padrão mais difícil de discernir na Figura 3.4. Na Figura 3.5, toda a trajetória média de desenvolvimento dos alunos de 3º ano que entraram no ano 2 encontra-se inteiramente abaixo da trajetória para a entrada dos de

4º ano, que se encontra inteiramente abaixo da trajetória para entrar no 5º ano, e assim por diante. O *ranking* das elevações dessas várias trajetórias por meio da entrada de série faz sentido, dada a esperada dependência da compreensão de leitura sobre o grau e a idade das crianças. Uma exceção a esse padrão observado é o desempenho relativamente baixo do grupo que entra no 7º ano no ano 2. Todavia, o gráfico mostra o progresso que este grupo fez ao longo do período letivo subsequente.

Ao decidir qual gráfico apresentar na próxima reunião do corpo docente, a equipe de liderança de ensino da Clark reconheceu que as Figuras 3.4 e 3.5, embora baseadas em informações idênticas, foram projetadas para fins muito diferentes. Se a equipe quiser enfatizar o padrão de escores médios de grupo para grupo de alunos de 3º a 8º anos, a fim de chamar a atenção para perceptíveis – e substanciais – desvios de padrões esperados, o gráfico simultâneo de barras verticais na Figura 3.4 é preferível. Este gráfico chama a atenção para o baixo desempenho médio dos alunos do 7º ano em relação aos estudantes de outras séries no mesmo ano e aos grupos do 7º ano nos dois anos subsequentes da escola. No entanto, se a equipe quiser concentrar a atenção em como as habilidades de um grupo de alunos se desenvolvem ao longo do tempo, os segmentos de linha conectados na Figura 3.5 são preferíveis, pois apresentam essas informações de forma clara e simples.

Ao rotular e explicar os gráficos que mostram o desempenho dos alunos em diferentes anos escolares, é importante esclarecer se a imagem ilustra as tendências de desempenho para o mesmo grupo de alunos ao longo do tempo, ou se ela ilustra diferenças de grupo para grupo ao longo de um número de anos no desempenho dos alunos na mesma série. Figuras como a 3.4 que mostram apenas diferenças de grupo para grupo não são úteis para monitorar o progresso verdadeiro ou "crescimento" ao longo do tempo. Imagens como essa apresentam, sim, progresso ao longo do tempo se houver pouca ou nenhuma mobilidade de estudantes. O Capítulo 9, que discute o papel do município no apoio ao trabalho de dados nas escolas, explica como um bom sistema de rastreamento de dados é inestimável para apoiar o trabalho de equipes escolares. Por exemplo, um bom sistema de rastreamento de dados permitiria a uma equipe construir um gráfico mostrando o progresso dos alunos que estiveram na Clark por pelo menos três anos – tempo suficiente para se beneficiarem de instruções de alta qualidade.

Componentes de boas apresentações gráficas

Com as infinitas possibilidades disponíveis em programas de *software* de computador e ferramentas *on-line*, é fácil ficar encantado por gráficos extremamente extravagantes e complicados. Entretanto, o objetivo principal de qualquer gráfico é transmitir a informação complicada de uma maneira simples e clara, de modo que as perguntas sobre o significado educacional possam ser compreendidas, debatidas e resolvidas (Quadro 3.1). Para cada gráfico que criar, pergunte a si mesmo: O público será capaz de entender as principais mensagens deste gráfico de imediato? A seguir, são apresentadas sugestões para a criação de imagens de dados que as equipes escolares com quem trabalhamos têm achado úteis:

- Crie um título explícito e informativo para cada figura em que você indicar elementos críticos do gráfico, como quem foi avaliado, o número de alunos cujo desempenho é resumido na figura, o assunto de especialidade e de quando é.
- Faça legendas claras para cada eixo em um gráfico, ou cada linha e coluna em uma tabela.
- Use o espaço disponível de maneira adequada, de modo que as dimensões, eixos e temas mais importantes para a discussão educacional se sobressaiam na apresentação.
- Mantenha as áreas do gráfico organizadas e livres de detalhes desnecessários, características estranhas ou padrões de hachura e linhas de grade.
- Ao legendar e explicar gráficos mostrando o desempenho do aluno em diferentes anos escolares, deixe claro se o gráfico ilustra as tendências

Quadro 3.1 Dicas para criar gráficos efetivos de dados

FORNEÇA TÍTULO COMPLETO	FAÇA O GRÁFICO SIMPLES E FÁCIL DE LER
• Nome e assunto da avaliação	• Escolha apropriada do estilo do gráfico
• Nível de série testado	• Bom uso do espaço e da cor
• Nome da escola	• Fontes grandes o suficiente para fácil leitura
• Data da avaliação	• Legenda e eixos claramente rotulados
• Número de alunos testados	• Escala de eixo *y* adequada
	• Valores de ponto de dados, onde for útil

de resultados para o mesmo grupo de alunos ao longo do tempo, como na Figura 3.5, ou se ilustra diferenças no desempenho entre um grupo de alunos e outro na mesma série ao longo de um período de anos, como na Figura 3.4.

PERMITA QUE OS MEMBROS DA EQUIPE DEEM SENTIDO AOS DADOS

O diretor Roger Bolton estava ciente de que muitos professores não estavam aguardando ansiosamente pela primeira reunião anual do corpo docente da Franklin High School, já que eles sabiam que seria dedicada inteiramente a falar sobre os resultados do exame estadual de matemática. Ele podia imaginar que os professores estavam esperando levar um sermão de duas horas sobre o desempenho dos alunos em um assunto que a maioria deles nem mesmo ensinou. Além disso, ele antecipou que a ansiedade dos professores em relação à matemática iria impedir que muitos deles se envolvessem plenamente na discussão que ele esperava ter.

Para maximizar a eficácia e o poder dos gráficos claros e convincentes de sua equipe de liderança de ensino, você deve usá-los para estimular uma conversa entre os membros do seu corpo docente, especificamente sobre o que eles veem nos dados, que questões os dados suscitam e como podem seguir a partir daí para encontrar respostas para essas novas perguntas. Os líderes escolares com quem trabalhamos e que envolvem com sucesso os professores na resolução de problemas de aprendizagem sugerem que não é suficiente colocar cópias de gráficos dos resultados de avaliação estadual nos escaninhos dos professores ou dar uma palestra sobre o que os gráficos mostram. Em vez disso, eles envolvem ativamente os professores nos dados, permitindo-lhes a oportunidade de dar sentido aos dados por si mesmos, incentivando-os a fazer perguntas e, às vezes, oferecendo-lhes uma chance de experimentar e discutir os itens reais do teste.

Dê oportunidades para os professores trabalharem com os dados

Uma abordagem para uma discussão de panorama de dados é pedir que um membro da equipe apresente os vários gráficos a seu corpo docente, enquanto aponta os destaques e conclusões para cada gráfico. No entanto, a maioria dos professores reconhece que a melhor maneira de incentivar a aprendizagem entre seus alunos é dar-lhes uma oportunidade para a exploração "mão-na-massa", e a mesma ideia se aplica quando os líderes escolares "ensinam" os professores a aprender com os dados. Se os próprios professores se debruçarem sobre os dados, não somente aprenderão muito mais com isso, mas também desenvolverão por meio deste processo confiança e conforto para analisar dados.

Uma maneira particularmente eficaz de envolver os professores na análise de dados é distribuir alguns gráficos e pedir que eles "compartilhem em pares" ou falem com a pessoa a seu lado sobre o que veem. Esta aproximação faz todos começarem a falar imediatamente – em apenas poucos segundos a sala estará viva com a discussão. Os gráficos garantem que essas conversas sejam altamente concentradas em torno das perguntas que sua equipe de liderança de ensino trouxe para a área-foco que você explorou. Como um compartilhamento entre pares permite que os professores formulem as suas ideias com um parceiro antes de serem convidados a falar na frente do grupo todo, quando você abre a conversa para o grupo maior, as pessoas estarão mais bem preparadas para participar e partilhar as suas observações.

Permita aos professores experienciar e discutir o próprio teste

Depois de olhar para um panorama de dados – ou antes, o que pode funcionar igualmente bem –, você pode querer deixar seu corpo docente trabalhar com as próprias perguntas do teste da avaliação aplicada. Trabalhamos com várias escolas que exigem que todos os seus professores realizem as mesmas avaliações estaduais que os seus alunos, na íntegra ou em parte e, por vezes, sob as mesmas condições de exame e diretrizes de administração em vigor para os alunos. Ao experienciar o teste propriamente dito, os professores aprendem em primeira mão sobre o conteúdo que está sendo avaliado, as formas de avaliação e a resistência e mentalidade que podem ser necessárias para um bom desempenho. Contudo, o benefício mais significativo para que os professores façam o teste real pode estar em dar-lhes uma oportunidade para discutir o que aprenderam com a experiência.

Engage os professores na identificação de uma questão prioritária

Querendo se beneficiar da energia do grupo que a atividade de compartilhamento entre pares gerou, o diretor da Franklin High School Roger Bolton pediu que o corpo docente se reunisse em dez grupos espalhados por toda a biblioteca. A professora de história Pamela Eddy, que inicialmente estava relutante em se envolver em qualquer discussão acerca de dados – sobretudo dados matemáticos – encontrou-se surpreendentemente interessada em continuar a explorar o desempenho matemático na Franklin High School. Em seu grupo de oito pessoas, Pamela se ofereceu para ser a tomadora de notas, registrando o progresso do grupo na próxima etapa da exploração de dados: perguntas de *brainstorming*.

As atitudes em relação aos dados variam muito nas escolas. Há uma abundância de "céticos em relação aos dados" que acreditam que os dados de avaliação do aluno não podem lhes dizer nada que eles já não saibam, ou que insistem que esses dados podem ser manipulados para fundamentar qualquer história que o contador quiser. Normalmente, há também alguns "defensores de dados" que acreditam que os resultados da avaliação do aluno contêm as soluções para os problemas de aprendizagem do aluno e que encontrar essas respostas é apenas uma questão de se tornar melhor na análise de dados. Na realidade, os dados de avaliação dos alunos não são nem tão fracos nem tão poderosos. O valor real de olhar para este tipo de dados não é que ele fornece respostas, mas que inspira perguntas.

O resultado da reunião do panorama de dados deve ser a identificação de uma "questão prioritária" que ajuda a restringir sua área-foco ainda mais a uma pergunta específica que guiará sua consulta ao longo do processo de melhoria do Data Wise. Uma questão prioritária deve ter algumas características específicas. Primeiro, a questão é gerada a partir de um processo colaborativo que envolve a maioria, se não todas as pessoas que estejam trabalhando para responder à pergunta. Em segundo lugar, a questão deve estar focada em assuntos de educação, e não em outros assuntos relacionados a estudantes que possam estar fora do controle da sua escola. Em terceiro lugar, ela serve para restringir o foco de sua investigação, muitas vezes para um único padrão de aprendizagem, subgrupo de estudantes, ou tipo de trabalho. Por fim, leva em conta os recursos atuais da sua escola e gira em torno de algo que as pessoas se sentem motivadas a investigar. Por exemplo, se a área-foco for "escrita", possíveis questões prioritárias podem ser: Como os alunos usam a estrutura de frases em sua escrita? Como os alunos de língua inglesa da escola estão usando o vocabulário em sua escrita? Com que partes do processo de revisão os alunos têm mais dificuldades?

Para incentivar perguntas depois de ver o panorama de dados, alguns líderes escolares acham muito útil usar um protocolo estruturado. O The Right Question Institute criou um protocolo particularmente envolvente e produtivo denominado Técnica de Formulação de Perguntas que adaptamos para o nosso trabalho (ver Protocolos Selecionados no final deste livro). A premissa básica desta técnica é que, para que as pessoas se apropriem de um problema, elas precisam participar ativamente na sua definição. O protocolo consiste em solicitar que pequenos grupos gerem uma ampla gama de perguntas sobre um problema específico. À medida que as perguntas são criadas, um tomador de notas do grupo as escreve, exatamente como foram ditas, para que o grupo possa vê-las. Depois de certo ponto, o facilitador pede ao grupo que identifique a pergunta mais importante em sua lista. O grupo então gera um novo conjunto de perguntas sobre a questão mais importante. A partir deste novo conjunto de perguntas, cada grupo pode priorizar o que mais quer saber. Descobrimos que este processo permite que os educadores se concentrem profundamente em uma questão importante, incentiva-os a ouvir todas as vozes e fornece um freio útil sobre o impulso habitual de pular direto para as soluções.

Depois de identificar uma questão prioritária, você pode envolver os membros da equipe em uma discussão sobre quais dados são necessários para começar a respondê-la. Em algumas escolas, a equipe de liderança de ensino ou os gerentes de dados funcionam como um recurso para coletar essas informações. Por exemplo, como resultado de uma discussão de panorama de dados, os membros do corpo docente podem determinar que, para fazer progresso na tarefa de ajudar os alunos a se tornarem melhores escritores, eles precisam saber a que aulas os alunos com dificuldade em escrita estão assistindo, se os alunos que se saem mal em testes estaduais de escrita também se saem mal em sala de aula, e se há oportunidades para adaptar o novo currículo de escrita às necessidades específicas dos alunos. Uma vez que o corpo docente identificar as informações de que precisa, a equipe de liderança de ensino pode persegui-las e realimentá-las com novas evidências. Quando o corpo docente vê que os líderes escolares estão comprometidos em explorar muitas fontes de dados antes de agir, os céticos em relação aos dados e os defensores de dados podem modificar suas opiniões sobre o papel dos resultados da avaliação na sua tarefa de ajudar a resolver problemas na aprendizagem dos alunos.

INTEGRANDO OS HÁBITOS MENTAIS ACE NO PASSO

3 CRIAR UM PANORAMA DE DADOS

A

COMPROMISSO COMPARTILHADO COM **AÇÃO, AVALIAÇÃO E AJUSTES**

Sabemos que muitas escolas começam o novo ano letivo criando um panorama de dados e apresentando-o a todos os colaboradores para gerar discussão em torno do desempenho escolar em avaliações padronizadas. Amplos panoramas de dados de nível escolar podem fornecer informações úteis sobre como os alunos estão se saindo como grande grupo, mas, para entender a variação de habilidades ou conteúdos específicos por série ou até mesmo por aluno, também é útil para as equipes de professores discutirem "minipanoramas" de dados ao longo do ano. Os gráficos usados nesses minipanoramas de dados podem ser gerados a partir de bons *softwares* de avaliação, produzidos pelo gerente de dados da escola, ou até mesmo criados por professores experientes em tecnologia. Ao montar minipanoramas de dados, será útil seguir as diretrizes descritas neste capítulo em relação a escolher uma área-foco (idealmente, relacionada com o foco da escola), encontrar a história e montar gráficos eficazes. Por exemplo, se sua escola estiver interessada em como seus alunos resumem a ideia principal do texto informativo, os departamentos de línguas, matemática, ciências e estudos sociais podem discutir minipanoramas de dados mostrando como os alunos costumam se sair em tarefas relacionadas com o texto informativo em suas áreas de conhecimento. Estes panoramas podem então transformar-se em um trampolim para as equipes de professores que estejam prontas para mergulhar nos dados de maneira ainda mais profunda.

C

COLABORAÇÃO INTENCIONAL

Depois de uma apresentação de panorama de dados, o envolvimento de todo o corpo docente na escolha da questão prioritária é o que realmente a torna uma "prioridade". Além disso, a questão torna-se uma prioridade quando os líderes escolares e, por fim, todo o pessoal se compromete publicamente a abordá-la. Convidar muitas vozes para a conversa quando você apresenta dados e discute a área-foco da escola incentiva as pessoas a compartilhar o que é mais importante para elas. Além de usar a Técnica de Formulação de Perguntas descrita antes, usamos uma alternativa chamada Técnica de Grupo Nominal para restringir o foco de uma escola em uma questão prioritária.[2] Usando esse protocolo, os educadores primeiro fazem um *brainstorm* de uma lista de perguntas que os dados incitam. Cada pessoa, em seguida, tem dois ou três votos (dependendo do número inicial de itens) e pode distribuí-los de acordo com suas preferências. Os votos são contados para produzir uma lista dos principais candidatos à questão prioritária. O facilitador pode assim liderar o grupo por meio de uma conversa sobre qual dessas perguntas é realmente a prioridade máxima para o grupo e por quê.

2 Este processo foi originalmente descrito em: DELBECQ, A. L.; VANDEVEN, A. H. A Group process model for problem identification and program planning. *Journal of Applied Behavioral Science*, v. 7, p. 466-491, 1971. Usamos uma versão deste protocolo adaptado pelos Centers for Disease Control (CDC), disponível em www.cdc.gov/HealthyYouth/evaluation/pdf/brief7.pdf.

E

FOCO IMPLACÁVEL EM **EVIDÊNCIAS**

Uma das nossas ferramentas favoritas para ajudar os educadores a manter o foco nas evidências durante as conversas sobre dados é o modelo mental da "escada da inferência".[3] Desenvolvido pelos acadêmicos de aprendizagem organizacional Chris Argyris e Peter Senge, a escada da inferência é uma forma de organizar a progressão do pensamento desde o nível de "apenas observando algo no mundo" para "fazer algo sobre isso". A escada figurativamente se assenta em meio a todos os dados possíveis que você consegue notar com seus sentidos. No degrau mais baixo da escada, você começa selecionando alguns dados para observar e descrever. Ao subir a escada, você adiciona interpretações e tira conclusões a partir dos dados. No degrau mais alto da escada, você realiza a tomada das ações, que são fundamentadas por suas conclusões e interpretações.

Em nosso próprio trabalho, os membros da equipe usam as imagens da escada para ajudar a desenvolver a conscientização pessoal de quando estamos fazendo julgamentos ou inferências sobre o que observamos. Também as usamos para sinalizar aos outros que fizemos uma escolha consciente sobre o tipo de declaração que estamos fazendo. Podemos seguir um comentário bastante óbvio, indicando "Estou dando a real aqui, gente – fiquem lá embaixo na escada", ou admitir que algo que somos obrigados a dizer é "muito alto na escada". Depois de anos seguindo uma norma de basear afirmações em evidência, nos sentimos confortáveis ao nos dirigirmos uns aos outros simplesmente falando "O que você vê que o faz dizer isso?" ou, de um jeito mais brincalhão, "Você gostaria de ajuda para descer desse degrau tão alto?".

Os educadores nos disseram que, quando um grupo fica nos degraus mais baixos da escada para falar sobre gráficos, trabalhos do estudante ou observações de sala de aula, isso ajuda a entender que o processo de escolher os fatos aos quais vai se prestar atenção difere de pessoa para pessoa. "Nem percebi isso!" pode se tornar um comentário comum.

---

3 SENGE, P. *et al. Schools that learn:* a fifth discipline fieldbook for educators, parents, and everyone who cares about education. New York: Doubleday/Currency, 2000. p. 71.

Também ouvimos as pessoas dizerem que tomar tempo para desenvolver uma compreensão compartilhada dos fatos dá a um grupo uma base forte a partir da qual começar a subir na interpretação dos dados – e que uma aprendizagem profissional poderosa pode ocorrer nessa escalada. Declarações como "As crianças não querem trabalhar em grupos" ou "O professor deve ter dado essa planilha porque acreditava que os alunos não podiam lidar com uma tarefa mais desafiadora" são vistas pelas inferências que contêm – e podem se tornar ricas oportunidades para desconstruir e explorar.

4 Mergulhar nos dados

Ethan Mintz
Sarah E. Fiarman
Tom Buffett

EM UMA REUNIÃO DO DEPARTAMENTO DE MATEMÁTICA DA FRANKLIN HIGH SCHOOL, o diretor Roger Bolton compartilhou um gráfico (Fig. 4.1) que a equipe de liderança de ensino montou sobre os resultados do teste estadual do ano anterior. "Na última reunião do corpo docente, vocês se perguntaram se havia áreas de conteúdo específicas em que os alunos precisavam melhorar. Com base nos dados do teste estadual, o que vocês acham?"

"Eu diria que em todas elas", respondeu Adelina Swenson, uma professora de pré-cálculo nova na escola. Eddie Moss, um professor veterano de geometria, manifestou-se: "Fica bem claro ao olhar para este gráfico que os nossos alunos não estão preparados para cursar matemática quando chegam ao ensino médio. Estamos ensinando o currículo, mas eles não estão conseguindo aprender. Olha, eles estão tendo problemas com Números e Grandezas e Medidas* – eles precisam saber isso quando chegam aqui! Precisamos voltar aos fundamentos e prepará-los para a matemática do ensino médio".

Com os escores de teste em mãos, Eddie está pronto para abordar o baixo desempenho de matemática dos estudantes da Franklin. Ele acha que sabe qual é o problema – a falta de "habilidades básicas" dos alunos – e tem uma solução: aprofundar esses fundamentos. A pergunta para Eddie e outros educadores neste momento no ciclo de melhoria seria: Você realmente sabe que problema está tentando resolver?

* N. de T.: *Number sense* e *measurement* têm correspondência com as unidades temáticas "Números" e "Grandezas e Medidas" da BNCC (Base Nacional Curricular Comum) brasileira e são traduzidas assim ao longo da obra.

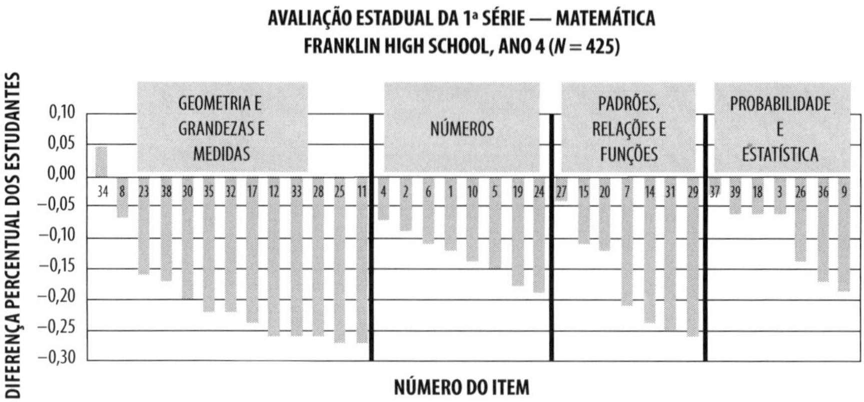

Figura 4.1 Percentual de estudantes respondendo corretamente cada item de múltipla escolha.

Antes de se comprometer com um determinado curso de ação ou investir tempo no desenvolvimento de possíveis soluções, é importante que você compreenda plenamente o problema centrado no aprendiz, que definimos como um problema de entendimento ou habilidade que está subjacente ao desempenho dos alunos nas avaliações. "Problema centrado no aprendiz" significa que o problema é aprender, e não que os alunos sejam o problema. Sabemos que, na realidade, nenhuma escola enfrenta apenas um problema centrado no aprendiz. O objetivo deste capítulo é ajudar as escolas a identificar um problema centrado no aprendiz que seja comum a muitos estudantes e que, se resolvido, ajudaria a atender seus objetivos mais amplos. Os educadores tendem a pular este passo, saltando direto para o desenvolvimento de um plano de ação e de uma solução para o problema do baixo desempenho. Esses educadores muitas vezes se encontram de volta no mesmo lugar no ano seguinte, sem melhora em relação ao seu trabalho.

Sem uma investigação dos dados, as escolas se arriscam a diagnosticar mal o problema. Escores de teste ruins em geometria e grandezas e medidas podem ser resultado de fundamentos fracos, mas também poderiam ser resultado de quantidades inadequadas de lição de casa e práticas independentes sobre o tema, de falta de experiência dos alunos com aplicações do tema no mundo real, do fato de que o conteúdo é ensinado muito antes do teste e os alunos não estão lembrando o que aprenderam, ou de que o conteúdo é ensinado tarde demais para os alunos usarem seus conhecimentos na avaliação padronizada do ano atual. Cada um desses problemas requer uma solução diferente; mergulhar em seus dados ajuda a garantir um diagnóstico mais preciso do problema.

Um bom ponto de partida para sua conversa podem ser os escores de teste estadual agregados, motivo de considerável pressão rumo à melhoria sobre muitos diretores e professores, mas esses escores não dizem por que os alunos tiveram determinado desempenho no teste nem dizem nada sobre o desempenho individual dos alunos. Para abordar essas questões importantes, as escolas têm uma grande variedade de dados a que podem recorrer, incluindo escores de teste, projetos de classe, lição de casa, apresentações, relatórios de laboratório, leituras de revistas, observações de professores e grupos focais de alunos. O inventário de dados concluído no Capítulo 1 é um bom recurso para identificar os dados disponíveis na sua escola.

O processo de utilização de dados para identificar o problema centrado no aprendiz é um processo iterativo de investigação. A questão prioritária que os professores identificaram a partir da síntese dos dados deve levar a uma maior investigação dos dados, o que conduz inevitavelmente a novas questões e investigações. Reconhecendo tanto a confusão quanto a riqueza desse processo, este capítulo mostra como usar os dados sabiamente para que você identifique o problema centrado no aprendiz e evite a "paralisia de análise" que pode resultar da análise de dados sem objetivo e infinita. Duas abordagens complementares podem ajudá-lo a identificar um problema centrado no aprendiz: olhar cuidadosamente para uma fonte de dados única e mergulhar em outras fontes de dados.

OLHE CUIDADOSAMENTE PARA UMA FONTE DE DADOS ÚNICA

Na Clark K-8 School, a equipe de liderança de ensino estava tentando descobrir qual seria o próximo passo a tomar com o corpo docente. "Nós geramos muitas perguntas interessantes sobre a leitura na última reunião", disse a diretora Sandy Jenkins. "Agora precisamos descobrir como vamos respondê-las."

"Bem, acho que tiramos do teste estadual tudo o que ele nos oferecia, o que não era muita coisa", disse Vivian Muteba, professora do 4º ano. "É realmente frustrante perder tantos dias com os alunos fazendo os testes, para depois essas provas só nos dizerem que os alunos são um '3' em leitura ou têm uma pontuação de escala de 252 – o que isso significa, afinal?"

"Além disso, estamos indo muito bem no teste estadual, e acho que nem todos os professores aqui pensam que esse teste reflete tudo o que eles estão tentando fazer com as crianças", disse Frank DeLeon, um professor do 6º ano. "Eu não acredito que os professores de fato queiram passar mais tempo olhando para o teste."

Uma tarefa útil ao mergulhar em dados para identificar um problema centrado no aprendiz é olhar cuidadosamente para uma fonte de dados única. Essa tarefa começa com a escolha de uma fonte de dados com base em seu panorama de dados e seu contexto. Examinar as informações dessa fonte de dados pode aprofundar o entendimento dos docentes sobre o pensamento do aluno e desafiar suas suposições sobre os estudantes, o que, por sua vez, pode levá-los a aprimorar sua definição do problema centrado no aprendiz e gerar novas perguntas. O processo de mergulho em uma fonte de dados única fornece o impulso e a direção para uma investigação mais aprofundada, criando um senso de urgência e curiosidade. Também pode incentivar os professores a refinar seus palpites iniciais sobre o problema centrado no aprendiz.

Escolhendo uma fonte de dados única como ponto de partida

Para muitas escolas, a decisão sobre onde começar a análise de dados entre as pilhas de dados disponíveis pode parecer um peso enorme. Embora o panorama de dados gerado no Capítulo 3 forneça um bom lugar para começar, o dilema rapidamente ressurge com as perguntas, preocupações e quebra-cabeças que emergem da análise do panorama. E depois? Em nossa experiência, as escolas muitas vezes permanecem no nível superficial de análise. Pressionados a resolverem problemas significativos apressadamente, muitos educadores escolhem a saída rápida: olhar para uma tabela ou duas, fazer um julgamento com base no que eles já pensam ser verdade e decidir abordar um problema que podem resolver facilmente e que não exige muita mudança de sua parte. Essa resposta rápida muitas vezes leva a um "ponto de estagnação", onde as escolas se encontram repetindo o mesmo padrão, continuando a ensinar o que sempre ensinaram e tendo os mesmos resultados, ou frustradas e culpando os alunos por não terem aprendido o que estavam ensinando. Os professores podem sentir que seus esforços na sala de aula não se refletem no desempenho dos alunos nos "testes que importam", e que estão enfrentando os mesmos desafios repetidas vezes. Ou, nas escolas onde há pouca pressão externa para melhorar o que parece ser um desempenho adequado, pode haver um tipo diferente de ponto de estagnação, em que os professores sentem que não há muita necessidade de melhoria.

Mergulhar em uma fonte de dados única pode ajudar uma escola a passar por pontos de estagnação como estes. Focar inicialmente em uma fonte de dados única diminui a tendência comum de pular para soluções rápidas, torna o processo de análise de dados gerenciável e oferece uma oportunidade para ir além das generalizações sobre o problema centrado no aprendiz. A fonte de dados escolhida como ponto de partida dependerá de suas perguntas e de seu contexto.

A primeira coisa a considerar é esta: que perguntas você tem sobre o aprendizado do aluno e quais dados ajudarão a responder a essas perguntas? Embora muitas escolas optem por continuar a examinar as avaliações que forneceram a base inicial para a sua investigação na síntese dos dados, esta escolha depende, em parte, de quais informações estão disponíveis nessas avaliações. Se as avaliações incluírem desempenho por tipo de conteúdo ou padrões, bem como por itens individuais, as escolas muitas vezes podem rechear as avaliações de informações que iluminem o problema centrado no aprendiz. Se a avaliação fornece pouca ou nenhuma informação sobre vertentes de conteúdo, padrões ou itens individuais, as escolas devem recorrer a outra fonte de dados para continuar a sua investigação sobre o problema.

A próxima consideração é o contexto: Quais dados serão mais atraentes para o corpo docente? Em uma escola como a Franklin, que foi apontada pelo estado como necessitando de melhoria por causa de seus baixos resultados na avaliação estadual, o corpo docente muitas vezes é bastante pressionado para aumentar o desempenho no teste estadual. Vimos muitos líderes escolares usarem a pressão da prestação de contas externa como um catalisador para a melhoria. Os professores estão dispostos a mergulhar mais profundamente nos testes porque eles e seus alunos estão sendo julgados pelos resultados. Em uma escola como a Clark, que não enfrenta essa pressão externa, os líderes escolares podem escolher dados diferentes, como trabalho do dia a dia dos alunos ou escrever portfólios, para estabelecer tanto a necessidade quanto o desejo de melhoria.

Entendendo como pensam os estudantes

Na Franklin, o departamento de matemática continuou a olhar para os resultados dos testes estaduais. A chefe de departamento Mallory Golden dividiu os professores em grupos com base em sua experiência nas áreas de conteúdo a fim de olhar para vertentes específicas e ver com quais habilidades a maioria dos alunos tinha mais dificuldade. O grupo de álgebra relatou que os alunos tiveram maior dificuldade com problemas de múltiplas etapas contendo variáveis e equações contendo frações. O grupo de geometria disse que os alunos foram particularmente desafiados por qualquer coisa tridimensional ou que exigisse comprovação, enquanto o grupo de estatísticas e probabilidade citou dificuldades dos estudantes com a interpretação de dados.

O corpo docente olhou para os itens do teste em cada uma dessas áreas. "Vemos algum padrão em diferentes áreas de conteúdo?", perguntou Mallory.

"Eu me pergunto se o problema é a linguagem", disse Adelina. "Vários desses problemas exigem muita leitura. Talvez as crianças não leiam bem, ou não queiram ler ao trabalhar com matemática. Elas parecem ter um desempenho melhor em problemas nos quais apenas lidam com matemática pura e não precisam ler tanto."

"Eu ainda acho que o problema são as habilidades básicas", disse Eddie. "Muitos desses problemas têm um monte de passos, e se você cometer um erro no início, irá resolver o problema errado."

"Em termos de língua, parece que há um monte de vocabulário matemático. Eu sei que ensinei aos meus alunos este material estatístico, mas não chamei isso de `Estatística´, então eles parecem não ter reconhecido o que deveriam ter feito no teste", disse o professor de matemática intensiva Jean Louis.

Mallory sentiu que eles começavam a se dar conta que o problema estava além da "matemática" na Franklin, mas ela sabia que ainda precisava de uma melhor compreensão da situação antes que pudessem fazer qualquer coisa a respeito.

A resposta de um aluno sobre uma avaliação é apenas o produto final de seu pensamento. Ao analisar os dados para identificar um problema centrado no aprendiz, é fundamental olhar não apenas para o produto final do trabalho, mas para o caminho que um aluno percorreu até chegar lá. Entender como os alunos chegaram a uma resposta errada ou um resultado ruim é importante para saber como ajudá-los a obter a resposta certa ou um bom resultado. Investigar os processos de pensamento dos alunos ajuda a responder a perguntas como: Os alunos têm alguma habilidade e conhecimento para construir, ou eles precisam ser reensinados totalmente sobre uma determinada área de conteúdo? Os alunos não têm habilidades e conhecimento de conteúdo, ou é a estrutura da própria avaliação que lhes traz dificuldade? Trabalhar com o objetivo de encontrar respostas para essas perguntas ajudará você a identificar um problema centrado no aprendiz que seja significativo.

Temos visto muitas escolas usando análise de itens de testes (tanto testes estaduais quanto testes de conteúdos escolares) para entender o pensamento do aluno. Na análise de item, você primeiro examina itens de teste (ou seja, perguntas) agrupados por conteúdo (como estatísticas e probabilidade) ou tipo (como múltipla escolha, resposta curta, dissertativo) para ver se havia alguma habilidade específica ou áreas de entendimento que poderiam ter levado os alunos a responder a pergunta incorretamente. Em seguida, você procura padrões em grupos de itens nos testes. Por fim, você olha mais de perto provas individuais dos alunos para entender por que os estudantes responderam a determinadas perguntas de maneiras específicas.

Ao se esforçar para detectar padrões e entender o pensamento dos alunos, é importante que os professores reconheçam que os alunos, a menos que estejam adivinhando descontroladamente as respostas, têm alguma lógica na forma como vão responder a perguntas e fazer o seu trabalho, mesmo que essa lógica os leve a respostas erradas ou trabalho de baixa qualidade. O trabalho do professor, ao olhar de forma atenta para os dados disponíveis, é tentar encontrar esse padrão lógico. Um professor que entenda como um aluno pensa e se aproxime do trabalho escolar terá uma noção mais clara do que o aluno precisa como aprendiz. Ele também será capaz de fornecer instruções que se baseiem no que o aluno sabe e abordem o que o aluno não sabe. Em algumas escolas, os próprios professores se submetem à avaliação do estado, mantendo o controle de seu próprio pensamento ao longo do caminho, para que eles possam começar a entender como os alunos pensam quando fazem a avaliação.

Uma das tensões no uso de dados para melhorar a aprendizagem e o ensino é a necessidade de descobrir o equilíbrio entre dois objetivos, ambos exigindo o escasso recurso do tempo. O primeiro objetivo é ter professores participando do processo de análise de dados para que sintam com propriedade o problema centrado no aprendiz, e para que a análise de dados seja algo que eles façam, e não algo que seja feito para eles. Em outras palavras, os professores são mais propensos a ver o problema centrado no aprendiz como um problema sobre o qual querem fazer algo a respeito caso tenham tido um papel importante na sua identificação. O segundo objetivo, no entanto, é chegar ao nível mais profundo de análise que irá ajudar a identificar o problema. Em algumas escolas, gerentes de dados ou equipes de liderança de ensino fazem os estágios iniciais da análise, a fim de economizar tempo para que os professores se concentrem na análise mais aprofundada. Depois que uma equipe menor tiver feito alguma análise preliminar (incluindo a síntese de dados descrita no Cap. 3, mas não se limitando a ela), essas escolas envolverão o corpo docente em uma análise mais aprofundada para identificar o problema centrado no aprendiz.

Por exemplo, em uma escola que conhecemos, o gerente de dados faz um gráfico com cada estudante em um ano escolar específico disposto em uma linha. Ao longo da parte superior do gráfico, ele coloca cada item do teste estadual. Ele então destaca cada aluno que marcou abaixo de proficiente, e cada item em que menos de 80% dos alunos responderam corretamente. Antes de ampliar os gráficos para o tamanho de um cartaz, ele apaga os nomes dos alunos, a fim de promover a responsabilidade coletiva e impedir os professores de descartarem os resultados de determinados alunos. Ele faz isso para cada assunto e cada série escolar que realiza o exame estadual. Os cartazes coloridos e destacados tornam-se um ponto de partida para discussões com equipes de série e todo o corpo docente sobre a natureza do problema centrado no aprendiz. Em outra escola, os membros da equipe de liderança de ensino mostram aos professores um ou dois exemplos do teste estadual ou de uma parte da produção escrita do estudante, e perguntam-lhes então o que notaram sobre aqueles artigos e por que os estudantes poderiam ter respondido da maneira como fizeram. Embora eles nunca tirem conclusões amplas sobre qualquer item de teste isolado, muitos líderes escolares acham que chegar ao nível de um único item ou o desempenho de um único aluno envolve os professores e os mantém falando sobre o pensamento dos alunos e a aprendizagem de uma forma que é fundamentada em evidências.

Desafiando suposições

Na Clark, a equipe de liderança de ensino pensou que diários de leitura poderiam fornecer informações sobre como os alunos pensam e respondem ao que leem. A equipe pegou uma amostra aleatória de dez estudantes de 3º ano. Depois de examinar e discutir os diários, eles escolheram um diário representativo para trazer aos professores.

Na reunião do corpo docente, os professores descreveram o que observaram no diário do aluno, enquanto outro professor colocou seus comentários em papel gráfico: "O aluno resumiu o enredo da história que leu"; "Ele descreveu cada personagem em detalhes"; "Ele descreveu detalhes do enredo sequencialmente, embora a história começasse no meio da ação"; "Ele começou cada parágrafo com uma declaração de tese".

Um professor do 7º ano comentou: "Acho que não estamos identificando informações importantes sobre as habilidades desta criança como leitora – ela lista tudo e aponta informações concretas, mas o que dizer sobre a leitura e o pensamento nas entrelinhas?"

"Essa é uma habilidade muito sofisticada." Kristina Wells, uma professora de 3º ano, se antecipou, dizendo: "Vocês todos trabalham nisso nos anos seguintes. Nosso trabalho é garantir que eles saibam o que está acontecendo no livro – e isso já é muito difícil assim como é! Além disso, é complicado para as crianças decodificar e ler nas entrelinhas ao mesmo tempo".

"Eu discordo", disse Lynne Soto, professora de 2º ano. "A compreensão da leitura é muito mais do que recordação concreta."

Examinar o trabalho do aluno ajuda a levantar e desafiar muitas suposições – suposições sobre o que os alunos podem ou não fazer, sobre quais alunos podem fazer o quê e sobre por que os alunos são ou não são capazes de fazer algo. Desafiar essas suposições é crítico por três razões. Primeiro, você quer a compreensão mais clara possível sobre o problema centrado no aprendiz, e as suposições muitas vezes obscurecem esse entendimento, tomando o lugar da evidência. Em segundo lugar, os professores têm de acreditar fundamentalmente que os alunos são capazes de alcançar melhores resultados. Caso contrário, por que se preocupar em fazer qualquer esforço para ajudar os alunos a aprender? E em terceiro lugar, as soluções para o problema exigirão mudanças no que os membros do corpo docente fazem na rotina diária. Realizar mudanças significativas no que você faz frequentemente exige mudar aquilo em que você acredita. As oportunidades para os professores compartilharem suas interpretações dos dados dos alunos permitem que eles abordem essas crenças fundamentais sobre aprendizagem e ensino.

Começar com dados e basear a conversa na evidência dos dados mantém a discussão focada no que vemos, e não no que acreditamos. No exemplo antes citado da Clark, os professores começaram observando o que eles viram no diário de leitura do aluno antes de fazerem qualquer julgamento do quão "bom" o trabalho era ou de que tipo de leitor era o aluno. O professor do 7º ano reuniu evidências dos diários para basear sua pergunta sobre "leitura das entrelinhas". Da resposta da professora de 3º ano, que não estava fundamentada no diário do aluno, surgiu uma suposição importante – que a leitura nas entrelinhas é muito sofisticada para os estudantes de 3º ano.

Os dados também podem ser usados para desafiar suposições. Em uma escola de ensino médio, o diretor iniciou uma reunião de professores de outono apresentando dois gráficos para seu corpo docente (Fig. 4.2). Ele disse aos professores que os percentuais representavam grupos de alunos, mas não disse quais eram esses grupos. Depois de dar aos participantes algum tempo para pensar sobre quem os números poderiam representar, o diretor disse-lhes que o grupo 1 era de meninas e grupo 2 era de meninos. O primeiro trimestre de "honra ao mérito" foi 83% composto de meninas, enquanto o grupo de estudantes recebendo dois ou mais "F" no primeiro trimestre foi de 82% de meninos. Os dados surpreenderam o corpo docente, que tinha presumido que os baixos escores haviam sido de outros grupos de estudantes, como estudantes com deficiência ou estudantes que se qualificaram para auxílio-merenda. Os dados, e a surpresa dos professores, levaram à discussão e exploração de por que os meninos estavam tendo menos sucesso acadêmico do que as meninas.

Não é incomum fazer suposições sobre quais alunos são "de baixo desempenho" ou "alto desempenho". Dar uma olhada mais de perto no

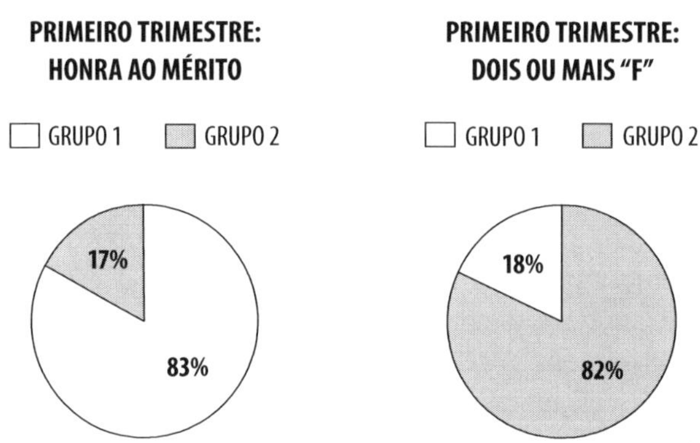

Figura 4.2 *Teaser* da reunião de professores: adivinhe que grupos esses gráficos representam.

trabalho dos alunos muitas vezes pode desafiar essas suposições e, ao fazê-lo, fortalecer a compreensão do que os alunos sabem e não sabem como fazer. Em uma escola de anos finais do ensino fundamental, os professores estavam analisando dados de uma avaliação de leitura e compreensão curta para alunos de 7º ano. Quando eles começaram a olhar de forma atenta para o trabalho dos estudantes, um professor de educação especial apontou para o trabalho de um deles, Delmar, que obteve um resultado de quatro das cinco perguntas corretas, incluindo as perguntas de resposta curta, colocando-o entre os melhores do seu ano nesta avaliação específica. Os professores ficaram atordoados. Este foi um resultado completamente inesperado de Delmar, que tinha muita dificuldade em ficar focado em sala de aula. Como os professores falaram sobre as respostas de Delmar e seu trabalho sobre a avaliação, um dos professores disse: "Isso deixa as coisas confusas". Isso foi "confuso" de um jeito bom – a imagem de Delmar havia mudado de um estudante que "viajava" na sala de aula e tinha pouca força acadêmica para um aluno que passou a merecer um olhar mais atento e maiores expectativas do professor. Esta nova imagem de Delmar forçou os professores a olhar mais de perto para todos os trabalhos de seus alunos na busca de exemplos de pontos fortes específicos. Também os lembrou de não fazer suposições simplórias – mas muitas vezes falsas – sobre as habilidades e capacidades dos alunos.

MERGULHE EM FONTES DE DADOS VARIADAS

Na Clark, a reunião do corpo docente sobre os diários de leitura dos alunos de 3º ano continuou.

"Eu acho que a leitura tem que ser mais do que um processo mecânico em todos os anos escolares", disse um professor de 2º ano. "Todos os alunos precisam pensar sobre o que leem e fazer inferências a partir do texto. Listar fatos é importante, mas é apenas parte do que é o processo de leitura."

"Concordo com você", disse Jae, uma professora de 3º ano. "Mas estou querendo saber se não estamos dando importância demais para isso – afinal, estamos olhando apenas o diário de um aluno. Como sabemos que este é um problema também para outro aluno, além deste estudante?"

Depois de analisar uma fonte de dados única em profundidade, você terá aprendido algumas coisas para ajudar a identificar o problema centrado no aprendiz no qual irá concentrar seus esforços de melhoria. Sem dúvida, porém, o processo levantou mais perguntas do que pode ser respondido com apenas uma única fonte de dados. Todas as fontes de dados são limitadas nas informações que fornecem. Qualquer teste isolado ou tarefa de sala de aula aborda apenas uma parte do que você quer que as crianças aprendam. Nenhuma fonte de dados isolada pode fornecer uma imagem completa das habilidades dos alunos.

Se você confia em uma fonte de dados para identificar um problema, é improvável que selecione um problema que seja digno de seu tempo e atenção contínuos – em parte porque você pode estar identificando um problema com a fonte de dados em vez de um problema que pode ser encaminhado ao corpo docente. Assim como consultar os amigos e ler vários relatos de consumidores *on-line* irá melhorar suas chances de comprar o carro mais apropriado, da mesma forma examinar várias fontes de dados irá aumentar a sua confiança de que você vai selecionar o problema certo para enfrentar. Além disso, mergulhar em outras fontes ajudará a garantir que seu corpo docente compartilhe as expectativas sobre o que os alunos devem saber e serem capazes de fazer em uma variedade de contextos.

Conhecemos muitas escolas que olham de perto fontes de dados variadas com a finalidade de compreender o pensamento do estudante. Esses dados podem incluir projetos de alunos, trabalhos de classe ou lições de casa. O processo de "olhar para o trabalho dos estudantes" (algumas vezes conhecido pela sigla LASW – *looking at student work*) pode dar aos professores uma visão considerável do pensamento dos alunos.[1] Por exemplo, examinando as lições de casa dos alunos em questões que lidam com estatísticas, os professores de matemática da Franklin podem ser capazes de determinar se os alunos simplesmente não sabiam termos estatísticos, como Jean imaginou, ou se estavam vacilando em sua compreensão de conceitos-chave da estatística. Em outra escola, os professores trazem duas ou três amostras de redação dos alunos para as reuniões LASW, onde coletivamente procuram evidências da capacidade dos alunos de escrever frases de grandes temas, fornecer evidências de afirmativas e assim por diante. Ao investigar

1 Há muitos protocolos úteis que ajudam a olhar para o trabalho dos estudantes, incluindo o Collaborative Assessment Conference, Consultancy, and Standards in Practice. Para mais informações, acesse http://www.lasw.org/methods.html.

colaborativamente o trabalho diário dos alunos, os professores podem aprofundar sua compreensão dos pontos fortes e equívocos dos estudantes.

Triangulando fontes de dados

Ao "triangular" suas descobertas usando várias fontes de dados, ou seja, analisando outros dados para esclarecer, confirmar ou contestar o que você aprendeu por meio de sua análise inicial, será possível identificar seu problema com mais precisão e especificidade. Ao triangular as fontes, pode ser útil passar por diferentes tipos de avaliações (como testes, portfólios e seminários dos estudantes) e por avaliações realizadas em diferentes intervalos (como diariamente, no final de uma unidade curricular e no final de uma avaliação de trimestre ou semestre), bem como procurar padrões e inconsistências entre as respostas dos alunos às avaliações. As escolas que examinam os dados estaduais como sua fonte de dados inicial podem examinar os testes em sala de aula e as lições de casa. As escolas que se concentram inicialmente no trabalho diário de sala de aula podem consultar avaliações anuais ou trimestrais.

Na Clark, a discussão de artigos de leitura trouxe à tona a questão da leitura nas entrelinhas. Será que os enunciados aos quais os alunos responderam no seu diário de leitura incentivaram as respostas concretas? Algo sobre o processo de escrita poderia ter interferido na capacidade dos alunos de mostrar quão bem eles poderiam ler? Os professores da Clark precisariam examinar outras fontes de dados para investigar se os alunos podiam ler nas entrelinhas em outros contextos.

Uma rica fonte de dados são os próprios alunos. Por exemplo, depois de fazer uma análise das respostas erradas que os alunos deram no teste estadual, os professores de uma escola de anos finais do ensino fundamental ficaram intrigados com os erros comuns. Eles decidiram conduzir grupos focais com os alunos para entender por que eles pareciam estar cometendo os mesmos tipos de erros. Os alunos são uma fonte importante e subutilizada de *insights*, e realizar grupos focais com eles para falar sobre o seu pensamento pode ajudá-lo a identificar um problema subjacente aos seus baixos desempenhos.

Ao triangular os dados, prepare-se para ser surpreendido. É importante abordar o processo de mergulhar mais fundo em outras fontes de dados com a ideia de que você vai encontrar algo novo. Quando o objetivo é meramente confirmar uma hipótese ou suposição, apenas partes particulares dos dados tendem a ser olhadas, e o trabalho para frequentemente quando a crença original é confirmada. Em vez disso, procure e adote tendências e direcionamentos inesperados. Os líderes escolares podem desempenhar um papel importante ao modelar as ideias de que é aceitável fazer perguntas e de que o corpo docente deve esperar compreender algo novo sobre o aprendizado do aluno até o final de uma reunião. Neste contexto, é importante que os líderes escolares não tentem se retratar como peritos conhecedores. As escolas devem ser conduzidas pelo que descobrem, o que levará a novas questões para investigar à medida que identificam o problema centrado no aprendiz.

Na Franklin, por exemplo, os professores de matemática examinaram testes unitários e lições de casa e perceberam que os alunos responderam corretamente aos problemas de habilidades básicas quando tudo o que tinham que fazer era usar uma única habilidade. Este achado desmascarou a afirmação de Eddie de que a questão era de "habilidades básicas" e levou os professores de volta ao teste estadual, onde eles perceberam que poucos problemas exigiam apenas uma única habilidade, e aqueles poucos eram problemas de palavras que colocavam a habilidade em um contexto do mundo real em vez de apenas apresentar um problema numérico para resolver. Quando examinaram o trabalho de aula para ver se havia diferenças entre os alunos, eles ficaram surpresos ao ver que muitos alunos com deficiências estavam resolvendo problemas complexos com mais precisão do que os estudantes de educação regular. Este achado não correspondeu aos resultados dos testes estaduais, onde os alunos com deficiência se saíram pior do que os estudantes de educação regular em todos os problemas, incluindo os complexos. Quando os professores foram ainda mais fundo na investigação, conversando com alunos e professores e olhando para o trabalho de sala de aula novamente, perceberam que os alunos com deficiências estavam executando sua "tarefa" de forma diferente. Com o apoio dos professores de educação especial, os alunos estavam destacando palavras importantes no problema e quebrando-o em pedaços separados. Os professores viram algumas evidências de alunos usando essa abordagem em testes unitários, mas os alunos disseram que esqueceram a abordagem ao fazerem o teste estadual. Depois de examinar várias fontes de dados, às vezes retornando a fontes de dados com novas perguntas, a Franklin High School está mais perto de identificar um problema centrado no aprendiz como tendo algo a ver com problemas matemáticos complexos, em que poucos alunos parecem ter um processo para resolver e que poderiam aplicar em diferentes contextos.

Desenvolvendo uma compreensão compartilhada dos conhecimentos e habilidades que os estudantes precisam

Na Clark K-8 School, a equipe de liderança de ensino decidiu pegar uma "fatia" do trabalho dos estudantes para investigar como os alunos se saíam em leitura e como trabalhavam a "leitura nas entrelinhas" em diferentes anos escolares e áreas de conteúdo.[2]

A fatia foi todo o trabalho de classe e lição de casa que 30 alunos, escolhidos aleatoriamente a partir dos 1º, 5º e 8º anos, tinham completado entre o meio-dia de um dia até ao meio-dia do outro. O corpo docente usou uma de suas tardes em que se reuniam em um dia de saída antecipada na escola para examinar o trabalho e discuti-lo.

"O que vocês notaram sobre o trabalho que os alunos estão fazendo em leitura?", perguntou a diretora Sandy Jenkins.

"Notei que os alunos usam arte para mostrar significado. Os alunos de 1º ano tiraram fotos para colocar com as histórias que escreveram, e os alunos de 8º ano fizeram quadrinhos interpretando cenas do livro que estão lendo."

"Notei que havia evidências de que os alunos de 5º ano tinham de fato lido em casa a tarefa da lição de casa – o diário de leitura foi assinado por seus pais – mas não tenho certeza se os alunos haviam discutido a sua leitura em casa ou na escola, ou se tinham escrito alguma coisa, ou, de algum modo, mostrado a sua forma de pensar sobre o que haviam lido."

"Notei que muitas das leituras que os alunos estavam fazendo eram bem concretas, então não havia muita motivação para ler nas entrelinhas. Pelo menos no trabalho que vimos, as leituras com as quais os alunos estavam trabalhando tendiam a ser curtas, como peças informativas ou como uma seção de um livro de história ou de ciências sobre a qual precisavam responder perguntas."

"Parece que os alunos estão praticamente nos dando o que pedimos – talvez não estejamos pedindo algo a mais."

Ao mesmo tempo em que refina sua definição do problema centrado no aprendiz, você também constrói um entendimento comum entre os

2 Para uma descrição deste protocolo, acesse http://www.lasw.org/Slice_descript.html e MCDONALD, J. P. *et al. The power of protocols:* an educator's guide to better practice. New York: Teachers College, 2003. p. 84–91.

professores sobre o conhecimento e as habilidades que os alunos precisam ter – em outras palavras, o que você espera que os alunos saibam e sejam capazes de fazer, e o quanto essas expectativas estão se cumprindo. Talvez você queira que os alunos sejam "proficientes" ou "avançados" ou "bons leitores" ou "solucionadores de problemas complexos", mas o que essas palavras realmente significam? Vocês concordam com o que esperam, e em que ponto vocês acham que é um problema se os alunos não estiverem atendendo a essas expectativas? À medida que você e seus colegas examinam várias fontes de dados, você desenvolve uma compreensão mais rica do currículo e padrões externos, bem como padrões internos compartilhados para o trabalho de alta qualidade.

O processo de examinar e discutir os dados dos alunos pode ser ameaçador para os professores, sobretudo se não houver uma norma de prática colaborativa em uma escola. Historicamente, os professores ensinaram isoladamente, na privacidade de suas salas de aula, e apenas há pouco tempo se espera que compartilhem sua prática em qualquer forma concreta. Portanto, não é surpreendente que os professores muitas vezes se sintam expostos quando compartilham o trabalho de seus alunos com colegas. Os professores precisam saber que eles não estão se abrindo para uma roda-viva de críticas com base na percepção de seus pares sobre sua prática. Estruturar conversas usando protocolos assegura aos professores que eles terão a oportunidade de serem ouvidos e que os comentários dos colegas não serão especulativos, mas sim fundamentados no trabalho dos alunos à sua frente e moderados por um facilitador.

Ao mesmo tempo, os professores precisam se sentir confortáveis ao solicitar perguntas desafiadoras e construtivas uns aos outros. Analisar colaborativamente o trabalho dos alunos muitas vezes leva a novos *insights* importantes. Ter uma expectativa incorporada e um tempo designado para fazer perguntas de sondagem apoia a prática construtiva de falar especificamente sobre o aprendizado do aluno. Por fim, ao concordar com certas regras básicas para examinar o trabalho do aluno e usar protocolos relevantes, você pode garantir que a conversa inclua várias vozes em vez de apenas as "de sempre". Isso leva a uma maior consistência na definição do problema.

Há uma série de estratégias para o uso de dados a fim de construir uma compreensão compartilhada de conteúdo entre os membros do seu corpo docente. Uma estratégia comum, como observado antes, consiste em que os professores realizem, ou pelo menos examinem, os testes que seus alunos fazem. Essa prática permite que os professores determinem se os testes padronizados se alinham com as habilidades que estão ensinando. Outra estratégia consiste em que os professores fotocopiem o trabalho do estudante em relação a uma habilidade, atribuam uma nota a ele e então vejam como avaliaram o trabalho em comparação com a avaliação feita por um de seus colegas. Em ambas as estratégias, os dados são usados como um ponto de partida para conversas focalizadas sobre o conteúdo acadêmico que o corpo docente acredita ser importante que os alunos conheçam e compreendam.

Conversas como estas podem levar a perguntas sobre a amplitude ou profundidade do currículo. Ao examinar resultados de testes decepcionantes, ouvimos professores sobrecarregados dizerem: "Mas isso não está no currículo!" ou "Eu os ensinei; eles simplesmente não aprenderam!" ou "Não há tempo para ensinar isso". Esta é uma boa oportunidade para investigar como as áreas de conteúdo são abordadas no currículo com base em uma pergunta ou preocupação que surge a partir dos dados. Um grupo de professores de 4º ano, ao investigar o fraco desempenho dos alunos na leitura de não ficção, mapeou seus projetos curriculares em todo o ano escolar e percebeu que a grande maioria de suas tarefas de leitura e escrita eram sobre ficção. Os alunos tiveram pouca oportunidade de ler não ficção, sendo que os professores concordaram que isso era um problema não apenas porque estava no teste estadual, mas também porque os alunos precisavam ser capazes de ler bem não ficção para acessar informações e ser aprendizes independentes.

As investigações cuidadosas do trabalho do estudante geralmente levam a discussões sobre a qualidade do trabalho. Se os professores da sua equipe não concordarem com o que significa um nível alto ou baixo de desempenho do aluno, dificilmente sua equipe identificará um problema centrado no aprendiz que seja significativo para abordar ao longo de seu esforço de melhoria. As investigações sobre os dados podem resultar em diferentes conclusões de diferentes professores. Uma maneira comum de abordar isso é usar uma rubrica – uma delimitação das habilidades e conhecimentos que os alunos precisam para produzir trabalho de alta qualidade. O desenvolvimento e o uso de rubricas garantem que a análise de dados seja baseada em um conjunto comum de critérios. As rubricas ajudam os professores a identificar áreas discretas de pontos fortes e fracos dos alunos, o que pode apontar o caminho para a compreensão de um problema significativo que pode ser abordado com um plano de ação. Como explicado no Capítulo 7, as rubricas também são uma ferramenta útil para medir o progresso do aluno.

Desenvolvendo linguagem comum

Na reunião do departamento de matemática da Franklin High School, a chefe de departamento Mallory Golden disse: "Continuamos notando que questões complexas de matemática são grandes desafios para as crianças. Nós definitivamente começamos a identificar o problema centrado no aprendiz como a solução de "problemas matemáticos de múltiplas etapas", mas não tenho certeza se sei o que queremos dizer com isso".

"Eu penso em 'problemas de múltiplas etapas' como problemas em que os alunos precisam fazer mais de uma operação matemática para responder à pergunta", respondeu Eddie.

"Oh, eu estava pensando nisso como problemas em que os alunos precisam usar mais de um tipo de informação para responder à pergunta", disse Adelina.

Enquanto as conversas sobre o trabalho dos alunos avançam, é importante desenvolver uma linguagem comum para descrever um problema centrado no aprendiz digno de seu tempo e energia. Na Franklin, embora se tornar proficiente em questões de múltiplas etapas fosse uma prioridade da escola e do estado, os professores tinham definições muito diferentes do que constituía uma questão de múltiplas etapas. Quando os professores não usam o tempo para apontar exatamente o que isso significa ao discutir seu problema centrado no aprendiz, seus resultados e ações consequentes serão inconsistentes na maioria das vezes, e potencialmente imprecisos.

Diferenças importantes na forma como os professores pensam sobre o aprendizado do aluno muitas vezes permanecem escondidas quando as discussões ficam em um nível abstrato. Os professores podem identificar "Números" como uma fraqueza dos estudantes em matemática, mas todos os professores entendem a mesma coisa quando usam essa expressão? Os professores saem de uma reunião com a decisão de que os alunos que têm dificuldades precisam de mais "empurrões", mas será que eles compartilham a compreensão de por que os alunos estão mesmo com dificuldades? Se os professores têm uma compreensão diferente do problema, é mais provável que suas respostas sejam inconsistentes porque, na verdade, eles estão abordando problemas diferentes! Para chegar ao núcleo de um problema e melhorar sistematicamente o ensino, é importante certificar-se de que os professores entendam claramente um ao outro, bem como a natureza do tópico que estão explorando.

Grupos de professores desenvolvem uma linguagem comum em torno do ensino e da aprendizagem de diferentes maneiras. Em algumas escolas, os professores usam uma rubrica comum para avaliar as redações dos estudantes a fim de determinar se eles compartilham uma definição comum de "voz" na escrita narrativa. Em outras escolas, os professores categorizam questões de teste em áreas conceituais e comparam suas categorias. Na Clark, os professores observaram que os alunos eram mais fracos na área de "interpretação" no teste estadual, mas não sabiam exatamente o que isso significava. O gerente de dados puxou uma amostra de questões de "interpretação" do *site* do departamento de educação do estado. Os professores responderam às perguntas e, em seguida, discutiram as habilidades necessárias para respondê-las corretamente. Em cada um desses exemplos, o intercâmbio entre professores é baseado em itens de trabalho ou de teste que estão na frente deles. Com este ponto de referência comum, a substância das discussões torna-se refinada, deixa menos espaço para mal-entendidos e oferece mais oportunidades para que os colegas construam sobre os *insights* uns dos outros.

Articulando o problema centrado no aprendiz

Quando os professores examinam criteriosamente os dados, há sempre mais perguntas a fazer e mais pistas a seguir. Um conhecimento mais aprofundado sobre a natureza do problema e a forma de resolvê-lo são os tijolos para sua escola construir a teoria de como melhorar a aprendizagem e o ensino. Muito parecido com um projeto de pesquisa, em que ter uma boa pergunta é a força motriz por trás de um forte processo de pesquisa, identificar um problema significativo para trabalhar é a força motriz por trás de um forte processo de melhoria do ensino.

A análise de dados apoia uma cultura de melhoria, construindo o hábito de investigação em que você constantemente faz perguntas e encontra respostas, não com base em seus julgamentos preconcebidos sobre os alunos, mas em dados observáveis. O problema centrado no aprendiz:

- Está diretamente relacionado com a questão prioritária.
- Baseia-se em várias formas de evidência encontradas ao mergulhar em dados.
- Está sob o controle da escola.
- É uma afirmação sobre a aprendizagem do aluno, não uma pergunta.
- É específico e curto.

Na Clark, o problema centrado no aprendiz identificado pelos professores foi "Os alunos têm dificuldade para fazer inferências baseadas no texto ao ler". Na Franklin, o problema centrado no aprendiz foi "Os alunos têm dificuldade para resolver problemas de múltiplas etapas de forma independente".

É fundamental investir o tempo e o esforço necessários para identificar um problema significativo que se torne o foco do processo de melhoria e apoie seus objetivos maiores para os alunos. No entanto, ao esperar muito tempo para agir, corre-se o risco da "paralisia de análise". Assim, é importante perceber que você sempre pode realizar análises adicionais e examinar outros tipos de dados, seja mais tarde no ciclo de melhoria que você está trabalhando no momento ou na próxima vez que percorrer o caminho dos oito passos do Data Wise.

INTEGRANDO OS HÁBITOS MENTAIS ACE NO PASSO

4 MERGULHAR NOS DADOS

A

COMPROMISSO COMPARTILHADO COM **AÇÃO, AVALIAÇÃO E AJUSTES**

O principal produto que resulta do Passo 4 é um problema centrado no aprendiz que irá concentrar seus esforços de investigação e melhoria para um ciclo do processo de melhoria do Data Wise. Muitas vezes nos perguntam: "Sabemos que os alunos têm muitas necessidades e não queremos deixar nada de fora. Como escolhemos o 'problema centrado no aprendiz' certo?". Entendemos essa preocupação, mas o encorajamos a parar de se preocupar em "deixar algo de fora". Não é humanamente possível abordar todos os problemas de uma só vez! Escolher um problema centrado no aprendiz irá ajudá-lo a desenvolver uma cultura de investigação, dando-lhe um lugar para começar. Só para sair do lugar, você pode começar com um problema que no início parece apenas arranhar a superfície das necessidades de aprendizagem dos alunos. Os educadores em uma escola de anos finais do ensino fundamental com a qual trabalhamos tomaram este caminho quando decidiram abordar um problema, fortemente apoiado por seus dados, de que os alunos tinham dificuldade em seguir as ordens de enunciados. Esse problema era amplo o suficiente para que a maioria dos professores pudesse investir nele – os professores em todos os níveis escolares poderiam trazer exemplos de trabalho de estudantes em que eles não seguissem as ordens de enunciados. A equipe de liderança de ensino foi então capaz de envolver o corpo docente em uma discussão sobre a variedade em aspectos como comprimento, estilos e redação a partir de enunciados trazidos pelo conjunto de professores. O ganho de experiência com este problema deu-lhes fluência no uso do processo de melhoria do Data Wise, apoiou o corpo docente no desenvolvimento de uma linguagem comum em torno de uma área de ensino e permitiu-lhes passar para problemas mais ricos. A chave está em trabalhar com os problemas sistematicamente – e você pode se dar conta de que começar com uma linha de investigação pode de fato levar a vários problemas relacionados.

COLABORAÇÃO INTENCIONAL

É importante envolver o maior número possível de pessoas na coleta de dados em torno da questão prioritária que você identificou a partir do panorama de dados. Por exemplo, uma escola estava interessada na seguinte questão prioritária: "Nossos alunos estão prontos para a faculdade e para a vida profissional?". Eles focaram seu panorama de dados inicial em examinar dados de testes de ensino médio do PSAT e do SAT, porque usam esses exames padronizados nacionais como indicadores bem reconhecidos de ingresso no ensino superior. O corpo docente descobriu que seus alunos da 1ª série estavam tendo problemas com itens no PSAT quando lhes pediram para identificar o argumento do autor em textos expositivos e itens onde os alunos tiveram que comparar os argumentos de dois autores diferentes sobre o mesmo texto. Esta investigação inicial centrou-se em um grupo específico de estudantes que fazem um teste particular, mas eles escolheram envolver toda sua equipe de liderança de ensino para coletar e analisar outros exemplos de dados e triangular suas hipóteses sobre a necessidade de aprendizagem dos estudantes. Todos os professores de ensino médio e de ensino fundamental de língua inglesa coletaram amostras de trabalhos de alunos em que se pedia a eles que definissem e comparassem os argumentos de múltiplos autores, e tanto a equipe de língua inglesa de nível transversal quanto a equipe de liderança de ensino concentraram suas próximas reuniões sobre triangulação em relação ao que viram no trabalho dos alunos comparando com os resultados do PSAT. Eles por fim decidiram formular seu primeiro problema centrado no aprendiz como "Os alunos têm dificuldades para identificar e comparar o ponto de vista dos autores, especialmente entre vários textos rigorosos". A equipe descobriu que eles poderiam obter maior comprometimento de todo o corpo docente, porque este problema centrado no aprendiz envolveu dados de salas de aula em toda a escola, e professores de muitas classes e áreas de conhecimento contribuíram para a análise.

E

FOCO IMPLACÁVEL EM **EVIDÊNCIAS**

Quando pensar em coletar dados para usar como evidência para um problema centrado no aprendiz, sempre defina "dados" amplamente. Seja criativo no que você considera como dados: pesquisas dos estudantes, pesquisas dos professores, notas de observação em sala de aula, "bilhetes de saída da escola" ou reflexões narrativas dos alunos; tudo isso produz formas ricas e variadas de evidências. Considere também que algumas questões prioritárias significativas podem exigir a coleta de formulários de dados que você nunca usou antes. Por exemplo, o corpo docente em uma escola pode decidir que sua questão prioritária é: "Quão bem nossos alunos estão em tarefas envolvendo falar em público e manifestar habilidades de apresentação?". Essa questão prioritária não se presta bem a avaliações padronizadas de caneta e papel ou baseadas em computador. Entretanto, é um caminho muito válido para a investigação e se alinha com a necessidade de que os estudantes desenvolvam as habilidades de comunicação complexas de que precisarão para ter sucesso em uma economia baseada em conhecimento. Investigar esse tipo de questão prioritária pode exigir que seu corpo docente trabalhe em conjunto para desenvolver um entendimento e uma linguagem comuns sobre o que são de fato habilidades de fala e apresentação de alta qualidade, e o que os professores e alunos podem considerar como evidência de sucesso. Em seguida, o corpo docente poderia colaborativamente projetar avaliações baseadas em desempenho, como uma série de apresentações que todos os alunos farão em diferentes níveis escolares e assuntos. O corpo docente também pode criar critérios para uma rubrica comum que os professores usarão ao avaliar a proficiência do aluno na fala e na apresentação, e um processo para documentar o *feedback* escrito para os alunos. Discutir, gerar e examinar várias formas de dados ajuda a dissipar a noção de que os dados ricos só podem ser obtidos em um relatório de escores.

5

Examinar o ensino

Elizabeth A. City
Melissa Kagle
Mark B. Teoh

A CHEFE DO DEPARTAMENTO DE MATEMÁTICA DA FRANKLIN HIGH SCHOOL MALLORY Golden começou a reunião reconhecendo o trabalho do departamento: "Bem, fizemos um grande progresso até aqui. Decidimos que o nosso problema centrado no aprendiz é que os alunos não são capazes de resolver problemas de múltiplas etapas muito bem. Agora, nosso próximo passo é entender por que eles estão tendo tanta dificuldade com problemas de múltiplas etapas".

"Será que vamos realmente falar sobre isso em mais uma reunião?", interrompeu Eddie. "Tudo o que fazemos é falar. Os alunos vão se sair mal no teste estadual outra vez enquanto estamos aqui sentados e conversando."

"Eu ouvi você", respondeu Mallory. "Mas a minha pergunta é esta: O que está acontecendo – ou não – em nosso ensino que está levando nossos alunos a terem dificuldades com problemas de múltiplas etapas?"

"Olha, não é que não estejamos ensinando problemas de múltiplas etapas", respondeu Eddie. "Há problemas deste tipo em cada livro que uso, para não mencionar o teste estadual. Ajudaria se as crianças fizessem sua lição de casa e viessem preparadas para a aula, mas eu não vejo isso acontecendo tão cedo, então darei a elas mais problemas de múltiplas etapas para trabalhar em aula."

Os educadores estão constantemente resolvendo problemas. Esses problemas variam de simples (um estudante não tem um lápis) a complexos (um estudante não compreende uma tarefa ou dois estudantes não estão se dando bem um com o outro). Para gerenciar o fluxo constante de problemas, tendemos a pular direto para as soluções. No entanto, vários problemas que enfrentamos são muito complicados para que possamos resolvê-los rapidamente por conta própria.

O problema centrado no aprendiz que você articulou mergulhando nos dados é um problema complicado – se fosse fácil, teria sido resolvido imediatamente. Para resolvê-lo, você precisa entender suas dimensões de ensino também. Embora muitos fatores fora da escola influenciem a aprendizagem das crianças, estes estão fora do alcance da maioria dos professores. O que os educadores podem controlar é o ensino. O ensino, portanto, será o foco do plano de ação. Você precisa de um processo que permita que os professores assumam a responsabilidade pela resolução do problema, em vez de se afastarem dele porque sentem que não é problema deles, que não podem fazer nada sobre isso de qualquer maneira, ou que estão sendo responsabilizados por ele.

Para fazer isso, você reestrutura o problema centrado no aprendiz como um "problema de prática" que, se resolvido, significará o progresso em direção a seus objetivos maiores para os alunos.[1] O problema de prática:

- Está diretamente relacionado ao problema centrado no aprendiz.
- Baseia-se em evidências encontradas ao examinar o ensino.
- Está sob o controle da escola.
- É uma afirmação sobre a prática, e não um questionamento.
- É específico e curto.

Identificar o problema de prática ajuda não somente a estabelecer fundamentos importantes para a ação futura, mas também economiza tempo. Mesmo que pareça uma coisa a mais para se fazer, lembre-se de que este investimento provavelmente irá poupá-lo de passar meses ou anos em algo que não vai funcionar porque não aborda o problema real da prática que está no centro das dificuldades de aprendizagem do estudante.

Quatro tarefas principais irão ajudá-lo a examinar o ensino e articular um problema de prática:

1. **CONECTAR APRENDIZAGEM E ENSINO:** com este problema particular centrado no aprendiz, como é que o ensino tem um impacto sobre o que os alunos aprendem?

1 Agradecemos ao professor Richard Elmore da Harvard Graduate School of Education pelas diversas conversas sobre problemas de prática e o que eles significam para examinar e melhorar o ensino.

2. **DESENVOLVER A HABILIDADE DE OBSERVAR A PRÁTICA:** como nós olhamos os dados de ensino?
3. **DESENVOLVER UMA COMPREENSÃO COMPARTILHADA DA PRÁTICA EFETIVA:** o que significa realizar um ensino efetivo em relação ao nosso problema centrado no aprendiz e o que o torna efetivo?
4. **ANALISAR A PRÁTICA ATUAL:** o que está realmente acontecendo na sala de aula em termos do problema centrado no aprendiz e como isso se relaciona com nossa compreensão da prática efetiva?

Tendo em vista que a aprendizagem e o ensino estão tão entrelaçados, você já pode ter concluído parcialmente uma ou mais dessas tarefas quando sua escola estava mergulhando nos dados. Embora as escolas que são novas no processo de melhoria possam achar mais fácil prosseguir ao longo dessas tarefas na sequência anterior, muitas escolas acham que examinar o ensino envolve realizar essas ações mais ou menos simultaneamente. Mais importante do que a ordem em que as tarefas são feitas é a necessidade de que todas elas sejam abordadas.

CONECTE APRENDIZAGEM E ENSINO

Mallory continuou a reunião do departamento de matemática pedindo que os professores usassem sua experiência na sala de aula para fazer um levantamento de hipóteses sobre por que razão os alunos da Franklin estavam tendo dificuldades com problemas de múltiplas etapas. Os professores escreveram suas respostas em notas adesivas:

Os alunos não chegam ao ensino médio adequadamente preparados para problemas complexos.

Os alunos não são capazes de pensar abstratamente.

Os alunos desistem quando o problema é difícil.

O vocabulário nos testes estaduais de matemática é desconhecido dos estudantes.

Os alunos têm fobia a números – eles acreditam que não são capazes de lidar com matemática.

Os alunos não estão familiarizados com o formato do teste estadual.

Os alunos têm muitas questões sociais e emocionais.

Os alunos estão trabalhando depois da escola e não fazem suas lições de casa.

O primeiro passo para articular um problema de prática é estabelecer uma ligação entre aprendizagem e ensino. Isso pode soar surpreendente, uma vez que presumivelmente não seríamos professores se não pensássemos que nossos esforços importam para o aprendizado. Contudo, no contexto das políticas de prestação de contas e das pressões do dia a dia da escola, pode ser fácil esquecer que o ensino faz a diferença na aprendizagem dos alunos. Se os professores não acreditam fundamentalmente nisso, então vai ser difícil convencê-los a mudar sua maneira de ensinar.

Conectar a aprendizagem e o ensino também é ajudar os professores a assumir a responsabilidade pela aprendizagem dos alunos. "Responsabilidade" não significa "é minha culpa"; significa "Eu posso e farei algo sobre o problema centrado no aprendiz". Maus resultados nos testes e pressões externas podem levar os educadores a direcionar a responsabilidade para os outros por meio de acusações e culpa. No entanto, para os educadores escolares, o foco principal tem que ser sobre o que está sob o nosso controle dentro da escola. Esta não é uma tarefa fácil. Apesar de seu trabalho duro, os professores não costumam ver grandes melhorias nos testes estaduais, e eles não acreditam que é possível trabalhar mais. Eles veem grandes problemas que afetam a aprendizagem dos alunos que não podem corrigir prontamente, como baixa condição socioeconômica, experiências de aprendizagem anteriores e educação dos pais. Mesmo assim, o líder da escola deve manter a conversa focada no que os professores podem fazer dentro da sala de aula.

O que podemos fazer é ensinar bem. Para melhorar a qualidade do ensino em uma escola, os líderes devem guiar a conversa sobre o problema de aprendizagem não para o patamar do que os *alunos* podem ou não podem fazer, mas para o que os *professores* estão ou não estão fazendo. Além disso, os líderes escolares têm de ajudar os professores a conectar a aprendizagem e o ensino de uma forma que não os torne defensivos, mas que os faça pensar sobre a sua própria prática. Ao planejar oportunidades para que os professores conectem a aprendizagem e o ensino, considere estes pontos:

- Como você vai direcionar a conversa de "alunos" (ou "pais" ou "comunidade", etc.) para "professores"?
- Como você vai enquadrar o trabalho como uma oportunidade para melhorar o ensino, e não como uma falha (proatividade *versus* reatividade)?

- Como você vai ajudar os professores a ter um questionamento em vez de uma postura defensiva?
- Como você reforçará uma convicção coletiva de que o ensino é importante para a aprendizagem?

Muitos líderes escolares com os quais trabalhamos usam protocolos estruturados para abordar essas questões e tornar a conversa mais segura e próxima do ensino para os professores. Na Franklin High School, Mallory usou o Protocolo de Afinidade (ver Protocolos Selecionados no final do livro) para que os professores levantassem hipóteses sobre o problema centrado no aprendiz. Depois que Mallory viu que a maioria das notas adesivas dos professores começavam com "Os alunos", ela incentivou os professores a considerarem outras razões para as dificuldades dos alunos com problemas de múltiplas etapas, tentando começar algumas ideias com "Eu" ou "Os professores". As respostas dos professores incluíram:

Há muita matemática para ensinar em um ano – não podemos perder tempo com problemas longos.	Os pais não sabem matemática, então não podem ajudar os filhos.	Os professores passam a maior parte do tempo aplicando fórmulas, não em problemas complexos.	Eu coloco problemas de múltiplas etapas no final das provas e eles são seguidamente pulados.
Eu não ensino, de fato, estratégias para resolver problemas de múltiplas etapas.	Os professores passam tempo demais palestrando para os alunos e fazendo todo o trabalho.	Os alunos não praticam sozinhos o suficiente.	O livro de matemática não traz um número suficiente de problemas de múltiplas etapas para praticar, e eu não tenho tempo para encontrar outros.

Embora muitas de suas notas adesivas ainda não tivessem se concentrado especificamente nos professores, quando organizaram todas elas em categorias, eles rotularam as categorias como "Currículo", "Ensino" e "Motivação/expectativas", acrescentando uma categoria de "Estacionamento" para os fatos sobre os quais não tinham controle. O processo de trabalho utilizando o protocolo ajudou os professores a decidir que ideias como "Os alunos não são capazes de pensar abstratamente" devem estar na categoria de "Ensino", mesmo que eles não tivessem pensado nisso dessa forma originalmente. As categorias, que se concentram no que os professores estão fazendo, em vez de nos alunos, refletiram a compreensão evolutiva do corpo docente sobre seu papel na aprendizagem dos alunos. Temos visto muitas escolas usando o Protocolo de Afinidade de forma bem-sucedida porque é um processo anônimo (que deixa os participantes escreverem coisas que eles poderiam não dizer em voz alta), que nivela o uso da fala (redirecionando, assim, o potencial de uma pessoa para dominar ou para que todos esperem para ver o que o diretor vai dizer) e que é divertido (as pessoas apreciam a experiência mão-na-massa de usar notas adesivas e de movê-las ao redor da sala, em vez de apenas sentar e falar).

Outras escolas usam um processo de perguntar "por quê?" repetidamente para "descascar" as camadas do problema de aprendizagem. Os professores começam com o seu problema centrado no aprendiz e, em seguida, perguntam por que têm esse problema. Para cada resposta gerada, perguntam por que novamente, e repetem esse processo várias vezes. Um diagrama de "por que–por que–por que" de uma escola de anos finais do ensino fundamental sobre seus alunos de educação especial que não estavam avançando em questões de matemática além da primeira etapa é mostrado na Figura 5.1.[2]

A etapa inicial de conectar a aprendizagem e o ensino não precisa demorar muito tempo – a maioria das escolas que conhecemos dedica apenas uma reunião a ela. Entretanto, as escolas estabelecem as bases para um exame mais atento da prática concentrando sua atenção diretamente no núcleo de ensino, que é definido como a interação entre professores, alunos e conteúdo.[3] Os dados utilizados nos protocolos anteriores são os da própria experiência dos professores, incluindo suas suposições e crenças. Este é um bom lugar por onde começar porque estes tipos de dados são facilmente acessíveis e influenciam a forma como os professores abordam o problema de prática. No entanto, para entender de fato o problema de prática, você terá que se aproximar do que realmente acontece nas salas de aula.

---

2 Este diagrama de "por quê–por quê–por quê" é da Thomas A. Edison Middle School in Boston, Massachusetts. Agradecemos a Edison School pela permissão de incluir um exemplo de seu trabalho de melhoria neste capítulo.

3 Aprendemos este conceito do núcleo de ensino com Richard Elmore. Para uma melhor compreensão da ideia, veja o texto: ELMORE, R. F. Getting to scale with good educational practice. *In:* ELMORE, R. F. *School reform from the inside out: policy, practice, and performance.* Cambridge: Harvard Education, 2004.

Figura 5.1 Por quê–por quê–por quê – Subgrupo educação especial – Matemática.

DESENVOLVA A HABILIDADE DE OBSERVAR A PRÁTICA

Na Clark K-8 School, os professores passaram as semanas anteriores fazendo observações entre pares, com cada professor visitando um colega. Em reuniões de equipe, os professores compartilharam o que tinham visto.

"Gostei de visitar a sala de aula de Anita. Vi estudantes que estavam realmente engajados", começou Kristina, uma professora de 3º ano.

"Isso acontecia na sala de aula de Jae, também", disse Vivian, uma professora de 4º ano. "Os alunos estavam bem-comportados, trabalharam bem em grupos e pareciam que estavam realmente concentrados na tarefa."

"Bom", respondeu Sandy, a diretora. "O engajamento é importante. A pergunta seguinte é: que evidência você viu de que os estudantes estiveram engajados e dentro de qual tarefa isso ocorria?"

Examinar o ensino é um empreendimento complexo. Há muitas fontes potenciais de evidência para explorar, variando de produções (como trabalhos ou avaliações), a relatórios pessoais (como pesquisas ou entrevistas de professores), a observações (pessoalmente ou via vídeo). Ao pesar essa evidência, os educadores precisam ser capazes de reconhecer, entender e descrever o que estão vendo. Isso não é tão fácil quanto parece, sobretudo quando a evidência em consideração é prática de sala de aula real.

Entendendo os elementos-chave de observação da prática

A maioria dos professores não teve muita experiência em examinar o ensino, ou seja, eles não têm nem as habilidades para descrever o ensino de uma forma refinada, baseada em evidências, nem a cultura escolar em que a prática de observação se mostra favorável, e não uma ameaça. Se você mergulhar diretamente na observação do ensino sem desenvolver habilidades para fazê-lo, vai acabar em uma conversa inundada de elogios e generalidades, como "os alunos estão engajados" e "a lição foi bem planejada". Um dos diretores que conhecemos chama isso de "conversa feliz" – nossa tendência como educadores de sermos excessivamente agradáveis com os colegas, sobretudo quando estamos apenas começando a examinar a prática. Embora muitas vezes seja útil apontar o que está funcionando bem, esse nível de generalidade e abstração não é suficiente para nos ajudar a entender como nosso ensino se conecta à aprendizagem na sala de aula.

Desenvolver habilidades para examinar a prática leva tempo e demanda determinação obstinada. Em resposta ao *feedback* consistente dos educadores que acham este trabalho particularmente desafiador, a equipe do Projeto Data Wise desenvolveu um livro chamado *Key elements of observing practice: a Data Wise DVD and facilitator's guide*. Este recurso oferece um conjunto de ferramentas com o objetivo de desenvolver a capacidade dos professores de observar a prática, incluindo vídeos, agendas, protocolos e folhetos para apoiar o desenvolvimento profissional sobre este tema. A mensagem principal é que a observação da prática é mais eficaz quando incorporada em um protocolo formal. O formato específico do protocolo é menos importante do que o fato de ele ser projetado para dar apoio a uma conversa em andamento, com base em evidências, sobre o que se aproxima da prática. Em particular, descobrimos que protocolos efetivos contêm cinco elementos-chave, e quando o propósito da observação é identificar um problema de prática, os elementos envolvem as seguintes tarefas:

ELEMENTO-CHAVE	TAREFAS ASSOCIADAS A ESSE ELEMENTO *(QUANDO O PROPÓSITO DA OBSERVAÇÃO É IDENTIFICAR UM PROBLEMA DE PRÁTICA)*
FOCO	Revisar o problema centrado no aprendiz, fornecer o contexto para a(s) aula(s) a ser(em) observada(s), discutir como os observadores vão focar sua atenção durante a observação.
OBSERVAÇÃO	Ver uma ou mais salas de aula, tomando notas que capturem detalhes sobre o que os professores e alunos estão falando e fazendo e que tarefas os estudantes estão sendo solicitados a desenvolver e completar.
FEEDBACK	Discutir o ensino e a aprendizagem observada usando descrições (não inferências ou julgamentos) e entrar em acordo sobre os próximos passos.
AJUSTE	Levar adiante os próximos passos acordados durante o *feedback*.
ACOMPANHAMENTO	Discutir o que foi aprendido durante o ajuste e planejar o trabalho futuro.

Ao fechamento de uma observação, é importante que os professores possam descrever o que veem usando o vocabulário preciso, compartilhado. Por exemplo, um professor que não teve muita prática analisando o ensino pode observar um professor introduzindo um novo conceito de matemática e responder com o comentário "Notei que os alunos parecem confusos". "Confuso", assim como "engajado", pode significar muitas coisas para professores diferentes. Em contrapartida, uma observação mais precisa pode ser "Notei que vários alunos não começaram a tarefa imediatamente. Um aluno estava olhando para os outros alunos. Dois alunos estavam conversando um com o outro enquanto olhavam para a tarefa, e quatro alunos levantaram as mãos depois que o professor deu instruções para a atividade". Cultivar o hábito de manter um foco implacável em evidências ajuda a construir o vocabulário preciso e compartilhado que permitirá que você identifique um problema de prática que seja significativo.

Cultivar o hábito da colaboração intencional também é essencial. É mais poderoso observar e analisar a prática colaborativamente porque cada pessoa traz seu próprio conjunto de crenças e suposições para a observação. Ouvir as respostas dos outros para a mesma aula ajuda a desafiar suposições individuais, permite que todos observem coisas diferentes e vejam as mesmas coisas de uma maneira nova, e leva a uma melhor compreensão da prática observada. Para que a colaboração seja produtiva e segura, sua equipe precisará aderir às normas que você definiu ao organizar-se para o trabalho colaborativo (ver Cap. 1) e talvez revisitar e expandir essas regras básicas para discussão, de modo que discutir abertamente o ensino seja possível. Uma norma importante que muitas equipes têm é a confidencialidade, ou seja, o que é discutido sobre uma observação não será compartilhado fora do grupo que está fazendo a análise.

Aprendendo a ver

Para desenvolver as habilidades de observação da prática, você não precisa pular diretamente para o momento em que os professores observam uns aos outros. As escolas com as quais trabalhamos costumam começar fazendo os professores assistirem a vídeos de ensino de fora da escola (como os vídeos disponíveis no DVD dos elementos-chave recém-mencionados). Observar e discutir a prática de professores que eles não conhecem dá aos professores a oportunidade de construir as habilidades necessárias para conversas seguras e perspicazes sobre a prática. Uma diretora que conhecemos chamou isso de "aprender a ver". Ela deu tempo aos professores para assistir a vídeos e tomar nota do que viam. Ela modelou a atividade usando uma linguagem como "Eu notei que...", "Eu vi isso..." e "Eu ouvi isso..." com exemplos do que viu e ouviu. Com seus lembretes persistentes para citar evidências em vez de fazer julgamentos, os professores desenvolveram o hábito dessa conversa e, em seguida, usaram essa habilidade para examinar sua própria prática quando se observaram ensinando.

Também vimos equipes desenvolverem essas habilidades quando uma alma corajosa, como um professor ou assessor pedagógico, se voluntariou para que outros professores observassem sua aula. Os membros do grupo discutiram suas observações, praticando o uso de evidências, vocabulário preciso e normas. Pode ser especialmente convincente quando o líder da escola se voluntaria para que os professores observem e discutam sua forma de ensinar, abrindo assim sua própria prática para o corpo docente examinar.

Esta etapa da atividade de "aprender a ver" concentra-se em descrição, e não em avaliação. A distinção é importante porque nossos julgamentos normativos tendem a obscurecer nossa capacidade de ver o que está acontecendo – por exemplo, os alunos parecem "engajados", o que achamos ser bom, mas, quando olhamos realmente no que eles estão "engajados", vemos que estão fazendo o trabalho que é de várias séries abaixo de onde deveriam estar. No entanto, há limites para o que a descrição pode fazer.

DESENVOLVA UMA COMPREENSÃO COMPARTILHADA DA PRÁTICA EFETIVA

Na Clark, uma professora do 7º ano se voluntariou para que os colegas a observassem ensinando o conceito de inferência. Na reunião seguinte do corpo docente, os professores discutiram o que haviam visto e estavam pensando sobre o tema.

"As crianças estavam fazendo inferências por meio de dramatização", disse Vivian, uma professora de 4º ano. "Primeiro, elas estavam pegando falas de interações diárias, como 'Eu estou bem' ou 'Desculpe-me', e dizendo essas falas de várias maneiras diferentes; depois, o restante da turma foi adivinhar – ou inferir – o que elas estavam realmente pensando quando diziam aquelas falas. Um aluno disse 'Desculpe-me' como se estivesse de fato envergonhado, mas outro disse como se estivesse na verdade irritado. Em seguida, eles passaram a ler as falas do livro *Sonho de uma noite de verão* e trabalharam em dizê-las com o significado que era apropriado, com base no texto."

"Foi ótimo, mas espero que existam outras maneiras de ensinar inferência – eu simplesmente não sou do tipo de trabalhar com dramatização e não consigo me ver usando Shakespeare com o 3º ano", disse Kristina, referindo-se aos seus alunos. "Temos outras ideias sobre como ensinar inferências?"

Um passo crítico na articulação de um problema de prática é desenvolver uma compreensão compartilhada de ensino que efetivamente abordará o problema centrado no aprendiz que você identificou. Você precisa de uma visão para o significado do que é um ensino eficaz para que assim possa avaliar se o que está fazendo agora se encaixa ou não nessa visão. O problema da prática está na lacuna entre a prática atual e a prática efetiva para abordar o problema centrado no aprendiz. Se uma compreensão da prática efetiva para abordar o problema já existisse entre o seu corpo docente, você provavelmente não teria o problema centrado no aprendiz, visto que os professores saberiam como ensinar com sucesso inferências ou resolver problemas de múltiplas etapas, ou qualquer que seja o seu problema centrado no aprendiz. Assim, desenvolver o conhecimento dos professores é importante para articular o problema de prática. O corpo docente continuará a desenvolver e refinar sua compreensão de prática efetiva à medida que desenvolve o plano de ação, implementa o plano e avalia o progresso, mas é importante estabelecer as bases nesta fase. Sem uma visão do que é possível, limitamos nossas expectativas e metas para abordar o problema centrado no aprendiz, bem como nossa capacidade de examinar nossa própria prática com um olhar informado.

Baseando-se em recursos internos

Ao desenvolver uma compreensão compartilhada da prática efetiva, a questão essencial é: Com base nos dados dos alunos e professores, como seria esse ensino que aborda o problema centrado no aprendiz? Para responder a essa pergunta, as escolas podem olhar internamente para o ensino em seus próprios colégios e olhar externamente para outros praticantes ou pesquisas. Olhar internamente tem vantagens: valoriza o trabalho dos professores da própria escola, o que pode construir um senso de confiança e competência, e a prática é muito específica para esse contexto, exigindo assim menos tradução ou adaptação do que uma prática externa. Olhar internamente também tem desvantagens potenciais: o escopo das ideias pode ser estreito porque não temos todas as respostas; o destaque em particular de alguns professores como exemplos de "prática efetiva" pode promover um senso de concorrência ou comparação entre os professores; e nossas suposições sobre o que é possível podem ser limitadas. Uma escola que opte por usar exemplos de prática efetiva de dentro da escola pode atenuar essas armadilhas de várias maneiras. Em primeiro lugar, introduzindo uma gama mais ampla de práticas, trazendo recursos externos, como artigos de revistas que abordem o problema centrado no aprendiz. Em segundo lugar, envolvendo todo o pessoal na identificação de uma prática eficaz para reduzir os sentimentos de concorrência. E, em terceiro lugar, facilitando as conversas com cuidado para fazer os professores pensarem de maneira mais ampla sobre a prática.

Ao olhar internamente para o desenvolvimento de ideias de práticas eficazes, a chave é basear a discussão em evidências. Conhecemos muitas escolas onde os professores compartilham estratégias de ensino que chamam de "melhores práticas". Esta é uma maneira importante de desenvolver o conhecimento de forma simples, mas muitas vezes é desconectada dos dados e do problema centrado no aprendiz. Algumas escolas com as quais trabalhamos abordam isso convidando os professores a compartilharem práticas relacionadas ao problema centrado no aprendiz e a apoiar a crença de que essas são "melhores" práticas com evidências de aprendizado do aluno. Nessas escolas, os professores usam o seguinte protocolo: "Esta é uma 'melhor prática' porque, quando fiz isso, o aprendizado desejado se parecia com isso". Em seguida, eles apresentam sua estratégia de ensino e evidências do trabalho do aluno. Conectar as práticas recomendadas aos dados atende a várias finalidades: aumenta a probabilidade de que a prática seja efetiva e não simplesmente agradável; reforça a disciplina de basear todas as conversas sobre ensino e aprendizagem em evidências, em vez de generalidades ou suposições; é mais persuasivo – os professores são mais propensos a tentar algo para o qual há evidências de que funciona; e reforça a conexão entre aprendizagem e ensino.

Baseando-se em recursos externos

Na Franklin, Sasha, o professor líder de matemática, mostrou os vídeos do departamento de matemática de álgebra com aulas do Japão, da Alemanha e dos Estados Unidos do TIMSS (Trends in International Math and Science Study).

"Bem, claro, seria ótimo se nossas aulas se parecessem com o modelo japonês, mas nossas salas de aula na verdade são diferentes", disse Eddie. "Antes de tudo, estamos lidando com uma população bem mais diversificada do que a dos professores japoneses. Em segundo lugar, tentei essa abordagem de colocar um problema no quadro com alunos tentando resolvê-lo, mas isso simplesmente não funciona. Alguns deles nem sequer começam e apenas conversam com os colegas ao lado. Outros tentam iniciá-lo, mas depois param assim que se sentem presos no problema. Se eu não os ajudo em cada etapa da questão, eles simplesmente desistem."

"O que você vê nesses vídeos que se relaciona com o artigo que lhe passei sobre as diferenças na prática de ensino em todos os países em diferentes níveis de desempenho em testes de matemática internacional?", perguntou Sasha.

"O artigo disse que os países no meio do bolo, como os Estados Unidos e a Alemanha, tendem a gastar muito tempo de aula na revisão das lições de casa e na aplicação de fórmulas. Nós definitivamente vimos isso no vídeo", disse Mallory.

"O artigo também disse que os países com escores mais altos, como o Japão, fazem os alunos desenvolver alguma compreensão da teoria por trás de uma operação, em vez de apenas aplicar uma fórmula. E havia o trecho do artigo sobre amplitude *versus* profundidade – os livros-texto dos Estados Unidos são muito mais grossos do que os livros didáticos japoneses e coreanos e cobrem muito mais conceitos. Vimos algumas dessas coisas. Na sala de aula dos Estados Unidos, os alunos estavam fazendo muitos problemas que se desdobravam em vários conceitos matemáticos diferentes, enquanto na sala de aula japonesa os alunos fizeram dois problemas no período de aula, ambos sobre os mesmos conceitos matemáticos."

"Ok", disse Eddie. "Como disse, eu adoraria ensinar exatamente como aqueles professores japoneses. Mas como isso funcionaria na Franklin?"

Nas escolas, os recursos internos muitas vezes não são adequados para o desenvolvimento de uma compreensão compartilhada da prática efetiva relacionada ao problema centrado no aprendiz. É neste momento em que os líderes escolares devem usar recursos externos para propagar a conversa sobre a prática efetiva e construir o conhecimento dos professores. Você pode ir à fonte, visitando outra escola ou participando de uma conferência profissional, ou pode trazê-la para dentro, aprendendo de consultores ou revisando pesquisas. Olhar para recursos externos tem suas próprias vantagens e desvantagens. Algumas vantagens incluem trazer uma gama de ideias e conhecimentos que estão além dos seus recursos pessoais, facilitando uma conversa "objetiva". Muitos líderes escolares que conhecemos trazem artigos e vídeos para iniciar conversas com seu corpo docente, o que ajuda os professores a obter uma perspectiva sobre sua própria prática e falar sobre prática efetiva. Os recursos externos também podem desafiar suposições sobre o que é possível, mostrando evidências de outros praticantes que têm sucesso onde não temos; fornecer acesso a ideias que tenham sido potencialmente testadas de forma mais sistemática ou por um longo período de tempo (p. ex., pesquisa); e ajudar a triangular os palpites e experiências de boas práticas com ideias externas.

O uso de recursos externos também traz potenciais desvantagens. Para alguns professores, os recursos externos desafiam seu profissionalismo e sugerem que eles não são bons professores ou não sabem o que é um ensino de qualidade. Há também o problema do "Mas eles são diferentes! Isso não funcionaria aqui!", como exemplificado pelo professor de matemática Eddie da Franklin High School. Neste cenário, os educadores assumem que, independentemente do sucesso que o recurso externo tenha, ele não ocorrerá quando aplicado à sua própria realidade. Com recursos externos, nem sempre fica claro quais elementos são essenciais e quais podem ser adaptados (ou como) para outro contexto.

Adotar uma postura de investigação, na qual qualquer recurso – interno ou externo – é questionado e investigado, dá conta dessas desvantagens. A investigação é essencial no desenvolvimento de uma compreensão compartilhada da prática eficaz, porque você quer que todos entendam não apenas como deve ser a prática eficaz para o problema centrado no aprendiz, mas por que razão ela é eficaz. No exemplo da Clark sobre o uso de Shakespeare para ensinar inferências, os professores precisam ir além de simplesmente decidir que a dramatização é uma boa ferramenta para o ensino de inferências, para saber por que a dramatização parece ser eficaz. É porque os alunos têm a oportunidade de usar pistas não textuais, como linguagem corporal e entonação, para interpretar o texto? Ou talvez porque o texto de Shakespeare é tão difícil que os alunos têm de descobrir maneiras de dar sentido a isso? Ou é por causa dos tipos de perguntas que o professor fez? Da mesma forma, no exemplo da Franklin, a prática do professor de matemática japonês é eficaz porque ele está ajudando os alunos a entenderem teoria em vez de aplicar uma fórmula, já que ele permite que os alunos resolvam o problema de diferentes maneiras, ou porque ele está ensinando com mais profundidade e cobrindo menos conteúdo? À medida que os professores perguntarem e responderem essas perguntas, eles formarão uma visão de prática efetiva que pode se adaptar para servir ao seu próprio contexto. Esta profundidade de entendimento apoiará tanto a sua análise da prática como a sua implementação posterior no processo de melhoria.

Algumas escolas formam grupos de investigação em que os professores formulam uma pergunta sobre o ensino relacionado ao seu problema centrado no aprendiz e, em seguida, investigam os recursos para ajudá-los a responder à pergunta. Na Clark, os professores perguntaram sobre Pensamento em Voz Alta, o processo pelo qual os professores tornam seu próprio pensamento explícito para os alunos na forma como eles modelaram uma estratégia ou habilidade, como fazer inferências.[4] Em uma escola de ensino médio, os professores queriam saber como ajudar seus alunos que estavam vários anos abaixo da média da turma em leitura a "alcançarem seus colegas". Eles estavam particularmente interessados em estratégias que fossem eficazes e apropriadas à idade para seus alunos, e ninguém do corpo docente sabia o que fazer. Os professores formaram um grupo de investigação no qual encontraram, leram e discutiram vários artigos e livros sobre o assunto. Depois de uma longa discussão, eles geraram uma lista de práticas eficazes para ajudar os alunos significativamente no tema da leitura.

Muitas vezes é útil recorrer tanto a recursos internos quanto externos. Algumas pessoas são mais persuadidas pela investigação, outras pelo sucesso de um colega, enquanto algumas precisam ver a eficácia de uma prática para ao mesmo tempo acreditarem nela e compreendê-la. Com frequência, precisamos de uma combinação de pesquisa, práticas e experiência para desenvolver nossa compreensão da prática efetiva. Em uma escola de ensino fundamental, o corpo docente pensou que o ensino diferenciado podia ser uma boa estratégia para atender às necessidades de vários estudantes, mas não soube qual seria o formato disso. Eles leram artigos, assistiram a vídeos, ouviram seus professores de educação especial descrevendo sua prática e discutiram todas essas ideias para desenvolver um entendimento comum de ensino diferenciado e como aplicá-lo em seu contexto particular.

ANALISE A PRÁTICA ATUAL

Na Franklin, os professores de matemática decidiram concentrar a próxima reunião do corpo docente na exploração de duas questões geradas tanto por seu levantamento de ideias sobre por que os alunos estavam tendo dificuldades com problemas de múltiplas etapas quanto por sua investigação acerca da prática eficaz: (1) Estamos ensinando uma estratégia consistente para resolver problemas de múltiplas etapas? (2) Oferecemos aos alunos tempo de

4 Para uma boa descrição do Pensamento em Voz Alta, veja: SCHOENBACH, R. *et al. Reading for understanding:* a guide to improving reading in middle and high school classrooms. San Francisco: Jossey-Bass, 1999.

prática suficiente com problemas de múltiplas etapas? Agora, eles tinham que decidir como iriam responder a essas perguntas.

Sasha, o professor líder de matemática, sugeriu que eles observassem uns aos outros ensinando para ter uma noção do que estava sendo feito em diferentes salas de aula.

Eddie discordou. "Eu não vou desistir do meu período de planejamento para observar as pessoas ensinando. Preciso do meu tempo de planejamento."

Mallory rebateu: "Bem, o diretor pode conseguir alguns professores substitutos para nos cobrir enquanto fazemos as observações".

"Eu também não quero deixar de dar aula para ir observar outras pessoas. Estou atrasada no meu conteúdo com as crianças. Além disso, nós realmente precisamos ver um ao outro ensinar para responder a essas perguntas? Acho que é seguro dizer que não estamos ensinando uma estratégia consistente para resolver problemas de múltiplas etapas – eu não tenho ideia de como alguém mais poderia ensiná-los. Oferecemos aos alunos tempo de prática suficiente? Bem, não sei o que 'suficiente' significa, mas, aparentemente, não é suficiente, ou então eles estariam se saindo melhor. E dizemos aos alunos que eles podem resolver os problemas se ao menos tentarem."

Para articular um problema de prática, o corpo docente deve ser capaz de descrever o que está acontecendo atualmente na escola, com uma compreensão compartilhada da prática efetiva como ponto de referência. Reunir dados sobre o ensino para examinar o que está acontecendo nas salas de aula ajuda a afastar o rumo da conversa de um jogo de culpa emocional para a identificação das dimensões de ensino de um problema de prática. Assim como podemos pensar que os alunos aprenderam algo até olharmos para o seu trabalho e ver que eles não o fizeram, então, como professores, podemos pensar que nós ensinamos algo até olharmos para o nosso trabalho e ver o contrário.

Como com qualquer esforço de melhoria, ao examinar o ensino, os líderes escolares enfrentam muitas decisões sobre quais dados examinar e como examiná-los. Essas decisões vêm com negociações e dependem fortemente do contexto específico das escolas. Os dados que podem ajudar os educadores em uma escola a entender sua prática de ensino conforme eles se relacionam com seu problema centrado no aprendiz podem não ajudar outra escola em nada, ou pode-se demorar tanto tempo para coletar e analisar as evidências que a energia para o processo de melhoria diminui e nenhuma ação é tomada. Considere estas três perguntas ao tomar decisões sobre como examinar o ensino:

- Que dados irão responder suas perguntas sobre a prática de ensino na sua escola?
- Para o que os professores estão prontos e o que estão dispostos a fazer?
- Quais são os seus recursos, incluindo o tempo?

Que dados irão responder suas perguntas sobre a prática de ensino na sua escola?

Conforme discutido no Capítulo 3, as decisões sobre os dados a serem analisados devem começar com as perguntas. No caso da prática docente, é fundamental formular as perguntas que você tem sobre o que está acontecendo nas salas de aula em termos do problema centrado no aprendiz. Se não o fizer, é provável que colete muitos dados que não vão ajudá-lo. Isso pode desperdiçar seu tempo precioso, assim como a boa vontade para com o envolvimento no processo de melhoria, em particular em torno de algo tão sensível quanto a prática de ensino. As perguntas devem acompanhar sua investigação até este ponto, incluindo a sua compreensão da prática eficaz. Conhecemos uma escola que aborda a descrição da prática atual como uma auditoria de ensino. O corpo docente desenvolve uma lista de questões relacionadas aos fatos que eles esperam ver ensinados efetivamente nas salas de aula, ligadas ao problema centrado no aprendiz, e depois observa uns aos outros ensinando, tomando notas sobre as respostas a essas perguntas. Também vimos que as escolas utilizam a Técnica de Formulação de Perguntas mencionada no Capítulo 3, e vimos que as escolas preenchem um formulário simples, como mostra a Tabela 5.1.

As perguntas determinarão quais são os dados relevantes. Por exemplo, se a fala predominante dos professores é "Eu estou ensinando isso, mas eles simplesmente não estão aprendendo", pode-se questionar se os professores estão de fato ensinando o que "isso" é. Os dados necessários para responder a essa pergunta provavelmente serão revelados ao observar os professores em ação. Se a questão se refere aos tipos de tarefas relacionadas ao problema centrado no aprendiz que pedimos aos alunos, os dados envolvidos podem ser tarefas de lições de casa e atividades, testes e outras avaliações. Se a pergunta é sobre o que os professores *pensam* que estão fazendo, dados úteis

Tabela 5.1 Explorando o problema centrado no aprendiz

Afirmação do problema centrado no aprendiz: ____________________________

POR QUE OS ALUNOS ESTÃO TENDO O PROBLEMA CENTRADO NO APRENDIZ?	QUE QUESTÕES NÓS TEMOS?	QUE DADOS VÃO NOS AJUDAR A RESPONDER NOSSAS PERGUNTAS?

surgiriam ao solicitar que os professores descrevam a sua prática a partir de investigações, grupos focais ou entrevistas.

Uma escola de ensino fundamental que estava investigando a resolução de problemas em matemática reuniu-se em grupos de diferentes séries para tentar entender a experiência dos alunos de menor desempenho com um currículo de matemática que dependia muito da construção, por parte dos alunos, de seu próprio significado sobre conceitos matemáticos. Os professores questionaram se mais estrutura era necessária nas aulas para os estudantes com maiores dificuldades. Se assim fosse, qual seria o melhor método, com o que ele se pareceria e quando eles deveriam apresentá-lo? Depois de compartilhar planos de aula e trabalho dos estudantes, os professores decidiram observar as aulas uns dos outros para obter mais dados sobre o desempenho deste grupo mais necessitado de alunos e o que estava sendo ensinado. Cada professor se arranjou em pares para fazer sua observação antes da próxima reunião. Eles então compartilharam suas observações para determinar padrões de resposta e levantaram ideias sobre os tipos de apoio que seus alunos precisaram, com base nos dados de observação que eles coletaram de seus próprios alunos e colegas.

Outra escola dedicou várias reuniões de equipe para algo chamado tríades. O diretor dividiu a equipe em grupos de três, misturando especialistas e professores de diferentes séries. Cada tríade surgiu com uma questão focada que queria investigar, como uma pergunta sobre o ensino de inferências na leitura. Os professores foram então liberados das reuniões de equipe, a fim de observar seus colegas e coletar dados em resposta à pergunta colocada por seus colegas. Na reunião seguinte, o corpo docente se reuniu em suas tríades para compartilhar dados de observação e refletir sobre o que aprenderam.

Para o que os professores estão prontos e o que estão dispostos a fazer?

O próximo passo é descobrir para que tipos de dados os professores estão prontos e o que estão dispostos a examinar em relação à sua própria prática. Duas perguntas úteis a considerar: Os professores estão acostumados a estar nas salas de aula uns dos outros, com pessoas os assistindo ensinar e discutindo sua prática? Existe uma cultura de investigação onde falar sobre a prática docente é visto como uma oportunidade para melhorar, e não como uma avaliação? Se a resposta a essas perguntas é sim, então todos os dados sobre a prática docente são uma possibilidade, incluindo dados que resultam de observação direta do ensino, como vídeo e visitas de classe. Se a resposta for não, então a observação direta pode ser muito ameaçadora para os professores e eles podem se recusar a fazê-la, ou ser tão gerais em suas observações a ponto de os dados não serem úteis. Neste caso, os dados que dependem de depoimentos de professores, como pesquisas, grupos focais ou entrevistas, podem ser menos ameaçadores, fornecendo informações e começando a acostumar os professores à ideia de examinar sua prática. Se a resposta está em algum lugar entre sim e não, então pode ser apropriado examinar materiais de ensino, como os trabalhos dos estudantes ou dos professores.

Em uma escola de ensino fundamental onde os escores de matemática no teste estadual eram baixos e os professores não estavam confortáveis com a situação de ter alguém os vendo ensinar, a equipe de liderança de ensino elaborou uma pesquisa com base em suas perguntas sobre o que estava acontecendo com a matemática. Os professores da equipe levantaram uma questão especial sobre distribuir e coletar a pesquisa sem o envolvimento do diretor, porque esperavam que os professores respondessem mais honestamente se as perguntas viessem de outros professores. A equipe aprendeu várias coisas importantes quando analisou os resultados da pesquisa: os professores não estavam gastando os 60 minutos por dia que supostamente deveriam ser usados em matemática; os professores em geral não usavam os materiais práticos que faziam parte do currículo; e os professores queriam mais apoio para ensinar bem a matemática.

Em muitas escolas, o costume ou o contrato ditarão a extensão e as diretrizes para a observação em sala de aula. Descobrimos que as escolas que usam perguntas e dados para estabelecer uma cultura de investigação em que os professores são participantes em vez de alvos encontraram maneiras de examinar a prática. Os professores querem saber as respostas às perguntas que eles geraram e, portanto, ficam mais propensos a participar na coleta de dados e examinar sua própria prática.

Quais são os seus recursos, incluindo o tempo?

Finalmente, os recursos – sobretudo o tempo – desempenham um papel na determinação dos dados que você decide examinar. Mais uma vez, duas perguntas: Quanto tempo você tem para coletar e analisar os dados sobre o ensino? Que outros recursos estão à sua disposição? As respostas a essas perguntas influenciam o número de fontes de dados que é possível examinar e quais você escolhe. Se, como na Franklin, você está sob intensa pressão para tomar decisões e tem apenas poucas reuniões disponíveis para examinar o ensino, você pode optar por olhar para os materiais sobre ensino e ouvir depoimentos por meio de um grupo focal. Se, como na Clark, você tem menos urgência e tem possibilidade de agendar reuniões mais regulares, pode escolher um processo mais demorado, como observações de professores e de gestores nas salas de aula. Outros recursos também influenciarão suas escolhas. Você tem alguém que pode coletar os dados e fazer uma análise inicial? Em caso negativo, talvez não queira fazer uma pesquisa, que é rápida para os professores completarem, mas leva tempo para compilar e analisar. Você tem uma maneira de liberar os professores para visitar as salas de aula uns dos outros? Algumas escolas usam combinações de professores substitutos, gestores e professores que têm um período de planejamento para cobrir os professores que visitam as salas de aula dos colegas. Outras escolas têm recursos limitados em termos de tempo e pessoas, mas usam tecnologia para apoiar seus esforços com os dados. Vimos escolas usarem pesquisas eletrônicas e ferramentas de sondagem para fazer um levantamento de seus professores (e também de seus alunos).

Se você é um líder escolar, você é um recurso importante para examinar o ensino porque tem as evidentes vantagens da flexibilidade e do tempo que permitem o exame da prática em toda a sua escola. Embora possa não parecer que você pode entrar em salas de aula tanto quanto gostaria, você não tem a responsabilidade de estar em uma única sala de aula em períodos fixos na maior parte do dia. Assim, você tem a oportunidade de visitar várias salas de aula, participar de diferentes reuniões de série e de área de conteúdo, e ter uma visão mais ampla do que está acontecendo durante o processo de ensino.

Negociações

Com todas essas decisões, há negociações. Se você examinar o ensino mais rapidamente com fontes de dados limitadas, vai começar a projetar e implementar soluções de forma mais rápida, mas pode sacrificar alguma precisão ao formular o problema de prática. Se você tomar o seu tempo e examinar várias fontes de dados, pode ser mais preciso, mas pode perder o senso de urgência e o impulso para a melhoria. Se você é um gestor, pode ter um cronograma mais flexível, mas os professores podem se preocupar que você use alguns dos dados de observação em sua avaliação final. Se você "pisar em ovos" e não for muito duro no nível de conforto dos professores sobre a prática de ensino, pode obter participantes dispostos, mas não no nível de precisão e profundidade que você deseja para o problema de prática. No entanto, se você for muito duro, pode obter resistência quando for implementar soluções. Se você tem algumas pessoas realizando a maior parte do trabalho de examinar o ensino, pode ter o trabalho feito mais rapidamente e em maior profundidade, mas pode não conseguir o nível de compreensão e comprometimento que gostaria de ter do restante dos professores cuja prática você, no final das contas, precisa melhorar. Como líder, você tem de equilibrar suas perguntas, as habilidades de seus professores, sua prontidão e seus recursos, com o objetivo de responder suas perguntas o mais minuciosamente possível no prazo de que dispõe.

Articulando o problema de prática

Uma vez que você tenha conectado aprendizagem e ensino, desenvolvido a habilidade de examinar a prática, desenvolvido uma compreensão compartilhada da prática efetiva e analisado a prática atual em sua escola, você pode articular o problema de prática que será o foco de seus esforços de melhoria. Na Clark, o problema de prática é: "Como professores, não ensinamos a inferência explicitamente, e não ajudamos os alunos a fazer conexões entre as inferências que eles fazem em suas vidas e as inferências que eles precisam fazer com os textos". Na Franklin, o problema de prática é: "Como professores, não ensinamos consistentemente um processo para resolver problemas de múltiplas etapas, e não damos aos alunos oportunidades suficientes para trabalhar com problemas de várias etapas". Depois de articular seu problema de prática, como fizeram as equipes da Clark e da Franklin, sua equipe estará pronta para projetar um plano de ação a fim de abordá-lo.

INTEGRANDO OS HÁBITOS MENTAIS ACE NO PASSO

5 EXAMINAR O ENSINO

A

COMPROMISSO COMPARTILHADO COM **AÇÃO, AVALIAÇÃO E AJUSTES**

O principal produto que você elabora no Passo 5 é o problema de prática. Para que o processo de melhoria seja eficaz, é importante que você formule esse problema de uma forma que o defina – mas não o bloqueie – para a ação. Uma coisa que nos parece efetiva é incentivar os educadores a iniciar o problema de prática com: "Como professores, nós...". Isso ajuda a garantir que o problema está de fato focado nos professores, e que são eles que estão tomando posse do problema. Outra recomendação é ter certeza de que você não pulou diretamente para uma solução em sua afirmação. Fazê-lo pode ser tentador, mas isso significa que você está ignorando a conversa importante sobre a escolha de estratégias de ensino descrita no Capítulo 6. Quando uma equipe nos diz que seu problema de prática é: "Como professores, nós não mostramos exemplos de trabalhos dos alunos no quadro de avisos do lado de fora das nossas salas de aula", pedimos-lhes para fazer uma pausa. Este é realmente o problema de prática, ou isso é uma ideia de como resolver um problema mais fundamental? Reformulando o problema – "Como professores, não fornecemos incentivos para que os alunos façam seu melhor trabalho" –, recaímos em uma questão muito mais profunda. E isso abre a porta para estratégias de ensino muito mais criativas do que a que surgiu em sua afirmação original.

C

COLABORAÇÃO INTENCIONAL

Observar e discutir o ensino é difícil porque vai contra práticas de longa data na educação, em que os professores trabalham atrás de portas fechadas, com observadores em suas salas de aula apenas para fins avaliativos. Como mencionado neste capítulo, uma maneira de diminuir a ansiedade em relação às observações é começar assistindo a vídeos de aulas, em vez de visitar as salas de aula diretamente, para que os professores possam simplesmente praticar tomando notas de observação e descrevendo o que veem. (O *site* do Projeto Data Wise fornece *links* para *sites* disponíveis ao público contendo vídeos de exemplos de ensino.) Praticar com tais vídeos permite que os educadores desenvolvam as habilidades necessárias para observar o ensino em um contexto relativamente neutro. Descobrimos que alguns professores preferem começar a examinar o ensino em sua escola gravando sua própria aula e, em seguida, escolhendo *que parte* do vídeo mostrar e *como* ele deveria ser usado. Um professor pode assistir ao vídeo sozinho e escolher um segmento de cinco ou dez minutos para mostrar aos outros, juntamente com perguntas específicas para fazer ao grupo. Outra sugestão é pensar sobre *quem* está fazendo a captação do vídeo. Incentive os professores a trabalharem com outro professor em quem confiem, ou a filmar a própria aula usando um tripé ou ajustando a câmera em um bom ângulo para capturar toda a sala. Também vale a pena pensar sobre *o que* é gravado. Muitas discussões após a observação concentram-se no que os alunos estavam fazendo, então de modo ideal o vídeo deveria capturar também imagens dos alunos, e não ser centrado exclusivamente no professor. Alguns professores podem achar que isso ajuda a desfazer a impressão de que o vídeo coloca uma lupa sobre eles. A colaboração intencional é sobre construção de confiança. Em nossa experiência, ter colegas para dar outra informação rica e descritiva sobre sua prática pode ser uma estratégia mais poderosa para a construção de confiança do que qualquer atividade de desenvolvimento de equipe feita fora do contexto do ensino.

E

FOCO IMPLACÁVEL EM **EVIDÊNCIAS**

Há algumas maneiras de dar apoio aos colegas para se engajarem em conversas produtivas fundamentadas em evidências da observação das salas de aula. Primeiro, garantir a eficácia de uma conversa *depois* de observar a prática realmente começa com o pensamento sobre a conversa que ocorre *antes* de entrar na sala de aula. Nessa conversa (a qual chamamos de reunião focal no livro *Key elements of observing practice: a Data Wise DVD and facilitator's guide*), o professor anfitrião instiga ativamente os seus colegas a nomear como as evidências coletadas a partir da observação irão ajudar a elucidar sua prática. Então, quando for a hora da reunião de *fechamento*, o objetivo será que os colegas compartilhem a evidência que foram solicitados a coletar.

Outra maneira efetiva de classificar usando as evidências é com o diagrama de quatro quadrantes mostrado na Figura 5.2 durante o Protocolo de Afinidade. Descobrimos que usar esse diagrama e o Protocolo de Afinidade (p. ex., classificando cada nota tomada no quadrante que

OBJETIVIDADE (JULGAMENTAL ↑ ↓ DESCRITIVA)	ESPECÍFICA	GERAL
JULGAMENTAL	**ESPECÍFICA E JULGAMENTAL** "O PROFESSOR LEU ALGO DO LIVRO *OLIVER TWIST*, O QUAL NÃO ERA APROPRIADO PARA O NÍVEL DA TURMA."	**GERAL E JULGAMENTAL** "HAVIA MUITO TEMPO PARA DISCUSSÃO, MAS TEMPO INSUFICIENTE PARA TRABALHO INDIVIDUAL."
DESCRITIVA	**ESPECÍFICA E DESCRITIVA** "O ESTUDANTE 1 PERGUNTOU AO ESTUDANTE 2: 'O QUE É QUE A GENTE PRECISA ESCREVER?' O ESTUDANTE 2 DISSE, 'EU NÃO SEI'."	**GERAL E DESCRITIVA** "O PROFESSOR INTRODUZIU UM EXERCÍCIO DE ESCRITA PARA OS ESTUDANTES."

ESPECÍFICA ← ESPECIFICIDADE → GERAL

Figura 5.2 Matriz de objetividade/especificidade.

Fonte: Adaptada de Massachusetts Department of Elementary & Secondary Education, *Learning Walkthrough Implementation Guide*, Version 1.2, February 2010.

melhor corresponda ao tipo de evidência na nota) mantém os professores produzindo declarações específicas e não normativas, "despersonaliza" a observação de dados e permite que as equipes deem sentido ao que veem. O diagrama fornece orientações sobre o tipo de evidência a ser coletada durante a observação – tanto quanto possível, as evidências devem ser descritivas e específicas, em vez de gerais e com julgamentos. É preciso muita prática antes que a maioria dos educadores sejam bons em fazer anotações específicas e descritivas de uma observação de ensino – mas, no fim, a prática valerá a pena quando você tiver dados ricos e detalhados de cada observação.

SEÇÃO III

Agir

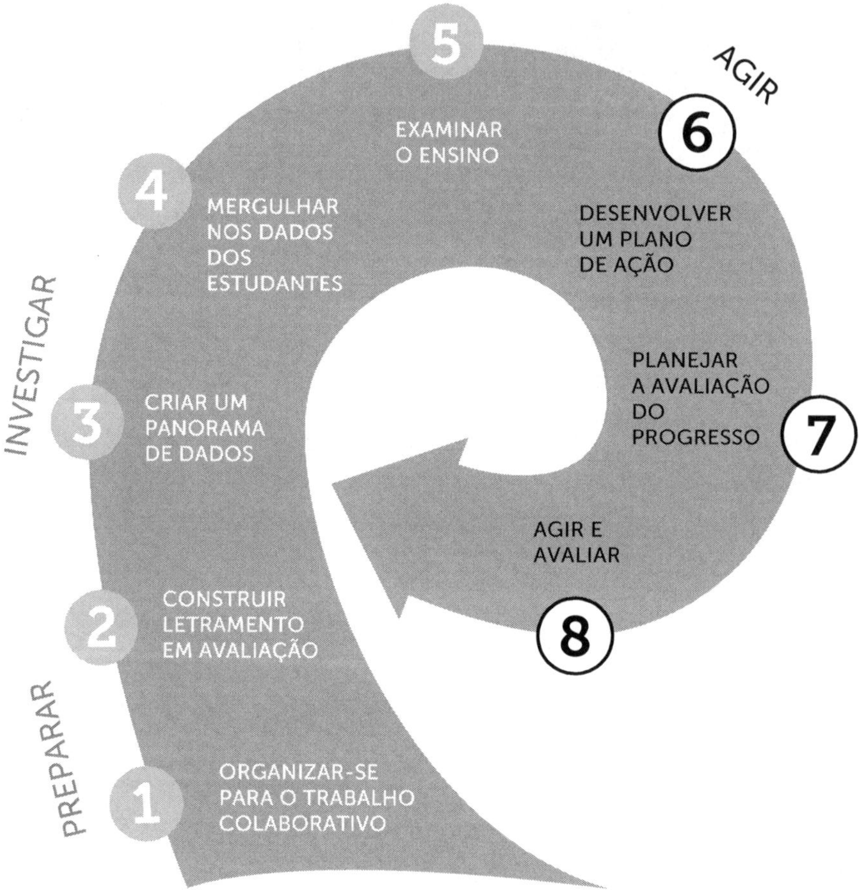
5
AGIR
EXAMINAR
O ENSINO
6
4
MERGULHAR
NOS DADOS
DOS
ESTUDANTES
DESENVOLVER
UM PLANO
DE AÇÃO
INVESTIGAR
PLANEJAR
A AVALIAÇÃO
DO
PROGRESSO
3
CRIAR UM
PANORAMA
DE DADOS
7
AGIR E
AVALIAR
2
CONSTRUIR
LETRAMENTO
EM AVALIAÇÃO
8
PREPARAR
1
ORGANIZAR-SE
PARA O TRABALHO
COLABORATIVO

6 Desenvolver um plano de ação

Tom Buffett
Mark B. Teoh
Gerardo Martinez

A LÍDER DE EQUIPE DE 4º E 5º ANOS DA CLARK K-8 SCHOOL, ANITA SUAREZ, ACHOU difícil interromper a conversa animada de seus colegas. "Na semana passada, usei aquela atividade de eventos atuais sobre a qual lemos", disse Vivian. "As crianças adoraram. Muitas vezes tenho dificuldade em mantê-las interessadas em um exercício de leitura de não ficção, mas desta vez elas estavam realmente atentas nele."

"Bem, eu tentei aquele 'Pensamento em Voz Alta' que a vimos fazer em sua sala de aula", disse Jae a Vivian. "Lembra, quando você projetou aquele poema na tela e, em seguida, foi conduzindo as crianças conforme o que estava acontecendo em sua cabeça enquanto lia? Não sei como você fez parecer tão fácil... Eu só consegui mantê-los atentos por alguns minutos antes que a aula começasse a parecer um monólogo."

Foi encorajador ver os professores experimentando algumas das novas ideias que saíram do trabalho que fizeram juntos. Mas, até agora, os esforços eram individualizados e descoordenados. Como líder de sua equipe, Anita sabia que ela seria responsável por ajudá-los a chegar a um plano coerente para fazer mudanças de ensino juntos. No entanto, ela nunca havia conduzido este tipo de trabalho e se perguntou como poderia canalizar a energia da sua equipe a fim de obter um plano formal a ser colocado no papel.

A equipe de 3º e 4º anos da Clark K-8 School aprofundou seu conhecimento sobre o ensino de leitura efetiva observando os membros da equipe ensinarem, discutindo a literatura profissional sobre o assunto e assistindo e comentando um vídeo relacionado ao ensino de alfabetização. No processo, a equipe identificou algumas estratégias promissoras para ajudar os alunos a aprenderem a fazer inferências baseadas em texto. Tal como Anita na Clark, você pode achar que os professores de sua escola começam a melhorar suas aulas como resultado da participação nesses tipos de atividades.

Entretanto, é importante que haja o comprometimento explícito com uma estratégia ou um conjunto de estratégias para melhorar o ensino, além da redação de um plano de ação formal. A criação de um plano de ação aumentará a clareza e a transparência do seu trabalho. Você pode usar o documento para comunicação dentro de sua escola, bem como entre sua escola e os principais constituintes externos, como famílias, secretaria municipal e organizações parceiras. Ao documentar o pensamento da sua equipe no papel, você cria um processo por meio do qual os membros da equipe podem aumentar e abordar as diferentes subclassificações que se desenvolvem naturalmente ao discutir a prática. E, talvez o mais importante, o planejamento de ações é uma maneira de transformar o que você aprende a partir da análise de uma ampla faixa de dados – desde pontuações em testes estaduais até práticas de ensino atuais – em estratégias concretas para melhorar o que está acontecendo nas salas de aula.

O planejamento de ação bem-sucedido normalmente inclui as quatro tarefas a seguir:

1. **DECIDA SOBRE UMA ESTRATÉGIA DE ENSINO** ou estratégias que resolvam o problema de prática que você identificou a partir de sua análise de dados de alunos e professores. A estratégia de ensino com a qual sua equipe se compromete é o núcleo do plano de ação.

2. **ENTRE EM ACORDO SOBRE COMO SERÁ O SEU PLANO NAS SALAS DE AULA.** Sua equipe pode alcançar uma compreensão compartilhada da estratégia ao descrever cuidadosamente o que os membros da equipe esperam ver professores e alunos fazendo se o plano for bem implementado.

3. **COLOQUE O PLANO POR ESCRITO.** Documentando as funções e responsabilidades dos membros da equipe e especificando as etapas concretas que precisam ocorrer, você constrói a responsabilidade interna para fazer o plano funcionar. Identificar o desenvolvimento profissional que sua equipe precisará e incluí-lo no seu plano de ação permite que os professores saibam que eles serão apoiados durante todo o processo de melhoria do ensino.

4. **DECIDA SOBRE COMO VOCÊ SABERÁ QUE O PLANO ESTÁ FUNCIONANDO.** Antes de implementar seu plano, é importante determinar que tipo de dados de resultados dos alunos você precisará coletar para entender se

os alunos estão de fato aprendendo mais. Como essa tarefa representa uma subavaliação substancial que muitas vezes é negligenciada, discutimos isso como o único tópico do Capítulo 7, "Planejar a avaliação do progresso".

Trabalhar em conjunto para criar um plano de ação de ensino que você irá implementar colaborativamente pode ajudar a construir uma comunidade profissional em sua escola. Mas não é fácil. Este capítulo destaca os aspectos-chave de cada uma das três primeiras tarefas de planejamento de ação recém-listadas e identifica algumas das oportunidades e tensões que podem surgir durante esta fase do processo de melhoria.

DECIDA SOBRE UMA ESTRATÉGIA DE ENSINO

Finalmente soluções! Se você é novo no processo de melhoria recomendado por este livro, pode parecer que teve de trabalhar ao longo de um grande número de passos antes de chegar à tarefa de decidir o que fazer a respeito das dificuldades de aprendizagem dos alunos que você identificou na análise de dados. Agora que você chegou a esta tarefa, no entanto, vale a pena usar o tempo para deliberadamente considerar possíveis soluções: primeiro, esclarecendo o escopo de seu plano; em seguida, levantando uma lista de ideias; e, por fim, decidindo qual delas faz mais sentido implementar.

Esclareça o escopo de seu plano

O escopo do plano que sua equipe desenvolve dependerá da unidade de melhoria que a equipe procura abordar. O termo "unidade", neste caso, refere-se ao grupo que é o assunto de sua melhoria proposta, podendo ser uma área de conteúdo, um nível escolar, todo o colégio ou algum outro agrupamento em sua escola. A unidade que você escolhe depende do escopo do problema de prática. Quando os dados mostram que o problema de prática é consistente em toda a escola, uma solução escolar faz sentido. Por outro lado, quando os dados indicam que o problema de prática é particular a uma área de conteúdo, nível escolar ou grupo de alunos e professores, uma solução mais direcionada será apropriada. Note, contudo, que se a unidade de melhoria que você selecionar for menor do que toda a escola, seu plano de ação deve se adequar ao contexto maior da estratégia de melhoria de sua escola. Em outras palavras, deve haver uma conexão entre o plano de ação da unidade menor e a abordagem geral da sua escola para haver melhoria, de modo que qualquer sucesso que você alcance também sirva a um objetivo escolar maior.[1]

Na Clark K-8 School, a diretora pediu que cada equipe de série criasse seu próprio plano de ação que serviria de base para o objetivo escolar de melhorar o desempenho de leitura dos alunos. Na Franklin High School, o diretor pediu que todo o departamento de matemática trabalhasse em conjunto para desenvolver um plano que seria implementado em todas as aulas de matemática em todos os níveis de série. A equipe de liderança de ensino em uma escola com a qual trabalhamos identificou o problema de prática como o fato de que os professores não estavam ajudando adequadamente os alunos a se tornarem pensadores críticos e aprendizes independentes. Em vez de escolher estratégias escolares que se aplicariam a todas as salas de aula, eles pediram às equipes de alfabetização e de matemática que preparassem seus próprios planos de ação. Cada plano era específico do conteúdo, mas abordava o objetivo escolar de ensinar os alunos a serem pensadores críticos e aprendizes independentes.

Os líderes escolares também devem considerar outros fatores, como a disponibilidade de recursos e a capacidade do corpo docente, ao determinarem o escopo adequado para seus planos de ação. Algumas escolas escolhem fazer um plano escolar porque não têm recursos para auxiliar várias equipes, cada uma perseguindo um plano diferente. Outras escolas realizam um plano de ação piloto com uma única equipe de nível de série ou área de conteúdo a fim de testar o plano antes de investir em trazê-lo para toda a escola. Outras ainda escolhem a escola inteira como a unidade de melhoria precisamente porque querem passar uma mensagem clara de que todos são responsáveis por todas as crianças e de que seu problema coletivo de prática não é preocupação apenas dos envolvidos.

Os líderes escolares devem pesar todas essas considerações. Enquanto você pensa sobre o escopo do planejamento de ação no contexto de sua escola, esteja ciente da potencial tensão envolvida na identificação de uma estratégia que seja ampla o suficiente a ponto de ser relevante para professores que ensinam diferentes conteúdos ou alunos em diferentes níveis e específica o bastante para servir como base de conversas instrutivas e esforços de melhoria em práticas concretas de sala de aula.

---

1 Gostaríamos de agradecer e dar crédito a Richard Elmore por esclarecer a conexão entre o problema de prática e a estratégia geral de melhoria da escola.

Levante soluções para o problema

Mesmo as escolas que são muito hábeis em examinar os dados e identificar o problema de prática podem ficar emperradas no ponto de descobrir como resolver o problema. Como um diretor nos disse, "O que faço agora? Sabemos qual é o problema, mas se soubéssemos o que fazer sobre isso, já teríamos feito antes". A busca de soluções pode envolver o engajamento de professores em uma conversa sobre como resolver um problema, a identificação e o uso criativo da experiência da própria escola, bem como a honestidade sobre quando é hora de procurar orientação em fontes externas. É também uma oportunidade de dar aos professores tempo e espaço para criar algo colaborativamente, o que é maior e mais poderoso do que qualquer coisa que se poderia fazer individualmente. O desenvolvimento de uma compreensão compartilhada da prática efetiva entre seu corpo docente, conforme descrito no Capítulo 5, ajudará a gerar ideias sobre soluções apropriadas para o seu problema de prática.

Como em todos os passos do processo de melhoria, gerar soluções é um fim e um meio – é importante trazer boas soluções para seu problema, mas a forma como você traz essas soluções importa, e muito. Algumas escolas escolhem passar mais tempo do que outras no desenvolvimento de soluções, a fim de ajudar o corpo docente a "comprar a ideia" dessas soluções. Afinal, serão os professores que implementarão as soluções, motivo pelo qual é essencial compreendê-los e apreciar o seu potencial para melhorar a aprendizagem dos alunos.

Há uma série de abordagens que podem ser usadas para identificar possíveis soluções. A abordagem mais simples é montar um grupo e pedir que as pessoas levantem ideias, as quais você pode acompanhar em cartazes de papel ou projetadas em uma tela. Você também pode usar uma variação do Protocolo de Afinidade, discutido no capítulo anterior, em que os indivíduos usam notas adesivas para capturar suas soluções propostas e, em seguida, trabalham em conjunto a fim de agrupá-las em categorias lógicas. Um líder escolar que conhecemos usou um Protocolo Café, em que o corpo docente discutiu possíveis soluções em pequenos grupos em um número de mesas na biblioteca.[2] O protocolo solicitava que os professores alterassem os grupos duas vezes, cada uma trazendo as soluções da conversa anterior ao seu novo grupo. No final do protocolo, o corpo docente

2 Para uma descrição completa de como organizar as Conversas World Café, acesse: http://www.theworldcafe.com.

compilou a lista de sugestões que suas conversas haviam gerado. Embora o protocolo tenha levado uma hora inteira, as conversas foram muito mais profundas na discussão de soluções possíveis do que teriam sido em uma sessão de levantamento de ideias e permitiram que o corpo docente mudasse seu foco habitual de trabalhar com protocolos com tempo apertado para ter conversas estendidas e substanciais uns com os outros, em uma alteração bem-vinda de ritmo.

Alguns dias após a reunião do departamento de matemática em novembro, a chefe de departamento Mallory Golden reuniu-se com Sasha Chang, o coordenador de matemática municipal designado para atender a Franklin High School. "Então", Mallory explicou, "falamos sobre a concepção de um processo formal para resolver problemas, e os professores ficaram muito animados pensando sobre como poderíamos pedir que os alunos em todas as turmas criassem cartazes demonstrando o seu uso desse processo na resolução de problemas complexos. As pessoas pareciam muito entusiasmadas em ensinar um método consistente em todas as turmas, de modo que vamos falar mais sobre isso em nossa próxima reunião." Mallory parou por um momento. "Sinceramente", ela continuou, "preciso dizer que estou um pouco preocupada em ficarmos atolados na discussão sobre a redação do método e nunca chegarmos a de fato usá-lo com as crianças".

Assim como Mallory, muitos líderes escolares acham que depois de dar os primeiros passos importantes em direção à definição de uma solução, seu corpo docente pode precisar de alguma orientação sobre como implementá-la.

Depois de ouvir a preocupação de Mallory, o coordenador de matemática mostrou-lhe um diagrama de um processo chamado Abordagem de Resolução de Problemas, adaptado do livro de George Polya, *How to solve it* (Fig. 6.1).[3] O coordenador Sasha tinha sido bem-sucedido em usar especificamente essa abordagem em outras escolas. Mallory sentiu que era justamente o que a equipe precisava para avançar na definição de sua solução e então pediu que Sasha trouxesse seu diagrama da Abordagem de Resolução de Problemas na próxima reunião de departamento e falasse sobre como ele havia passado por esse processo com outras escolas. Quando Sasha apresentou o material, o corpo docente ficou bastante interessado na

---

3 POLYA, G. *How to solve it:* a new aspect of mathematical method. Princeton: Princeton University, 2004.

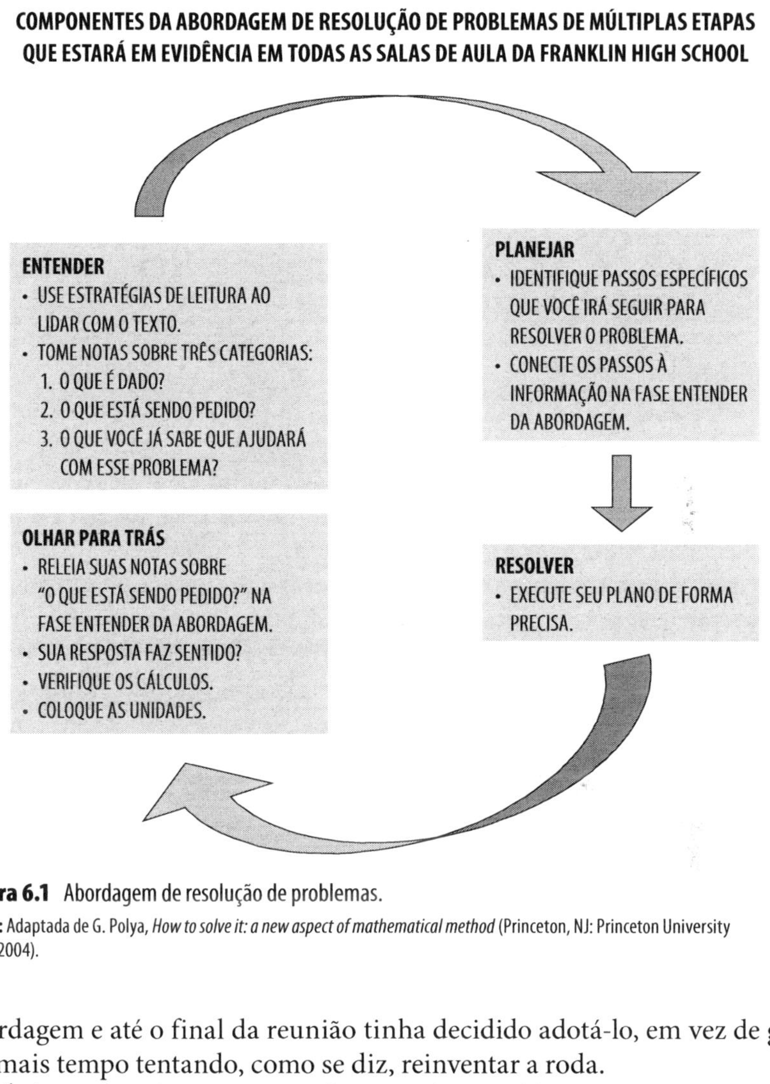

Figura 6.1 Abordagem de resolução de problemas.

Fonte: Adaptada de G. Polya, *How to solve it: a new aspect of mathematical method* (Princeton, NJ: Princeton University Press, 2004).

abordagem e até o final da reunião tinha decidido adotá-lo, em vez de gastar mais tempo tentando, como se diz, reinventar a roda.

É de se duvidar que os professores da Franklin tivessem abraçado a Abordagem de Resolução de Problemas se alguém da secretaria municipal tivesse feito isso no início do ano letivo. Porém, como os professores aprenderam sobre essa abordagem depois que identificaram o problema de prática e começaram a procurar soluções, receberam a ideia de maneira entusiástica. Muitos líderes escolares acham que uma busca bem-sucedida por soluções envolve permitir que o corpo docente ofereça suas próprias sugestões e, ao mesmo tempo, plante boas ideias de fontes externas.

Selecione uma solução para implementar

Anita postou a lista de estratégias de ensino que a equipe de 3º e 4º anos da Clark tinha sugerido em sua reunião anterior e disse à equipe que eles precisavam decidir quais soluções iriam implementar. "Parece-me uma ótima lista", disse Jae. "Acho que devemos fazer todas elas!" "Não concordo com isso", Kristina contrapôs. "Essa lista me parece pesada. Por que não fazemos apenas uma delas benfeita – talvez algo mais simples, como trabalhar em palavras de vocabulário relacionadas a inferências?"

Equipes bem-sucedidas são claras em relação ao motivo pelo qual selecionam estratégias específicas. Dois critérios importantes para a seleção de estratégias são a viabilidade da implementação da estratégia e seu provável impacto. A viabilidade de uma determinada abordagem depende da disponibilidade de recursos. Os recursos comumente exigidos para a implementação de estratégias de melhoria incluem materiais de desenvolvimento profissional (como vídeos relacionados a áreas de conteúdo específicas ou técnicas de ensino), suporte (incluindo *workshops* e pessoas de dentro ou de fora da escola que podem ensinar e fornecer orientação contínua sobre a estratégia) e tempo (que pode envolver a decisão sobre quanto do precioso tempo da equipe de colaboração deve ser dedicado a este esforço). A viabilidade de qualquer abordagem depende também das competências e capacidades dos professores. O grau de confiança existente entre os membros do corpo docente também é importante. Simplificando, algumas das estratégias mais promissoras para a melhoria de ensino são viáveis apenas se os membros do corpo docente confiam uns nos outros o suficiente para abrir suas salas de aula e aprender uns com os outros.

As equipes podem avaliar o impacto provável de estratégias potenciais de várias maneiras, incluindo a revisão de pesquisas acadêmicas e o exame de dados de desempenho de estudantes de outros locais que já estão implementando a estratégia em questão. Como uma questão prática, no entanto, as equipes mais frequentemente dependem do conhecimento profissional e da experiência de seus membros. Uma maneira útil de pensar sobre o impacto de uma estratégia específica é desafiar seu corpo docente a identificar soluções de "alta alavancagem". Soluções de alta alavancagem são aquelas que, devido à sua intensidade ou ao grande número de alunos que afetam, têm mais probabilidade de fazer a maior diferença no que as crianças aprendem.

A equipe de 3º e 4º anos da Clark avaliou a viabilidade e o impacto potencial de suas possíveis soluções conforme mostra a Tabela 6.1. Embora os professores concordassem que a solução do novo currículo poderia ter o maior impacto potencial entre todos os itens no gráfico, a equipe concluiu que essa opção não era viável porque não havia fundos suficientes no orçamento da escola. Em vez disso, a Clark K-8 School selecionou entre as estratégias que eram viáveis e capazes de ter um impacto, tendo decidido adotar a estratégia de usar regularmente o Pensamento em Voz Alta como parte de seu ensino de leitura.

Nas escolas que não desenvolvem uma orientação colaborativa para a melhoria contínua de ensino, os professores muitas vezes identificam "soluções" que não envolvem uma mudança na sua prática. Por exemplo, é comum, nas escolas que não têm uma comunidade tão profissional, que os professores proponham um programa de atividade após o horário regular da escola como a estratégia-chave para abordar as dificuldades dos alunos. Embora tenhamos visto as escolas usarem programas extracurriculares de modo muito eficaz como parte de sua estratégia de melhoria, tais programas são eficazes apenas em combinação com melhorias de ensino durante o dia na escola – e não em vez delas. É fácil conseguir um consenso sobre soluções que não exijam que os professores façam mudanças na prática do dia a dia, mesmo quando os dados mostram que tais práticas são consistentemente ineficazes. Como líder escolar, quando chega a hora de escolher uma solução da sua lista de levantamento de ideias, você pode precisar lembrar os professores de que o objetivo é uma solução que muda a forma como os alunos aprendem em suas salas de aula. Você vai acabar vendo que

Tabela 6.1 Estratégias de avaliação de inferências da Clark K-8 School

ESTRATÉGIA	IMPACTO	APLICABILIDADE
Desenvolver o vocabulário dos estudantes sobre inferência	BAIXO-MÉDIO	ALTA
Adotar um novo currículo sobre o qual vamos ler	ALTO	BAIXA
Pensar em voz alta sobre inferência (tornar nosso pensamento explícito)	MÉDIO-ALTO	ALTA
Recorrer a maneiras que os estudantes já conhecem sobre fazer inferências para ensinar a eles o que é inferência	MÉDIO	ALTA
Usar a literatura que for relevante e significativa para os estudantes a fim de modelar o processo de fazer inferências	MÉDIO	MÉDIA
Fazer perguntas abertas que promovam a realização de inferências	MÉDIO	ALTA

os professores mais envolvidos em selecionar a solução também são os mais comprometidos em fazer o trabalho duro de implementá-la.

Um componente final da escolha de uma estratégia de ensino é a determinação, por parte dos líderes escolares, de quanta mudança irão enfrentar no plano de ação. Embora algumas escolas não assumam suficientemente a responsabilidade – como aquelas que decidem adotar um programa extracurricular para resolver todos os seus problemas –, a maioria delas realmente projeta muitas mudanças em seus planos de ação. Ainda que tal entusiasmo seja louvável, também é perigoso. Temos visto muitas escolas chegarem a uma lista refinada de estratégias em seu plano de ação e, em seguida, não implementarem nenhuma delas de forma adequada, porque apertam muito os seus recursos e pressionam demais os professores a aprenderem e aplicarem as novas abordagens de ensino. Nessas condições, a maioria dos professores, em última instância, recua para suas práticas anteriores, as quais, conforme mostram os dados, não alcançam os resultados desejados de aprendizagem para os alunos. Os líderes escolares, além de saber que as estratégias selecionadas são focadas no ensino do dia a dia nas salas de aula e têm probabilidade de resolver o problema de prática, também precisam ter certeza de que elas podem ser razoavelmente implementadas no prazo do plano de ação. Para aferir quais estratégias são efetiva e gerencialmente exequíveis na realização das importantes mudanças na prática, é essencial ouvir tanto os professores do tipo "nós podemos fazer tudo isso" (que são sempre mais fáceis de ouvir) quanto os do tipo "nós não podemos fazer isso" (os quais é sempre mais tentador ignorar).

ENTRE EM ACORDO SOBRE COMO SERÁ O SEU PLANO NAS SALAS DE AULA

Anita estava preocupada. Depois de falar informalmente com alguns professores de 3º e 4º anos, ela começou a perceber que, embora os professores tivessem expressado muito entusiasmo no uso do Pensamento em Voz Alta em seu ensino de leitura, cada indivíduo parecia ter o seu próprio conceito de como isso se configuraria realmente na sala de aula.

A forma como sua equipe define uma estratégia de ensino para lidar com dificuldades nas habilidades dos alunos é uma parte crucial da implementação dessa estratégia. Um corpo docente obtém muito do seu entendimento sobre o que é a estratégia e por que ela é o foco do plano de ação durante o processo de seleção da estratégia. No entanto, mesmo que sua equipe se depare com o desafio de implementar uma estratégia de ensino que foi determinada unilateralmente (talvez por definição do município), seu corpo docente ainda pode aprofundar sua compreensão e apreciação da estratégia participando em uma discussão sobre como de fato ela se configura na prática. Descobrimos que é importante que as discussões docentes sobre este tema façam duas coisas: desenvolver uma visão comum para implementar a estratégia e elaborar uma teoria de como a estratégia afetará a aprendizagem.

Desenvolva uma visão comum sobre a implementação

Com frequência não é suficiente selecionar uma estratégia de ensino pelo nome, porque é muito fácil as pessoas vincularem significados diferentes a nomes ou palavras comumente usados. Por exemplo, se você selecionar uma estratégia que solicita a edição de pares de rascunhos de redação, os professores podem ter ideias variadas sobre o que isso significa. Depois de decidir sobre uma estratégia de melhoria, equipes bem-sucedidas desenvolvem uma compreensão compartilhada de como será esse ensino eficaz na prática, estabelecendo indicadores de implementação. Isso inclui descrições do que os professores farão, do que os alunos farão e de como será o ambiente de sala de aula quando a estratégia de ensino estiver em vigor. O processo de criação desses indicadores permite que as equipes desenvolvam a capacidade de ter conversas instrutivas cada vez mais específicas. Também facilita a implementação, tornando claras as expectativas da equipe. Depois de duas reuniões de equipe na Clark K-8 School, os professores de 3º e 4º anos produziram a lista de indicadores de implementação para sua estratégia Pensamento em Voz Alta mostrada na Tabela 6.2.

Mostre a teoria por trás da solução

O departamento de matemática da Franklin High School convidou o diretor Roger Bolton para participar de sua reunião de dezembro. Eles descreveram com entusiasmo a Abordagem de Resolução de Problemas e como planejaram implementá-la em todas as aulas de matemática. "Vocês têm um plano e ele parece muito bom", disse Roger. "Agora, vocês podem me explicar como o ensino dessa abordagem vai fazer nossos alunos se tornarem melhores pensadores em matemática?"

Tabela 6.2 Indicadores da implementação

CLARK K-8 SCHOOL IMPLEMENTAÇÃO DO PENSAMENTO EM VOZ ALTA SOBRE INFERÊNCIAS: O QUE VEREMOS NA SALA DE AULA	
PROFESSORES	• Modelar a realização de inferências ajudando os estudantes com seus próprios processos de pensamento enquanto leem um trecho de um texto • Projetar um texto na tela e destacá-lo enquanto se pensa em voz alta sobre as inferências • Fazer a conferência com os alunos, pedindo-lhes para pensar em voz alta durante a leitura • Caminhar pela sala para observar as inferências feitas pelos estudantes
ESTUDANTES	• Saber o que a palavra "inferir" significa e usá-la com precisão para descrever o seu processo de leitura • Usar as estratégias do Pensamento em Voz Alta para fazer inferências com toda a turma, em pequenos grupos, e discussões de conferência de texto • Responder a perguntas que mostrem sua capacidade de fazer inferências
SALAS DE AULA	• Mostrar evidências de estudantes que inferem a partir do texto • Incluir um cartaz gerado pela turma do que os bons leitores fazem quando inferem (para os alunos terem uma referência durante a leitura) • Permitir a disposição flexível das classes a fim de garantir que a leitura em pares, as atividades de grupo e o trabalho independente possam ocorrer
TRABALHOS DOS ESTUDANTES	• Demonstrar a capacidade dos alunos de inferir, prever, conectar e avaliar em seus diários de leitura e outras avaliações de leitura

A pergunta de Roger é enganosamente poderosa. Nesta fase do jogo, pode ser muito útil forçar os membros da sua equipe a colocar em palavras exatamente como eles acreditam que seu plano vai alcançar o efeito desejado. Ocorre que há uma série de maneiras pelas quais o plano poderia produzir resultados positivos, mas nem todos os professores estão de acordo sobre a teoria por trás da solução. Por exemplo, será que os professores acreditam que a Abordagem de Resolução de Problemas fará os alunos se tornarem solucionadores de problemas mais independentes? Será que isso vai aumentar a confiança dos alunos, tornando-os mais propensos a tentar enfrentar problemas sobre os quais já têm conhecimento matemático, mas nos quais sua resolução se mostrou muito desorganizada? Isso vai fazê-los prestar mais atenção na aula de matemática, dessa forma aproveitando melhor as aulas nas quais em geral estariam desligados e torná-los mais capazes de resolver os próprios problemas? Será que vai ajudar os professores a dar aos alunos a responsabilidade de decidir o que fazer, em vez de guiá-los ao longo da resolução de problemas passo a passo? Ou, de maneira alternativa, a verdadeira força desta estratégia estaria no fato de que os alunos seriam capazes de usar a mesma abordagem de turma para turma, e de ano para ano, permitindo-lhes, assim, ter experiência com resolução de problemas para que ela por fim se torne uma habilidade natural? Ao pressionar os professores para articular como eles pensam que o plano vai funcionar, também vale a pena perguntar-lhes se eles podem imaginar quaisquer consequências negativas não intencionais. Por exemplo, será que o fato de exigir que os alunos usem a Abordagem de Resolução de Problemas vai limitar a criatividade de verdadeiros pensadores matemáticos, reduzindo a matemática a um procedimento de seguir uma receita?[4]

As respostas a essas perguntas não são mutuamente exclusivas – com toda a probabilidade, alguns alunos se beneficiarão mais de instruções consistentes de ano para ano, enquanto outros acharão útil ter uma estratégia clara para abordar tarefas específicas. Responder a essas perguntas colaborativamente ajudará sua equipe a desenvolver uma compreensão compartilhada da teoria ou teorias que impulsionam sua abordagem para melhorar o ensino e a aprendizagem do aluno. Articular a teoria também ajuda na implementação, como veremos no Capítulo 8. Se os professores entendem e entram em acordo sobre como o plano de ação deve abordar o problema de prática, eles estarão mais propensos a implementar o plano de ação e serão capazes de adaptá-lo para atender às necessidades dos alunos. Por exemplo, se a teoria por trás da Abordagem de Resolução de Problemas da Franklin é que quebrar o processo em etapas ajudará a torná-lo menos difícil para os alunos, de modo que eles tenham mais probabilidade de persistirem ao longo de cada etapa, então um professor pode adaptar as etapas para seus alunos. Se, por outro lado, a teoria é que ter uma estratégia consistente de turma para turma vai ajudar os alunos, o professor não deve adaptar as etapas, mas, em vez disso, fazer um trabalho usando a terminologia exata estabelecida no modelo.

COLOQUE O PLANO POR ESCRITO

Mallory levantou-se de sua mesa e espreguiçou-se demoradamente. Ela havia se oferecido para transformar os rabiscos da última reunião do departamento de matemática da Franklin High School em um esboço de plano de ação para implementar a Abordagem de

4 Para uma excelente descrição do valor de articular esses tipos de teorias, acesse: WEISS, C. *Evaluation:* methods for studying programs and policies, 2nd ed. Upper Saddle River: Prentice-Hall, 1998. cap. 3.

Resolução de Problemas. Ela ficou espantada com a quantidade de passos após ter digitado tudo. Será que ela estava deixando tudo isso mais complicado do que precisava ser?

Depois de escolher uma estratégia de ensino e entrar em acordo sobre como ela vai ser na prática, é hora de identificar as tarefas específicas que precisam ser concluídas para uma implementação bem-sucedida. Esta etapa envolve a atribuição de responsabilidades e prazos, bem como o planejamento de como sua escola auxiliará os professores na realização desse novo trabalho.

O plano de ação da Franklin High School (Tab. 6.3) mostra uma forma de resumir esse tipo de informação, mas há muitas outras. Seja qual for a apresentação escolhida, é importante ser bastante claro sobre que tarefas são essas, quem irá realizá-las e quando elas serão cumpridas. Você descobrirá que seu plano de ação contém dois tipos diferentes de tarefas. Um tipo são as estratégias de ensino que os professores usarão em suas salas de aula ao trabalhar com os alunos. O outro tipo são atividades de desenvolvimento profissional projetadas para ajudar os professores na implementação da estratégia ou estratégias selecionadas. Como esses dois tipos de atividade provavelmente ocorrerão de modo simultâneo, é útil registrar ambos em um único plano de ação.

Determine responsabilidades e prazos

Registrar o que você e seus colegas concordam em realizar e quando é um passo importante no desenvolvimento da prestação de contas interna que lhe permite manter todos os envolvidos responsáveis por seguir suas ações e criar uma história escrita compartilhada à qual sua escola pode recorrer ao longo do tempo. Este documento pode ajudar os professores a pensar fora de suas salas de aula e considerar seus papéis maiores dentro da escola, além de ser um importante caminho para fortalecer e desenvolver expectativas compartilhadas entre os próprios professores e entre professores, alunos, pais e gestores.

Ao atribuir responsabilidades e criar uma linha do tempo para a implementação, você precisa estar atento às outras demandas e deveres colocados sobre seus professores, bem como ao escopo do plano. O nível de detalhe no plano dependerá do período em que você pretende implementá-lo. Se a linha do tempo é relativamente curta, então você pode querer que seu plano de ação seja muito específico e indique o que acontecerá a cada semana. Se a

Tabela 6.3 Esboço do plano de ação para melhoria da aprendizagem e do ensino nas aulas de matemática da Franklin High School

PROBLEMA CENTRADO NO APRENDIZ:	Os alunos têm dificuldade para resolver problemas de múltiplas etapas de forma independente.
PROBLEMA DE PRÁTICA:	Como professores, não ensinamos consistentemente um processo para resolver problemas de múltiplas etapas, e não damos aos alunos oportunidades suficientes para trabalhar com problemas de várias etapas.
ESTRATÉGIA DE ENSINO:	Como professores, nós integraremos a Abordagem de Resolução de Problemas (ARP) em nossas aulas diárias, tarefas de aula e avaliações. Nós explicaremos aos alunos a rubrica para avaliar a resolução de problemas e usaremos a rubrica regularmente para dar notas nas atividades.

TAREFA	QUANDO
A chefe do departamento de matemática e o coordenador de matemática criam materiais para a formação profissional (FP), incluindo rubricas para um pôster e gráfico, listando passos do processo de resolução de problemas para afixar nas salas de aula como referência para os estudantes.	Janeiro, semana 1
O coordenador de matemática exemplifica o ensino da ARP dando aula em quatro turmas; todos os professores de matemática assistem a pelo menos uma dessas aulas-modelo.	Janeiro, semana 2
O coordenador de matemática lidera sessões de FP com o departamento de matemática, conversa sobre as aulas-modelo, oferece uma lista de problemas do pôster com níveis de dificuldade.	18 de janeiro, reunião de equipe
Os professores de matemática trabalham em equipes pequenas para desenvolver aulas com ARP para suas turmas e escolher quais problemas usar para a atividade do Pôster #1.	Janeiro, semana 3
Os professores de matemática modelam a ARP em aula, compartilham a rubrica do pôster com os alunos e lançam o Pôster #1.	Janeiro, semana 4
Os professores de matemática integram a ARP nas aulas regulares; os alunos trabalham com pôsters (até 15 de fevereiro).	Fevereiro, semanas 1 e 2
Os professores de matemática trabalham em equipes pequenas para avaliar os alunos usando a rubrica.	Fevereiro, semanas 3 e 4
O coordenador de matemática observa quatro professores de matemática (voluntários) integrando a ARP no ensino e fornece um suporte presencial.	Fevereiro, semanas 3 e 4
O coordenador de matemática lidera a sessão de FP com o departamento de matemática, discutindo o trabalho do aluno e oferecendo acompanhamento para a próxima oportunidade de ensino e Pôster #2.	7 de março, reunião de equipe
Os professores de matemática continuam a integrar a ARP nas turmas; trabalho dos alunos no Pôster #2 (até 25 de abril).	Março e abril
Os professores de matemática se encontram semanalmente em pequenos grupos para discutir o trabalho dos alunos no Pôster #2 e outras tarefas e administram provas finais de matemática do município em 15 de junho.	Maio e junho

linha do tempo for mais longa, como o plano da Clark K-8 School (Tab. 6.4), que é projetado para ser implementado durante um ano escolar inteiro, então o plano pode ser um pouco mais amplo.

Se a linha do tempo leva você até o próximo ano letivo, uma opção é preparar um plano de ação mais específico para o semestre mais próximo e menos para o seguinte, com a expectativa de que a parte seguinte do plano será colocada em mais detalhes depois, uma vez que a execução está em curso e a equipe pode avaliar o seu progresso. Planos de curto prazo podem ser úteis para as escolas que ainda estão começando o processo de melhoria, porque mantêm as etapas de implementação concretas, gerenciáveis e imediatas.

Tabela 6.4 Plano de ação de leitura da equipe de 3º e 4º anos da Clark K-8 School

PROBLEMA CENTRADO NO APRENDIZ:	Os estudantes têm dificuldade para fazer inferências com base no texto ao ler.
PROBLEMA DE PRÁTICA:	Como professores, não ensinamos a inferência explicitamente, e não ajudamos os alunos a fazer conexões entre as inferências que eles fazem em suas vidas e as inferências que eles precisam fazer com os textos.
ESTRATÉGIA DE ENSINO:	Pensamento em Voz Alta.

TAREFA	QUEM	QUANDO
Encontrar um consultor em letramento com *expertise* em estratégias do Pensamento em Voz Alta e em ensino de inferências.	Anita	Agosto–setembro
Participar em meio dia de FP com o consultor em letramento focado em estratégias do Pensamento em Voz Alta para fazer inferências.	Membros da equipe de 3º e 4º anos	Setembro–outubro
Usar estratégias do Pensamento em Voz Alta para demonstrar inferências.	Membros da equipe de 3º e 4º anos	Setembro–janeiro
Ter o consultor observando cada professor e oferecendo *feedback*.	Consultores e professores	Outubro–novembro
Visitar as aulas uns dos outros e oferecer *feedback*.	Membros da equipe de 3º e 4º anos	Novembro–dezembro
Participar em meio dia de FP com o consultor em letramento focado em desafios comuns na implementação de estratégias do Pensamento em Voz Alta.	Membros da equipe de 3º e 4º anos	Janeiro
Continuar usando as estratégias do Pensamento em Voz Alta para demonstrar as inferências, como refinamento baseado no *feedback* do primeiro semestre.	Membros da equipe de 3º e 4º anos	Janeiro–maio

Planeje como dar apoio aos professores em seu novo trabalho

O que os líderes escolares podem fazer para ajudar no plano de ação? O primeiro passo, em geral mais fácil, é fornecer os recursos que os professores precisam para implementar o plano de ação, o que pode incluir livros, materiais curriculares, folhas de papel ou tecnologias de ensino. O segundo passo, muito mais desafiador, é ajudar os professores a desenvolver as habilidades e conhecimentos que eles precisam para se envolver no cerne da atividade. Os líderes escolares que fazem os melhores trabalhos de apoiar os professores na melhoria da sua prática pensam em si mesmos como "professores de professores" que estão empenhados em dar suporte à aprendizagem de adultos.

O apoio aos professores é mais eficaz se for coerente, focado no conteúdo e frequente.[5] "Coerente" significa que o apoio deve estar alinhado com o plano de ação; evitar o desenvolvimento profissional que não apoie diretamente a sua estratégia educacional escolar. "Focado no conteúdo" significa que o apoio deve ser especificamente fundamentado no que os professores ensinam, e pode ser necessário proporcionar oportunidades para que os professores desenvolvam seu conhecimento de conteúdo e pedagogia. Em um município que conhecemos, os professores do ensino fundamental fizeram cursos de matemática para complementar a aprendizagem de um novo currículo. Os cursos foram projetados especificamente para fornecer o nível profundo de conhecimento matemático que eles precisavam a fim de implementar com sucesso o novo currículo. "Frequente" significa que o apoio deve ser sustentado e substancial. Pequenas quantidades de tempo e oficinas de curta duração não serão suficientes. As escolas mais bem-sucedidas no trabalho de melhoria de ensino apoiam os professores no mínimo em uma base quinzenal, usando os períodos de planejamento comuns ou em reuniões antes e depois das aulas. Essas escolas também muitas vezes dedicam maiores blocos de tempo a experiências de aprendizado significativas, como dias inteiros durante o verão ou o ano letivo.

Sua cultura escolar, que é um reflexo da natureza e do nível das expectativas compartilhadas entre você e seus colegas, terá implicações sobre a melhor forma de fornecer suporte ao professor e sobre quão ambicioso você pode ser em seus esforços de planejamento. Na Clark K-8 School, onde

---

5 Esta descrição de desenvolvimento profissional vale-se do trabalho de Elizabeth A. City e Sara Schwartz no qual elas revisam pesquisas das características de desenvolvimento profissional que fazem a diferença no desempenho dos estudantes. CITY, E. A.; SCHWARTZ, S. *Rigorous, relevant research*. 2004. Manuscrito não publicado.

os professores têm uma forte história de trabalho colaborativo, o plano de ação exige que os professores observem regularmente as salas de aula uns dos outros e ofereçam *feedback* uns aos outros para melhorar o ensino. A mesma estratégia de apoio provavelmente não funcionaria bem na Franklin High School, onde o departamento de matemática tem uma tradição profundamente enraizada de autonomia e isolamento docente.

Assim como se espera dos professores fortes que eles diferenciem seus métodos de ensino de acordo com as necessidades de seus alunos, também deveria haver um sistema inteligente de apoio que desse conta das diferentes necessidades profissionais dos professores. Como você faz para saber em que aspectos o seu corpo docente precisa ser apoiado de maneira mais eficaz? Assim como para qualquer aprendiz, às vezes é melhor apenas perguntar. Descobrimos que envolver os professores na decisão de quais tipos de formação serão oferecidos é um grande atalho para o desenvolvimento do engajamento necessário em busca da implementação bem-sucedida. Uma escola que conhecemos passou dois meses fazendo grandes planos para o desenvolvimento profissional do ano seguinte. A equipe de liderança de ensino concluiu que envolver todos os professores em conversas sobre suas necessidades de desenvolvimento profissional era crítico. O produto final foi um plano detalhado que mapeou como as reuniões de série, as reuniões da área de conteúdo e as sessões pós-escolares seriam usadas juntas para apoiar os professores.

Em suma, o desenvolvimento de um plano de ação é uma oportunidade para identificar o desenvolvimento profissional relevante e focado para seus professores. Lembre-se disto: se os professores já tivessem as habilidades e conhecimentos que precisavam para ensinar de forma diferente, eles provavelmente estariam fazendo isso. Assim como todos os alunos, os professores necessitam de um apoio específico e explícito para melhorar a sua prática. A melhoria real na aprendizagem do estudante demanda tempo real, recursos reais e um compromisso real rumo à melhoria. O planejamento de como medir se o aprendizado do aluno está de fato melhorando é o assunto do próximo capítulo.

INTEGRANDO OS HÁBITOS MENTAIS ACE NO PASSO

6 DESENVOLVER UM PLANO DE AÇÃO

A

COMPROMISSO COMPARTILHADO COM **AÇÃO, AVALIAÇÃO E AJUSTES**

Desde que publicamos pela primeira vez o *Data Wise*, nós desenvolvemos uma apreciação maior pelos planos de ação mais curtos. Os dois exemplos deste capítulo – o plano de seis meses da Franklin High School e o plano de um ano da Clark K-8 School – demoraram um bom tempo para serem efetivados. Mas os planos de ação que abrangem tão pouco quanto duas a seis semanas e que visam problemas muito nitidamente definidos da prática também podem ser bastante eficazes. Isso é especialmente verdadeiro se a equipe que executa o plano se reúne todas as semanas, com colaboração regular, permitindo correções rápidas de percurso que podem levar a um rápido progresso.

Ao projetar planos mais curtos, é preciso prestar atenção a uma conexão intrínseca entre um valioso problema de prática e seu plano para resolvê-lo. Com as avaliações provisórias se tornando amplamente disponíveis, muitos professores têm atualizações frequentes sobre as habilidades e conhecimentos dos alunos, em geral conforme medido por testes de múltipla escolha. Pode ser bastante tentador olhar para estes resultados no final da unidade e, em seguida, usar o tempo de planejamento comum para identificar os itens nos quais os alunos tiveram mais dificuldade e criar um plano para reensinar o conteúdo medido por esses itens. Mas essa seria realmente a ação mais poderosa que a equipe poderia tomar? Será que o reensino de fato ajuda os professores a melhorarem em seu ofício?

Algo que você pode fazer para se certificar de que o plano de ação serve ao propósito de fazer melhorias reais e duradouras no ensino é perguntar a si mesmo se o plano exige mudar *o que* você está ensinando ou *como* está ensinando. Se a resposta é como, em geral você está em uma melhor posição. Outra ideia é projetar seu modelo de plano de ação de maneira que ele o force a escrever na parte superior da página tanto o problema específico centrado no aprendiz, que você encontrou nos dados, quanto o problema de prática que em sua opinião está relacionado a ele. Isso irá evitar que você pule a etapa de examinar o ensino, ou de completar essa etapa e, em seguida, ignorar o problema de prática que você encontrou. Seguidamente, temos visto equipes trabalhando arduamente para chegar a um belo e poderoso problema de prática – por exemplo, "Como professores, nós damos tarefas aos alunos que exigem mais em termos de resumir do que de avaliar" – mas seguem no sentido de projetar um plano de ação que não aborda esse problema, como dar aos alunos "mais prática" em relação a certa habilidade específica. Ter a frase do problema de prática como um componente-chave do documento do plano de ação pode ser um lembrete útil para tornar suas ações diretamente conectadas ao que você aprendeu por meio da sua investigação.

COLABORAÇÃO INTENCIONAL

O esforço coletivo que o guiou pelas fases de Preparar e Investigar é tão importante quanto aquele que o faz chegar à fase de Agir. Ao projetar seu plano de ação, é essencial obter a contribuição de todos na equipe. Também é importante certificar-se de que todos têm um papel na sua efetivação. Colocar nomes e prazos diretamente no plano de ação é uma boa maneira de deixar claro quem está envolvido e exatamente quais são suas responsabilidades. Outra ideia é sugerir que os membros da equipe digam em voz alta quais são seus próximos passos pessoais – chamamos isso de "compromissos assumidos". Apresentar seus compromissos na frente dos outros é um ato público que constrói o senso de prestação de contas interna na realização do seu trabalho.

Ao projetar seu plano, busque oportunidades de quebrar o trabalho em pequenos pedaços que pessoas específicas ou pequenos grupos possam fazer entre reuniões ou até mesmo durante parte do tempo colaborativo que você reservou. Nem tudo precisa ser feito pelo comitê! Às vezes, é mais eficiente permitir que colegas se desliguem do grande grupo e redijam um plano de aula, uma rubrica ou uma descrição de tarefa para, em seguida, trazer um rascunho de volta ao grupo e receber *feedback* (o Protocolo de Ajuste pode ser particularmente eficaz para isso).[6] O segredo é deixar claro para todos que um rascunho é apenas um trabalho em andamento, e que o *feedback* descritivo e específico de todos na mesa é necessário para tornar o plano digno de seu esforço coletivo.

6 Para instruções sobre este protocolo, acesse: http://www.nsrfharmony.org/protocol.

FOCO IMPLACÁVEL EM **EVIDÊNCIAS**

Como discutido antes neste capítulo, decidir o que fazer para abordar o seu problema de prática é uma parte crítica do plano de ação. Depois de fazer um levantamento de várias soluções, o que você usa para ajudá-lo a decidir qual delas implementar? Evidências! Para cada ideia na sua lista, você pode ter cada membro da equipe fornecendo evidências que apoiem o argumento de que essa ideia está de fato abordando o seu problema de prática. (Os membros da equipe podem fornecer evidências em favor de uma ideia, independente de terem sido eles que primeiramente a levantaram ou não.) Você, então, se volta para o grande grupo e pergunta a cada membro se existem provas argumentando contra aquela ideia. A vantagem dessa abordagem é que ela permite que você mantenha as ideias separadas da pessoa que as introduziu, e desafia as pessoas a procurarem evidências em ambos os lados do argumento. Aviso: esta atividade é feita para deixar você sentindo que precisa coletar um pouco mais de evidências para embasar a sua decisão. Mas, esperançosamente, fornece uma ideia muito boa de exatamente qual evidência você precisa – e esta etapa extra pode poupar seu tempo no longo prazo.

7

Planejar a avaliação do progresso

Jennifer L. Steele
Jane E. King

ANITA, LÍDER DA EQUIPE, DISTRIBUIU A AGENDA NA REUNIÃO DA EQUIPE DO 3º E 4º anos da Clark K-8 School. "Ainda estamos planejando?", perguntou Vivian, soando um pouco exasperada. "Pensei que havíamos finalizado o plano de ação na semana passada. Estamos fazendo Pensamento em Voz Alta, certo?" Ela olhou em volta para seus colegas. "Quando daremos início ao nosso plano de ação?"

"Estou contente por estarmos todos tão entusiasmados para começar", respondeu Anita. "Mas lembre-se de que ainda não fizemos um plano de como vamos medir o progresso dos alunos."

"Acho que o governo estadual ou federal nos dirá se estamos progredindo ou não", respondeu Jae.

"Para valer a pena todo o tempo e energia que estamos investindo", Kristina respondeu, "isso não pode ter a ver apenas com a criação de escores de teste. Não quis ser professora para passar meus dias fazendo teste de preparação. Quer dizer, estou tentando ajudar os meus alunos a serem leitores ávidos e pensadores críticos. Estas são habilidades complexas... nenhum teste padronizado vai realmente captar o que meus alunos podem fazer".

A Clark K-8 School está lidando com uma parte essencial do processo de projetar um plano de ação forte: decidir como medir o seu progresso. As escolas públicas se confrontam anualmente com a questão de quão bem os alunos estão se saindo nas avaliações estaduais. No entanto, medir sistematicamente o progresso dos alunos não é uma atividade que precisa ser colocada em espera até que os resultados dos testes estaduais cheguem. A avaliação do progresso é parte integrante do processo de melhoria, por meio do qual os educadores constroem sua prestação de contas interna uns com os outros e encontram melhores maneiras de atender às necessidades de aprendizagem de todos os alunos. Muitas vezes, os educadores começam a implementar planos de ação sem pensar em como avaliarão o progresso. Como resultado, eles não conseguem saber se estão progredindo, e não podem sequer concordar sobre o que realmente significa "fazer progressos" no contexto do plano. As escolas envolvidas no trabalho de melhoria beneficiam-se ao estabelecer objetivos claros para a melhoria e para a proficiência do estudante e ao decidir de antemão como e quando medirão o progresso em direção àqueles objetivos. Este capítulo é um guia para o desenvolvimento de um plano de avaliação como um complemento essencial ao seu plano de ação. Os planos de avaliação abordam as seguintes questões:

- Que avaliações serão utilizadas para medir o progresso?
- Quando serão coletados os diferentes tipos de dados de avaliação?
- Quem é responsável pela coleta e controle dos dados?
- Como os dados serão compartilhados entre docentes e gestores?
- Quais são as metas para a melhoria e proficiência dos alunos?

Destas, as duas decisões mais desafiadoras incluem identificar os tipos de avaliações que serão usadas para medir o progresso e decidir como definir metas apropriadas para o progresso do aluno.

ESCOLHA AVALIAÇÕES PARA MEDIR O PROGRESSO

Assim como os professores da Clark e da Franklin usaram várias fontes de dados para identificar um problema centrado no aprendiz (ver Cap. 4), da mesma forma as escolas devem planejar a utilização de várias fontes para medir o progresso na aprendizagem dos alunos. Achamos útil iniciar esse planejamento categorizando as fontes de dados disponíveis em três prazos: curto prazo, médio prazo e longo prazo. A organização de fontes de dados por período incentiva o uso de várias fontes de dados e ajuda a transformar a avaliação do progresso em uma parte contínua da cultura profissional da escola. Em geral, "dados de curto prazo" referem-se a informações que podem ser coletadas diariamente ou semanalmente a partir de interações de sala de aula e trabalhos dos alunos. "Dados de médio prazo" são reunidos sistematicamente dentro de uma escola, série ou departamento em intervalos periódicos durante o ano. "Dados de longo prazo" são reunidos anualmente e incluem o desempenho dos alunos em testes estaduais. Cada tipo de dados pode fornecer informações importantes sobre o que os alunos sabem e são capazes de fazer.

Planejando usar dados de curto prazo

Como os dados de curto prazo são gerados continuamente dentro de uma escola, os professores podem usá-los para transformar as avaliações do progresso dos alunos em uma parte regular e incorporada de sua prática. Boas fontes de dados de curto prazo que os educadores podem planejar usar para medir o progresso incluem o trabalho em aula e as lições de casa dos alunos, as observações em sala de aula sobre o desempenho do aluno e as verificações com os alunos sobre sua aprendizagem. Em resposta às perguntas de quem coletará os dados, quando coletá-los e como eles serão compartilhados, descobrimos que a responsabilidade pela coleta e análise de dados de curto prazo costuma ser mais bem delegada individualmente a professores de sala de aula, porque eles podem examinar o trabalho dos alunos, observar a sua participação e acompanhá-los regularmente. Os professores têm a principal responsabilidade de manter o controle dessas informações, e as escolas e municípios podem auxiliar nesse esforço, tornando os sistemas de monitoramento de dados fáceis de usar.

OLHANDO PARA OS TRABALHOS DE SALA DE AULA E PARA AS LIÇÕES DE CASA

A vantagem de usar os trabalhos de sala de aula e a lição de casa dos alunos para avaliar o aprendizado é que os professores têm acesso a um fluxo constante de dados. Além disso, esses dados estão intimamente alinhados com o ensino da sala de aula para que os professores possam acompanhar, em tempo real, quais os alunos parecem estar aprendendo as habilidades críticas de uma determinada lição. Os professores podem então usar esses dados de curto prazo para contribuir com seu ensino, de modo a responder às necessidades de aprendizado dos alunos.

Ao planejar o uso do trabalho dos estudantes com o objetivo de avaliar o progresso, os professores devem perceber que a tarefa de avaliar o progresso vai muito além de verificar a conclusão do trabalho de aula e as lições de casa. As impressões holísticas que um professor pode colher ao passar os olhos pelos trabalhos de uma turma inteira são úteis até certo ponto, mas o uso real do trabalho dos alunos para medir o progresso implica uma sistemática coleta de dados concretos. Por exemplo, uma professora poderia preparar um pequeno número de perguntas do tipo sim ou não que ela gostaria de responder sobre o trabalho dos alunos em uma determinada tarefa. Se ela pediu aos alunos que destacassem em um pequeno texto as suas inferências, sua lista poderia incluir as seguintes perguntas: O aluno lista três ou mais inferências na margem deste texto? Pelo menos duas das inferências listadas são plausíveis? Para uma pergunta de matemática de resposta aberta, ela poderia perguntar: Será que o aluno elaborou a pergunta certa? Ele começou a pergunta corretamente? Ele omitiu etapas subsequentes? Ela poderia então rever o trabalho de cada aluno para determinar as respostas às suas perguntas, as quais iria registrar em uma planilha onde mantém dados de avaliação de curto prazo.

Depois de coletar as informações recém-descritas, um professor deve considerar suas implicações para seu ensino e procurar áreas de desempenho em que grupos ou alunos específicos continuam a ter dificuldades. Realisticamente, os professores não se envolveriam neste nível de análise específica todos os dias. No entanto, o plano de avaliação deve incluir uma estratégia para permitir que os professores examinem o desempenho na área prioritária do plano de ação (p. ex., inferências ou problemas de múltiplas etapas) em intervalos regulares.

Uma vantagem de coletar dados de curto prazo é que os professores podem trazer amostras dos dados para discutir em reuniões de seus departamentos ou equipes de nível de série. O plano de avaliação deve incluir tempo para os professores compartilharem e discutirem os dados de curto prazo que coletaram em suas salas de aula. Idealmente, o trabalho que os professores compartilham uns com os outros inclui a evidência direta das habilidades que são o foco do plano de ação. Por exemplo, cada um dos professores de matemática na Franklin pode trazer para sua reunião de departamento uma amostra de trabalho dos alunos que demonstra a capacidade deles para resolver problemas de matemática de múltiplas etapas. Compartilhar o trabalho dos alunos dessa maneira permite que os professores obtenham *insights* de seus colegas sobre o trabalho de cada estudante, ao mesmo tempo em que incentiva os professores a desenvolverem normas comuns sobre quais seriam as características do trabalho de um estudante de alta performance.

OBSERVANDO A PARTICIPAÇÃO DOS ESTUDANTES

As escolas podem planejar medir a aprendizagem do estudante em curto prazo de outra maneira: observando a participação dos estudantes e a compreensão demonstrada de um conceito ou de uma habilidade particular em sala de aula. Este tipo de observação pode ser conduzido por professores em suas próprias turmas ou por visitantes em sala de aula. As observações podem fornecer dados avançados sobre as tarefas em que os alunos estão engajados e como eles falam sobre textos, conceitos e problemas nos quais estão trabalhando. Entretanto, o uso de observações em sala de aula para medir o aprendizado do aluno tem duas limitações. Primeiro, ele fornece mais informações sobre os níveis de habilidade dos alunos que participam mais verbalmente do que dos alunos que são mais quietos. Em segundo lugar, os alunos podem estar menos dispostos a assumir riscos intelectuais participando quando estão sendo observados por outras pessoas além de seu professor. A primeira limitação é prontamente resolvida usando fontes de dados adicionais, como verificações individuais ou exames de trabalhos escritos dos alunos para desenvolver uma imagem mais completa do seu desempenho. A segunda limitação pode ser atenuada pela criação de uma cultura de sala de aula em que os professores e gestores costumam observar as turmas, de modo que ter vários adultos na sala torna-se menos incomum para os alunos. Em nossa experiência, os alunos se ajustam aos observadores mais prontamente do que os professores. Conversar com os alunos sobre a razão pela qual os visitantes estão chegando também pode proporcionar uma boa oportunidade para envolvê-los em discussões acerca do seu próprio aprendizado e dos esforços da escola para apoiá-lo.

PERGUNTANDO AOS ESTUDANTES SOBRE SUA APRENDIZAGEM

Uma terceira estratégia, muitas vezes negligenciada, para medir o progresso dos alunos em curto prazo é pedir que os próprios alunos falem sobre a sua aprendizagem. Os *insights* dos alunos podem ser coletados por meio de verificações individuais, pequenos grupos focais, pesquisas ou reflexões escritas. As conversas podem ser conduzidas por professores em suas próprias turmas ou pelos colegas que estão visitando as salas de aula.

Há várias maneiras de reunir informações dos alunos sobre sua aprendizagem. Uma abordagem é fazer os alunos compartilharem seu pensamento acerca de um determinado problema acadêmico ou questão, enquanto o entrevistador toma notas em uma folha de verificação, como um professor da Franklin fez usando um formulário que sua equipe elaborou (Tab. 7.1).

O entrevistador pode perguntar aos alunos o que estão fazendo, por que e o que estão aprendendo. Quando os alunos falam por meio de problemas em voz alta, é fácil ver em que ponto sua compreensão de um conceito é forte e onde vacila. Esse *insight* pode ajudar os professores a corrigirem equívocos dos alunos, seja por meio do ensino do grande grupo (quando o equívoco é comum) ou por meio do ensino individual (quando é exclusivo de um aluno).

Tabela 7.1 Folha de verificação individual do estudante da Franklin High School

NOME DO ESTUDANTE:	Michael Serrano
DATA:	18 de março
TURMA E SÉRIE:	4º ano, turma da Sra. McGovern's, Matemática Intensiva
HABILIDADE A FOCAR:	Uso da Abordagem de Resolução de Problemas
PERGUNTAS DO PROFESSOR (Resuma o que você pediu para os alunos fazerem)	Solicitei a Michael que falasse sobre um problema cujo enunciado de texto lhe pedia para saber a velocidade com base nas informações dadas de distância e tempo.
RESPOSTAS DO ESTUDANTE (Resuma os pontos-chave nas respostas do estudante)	Michael parecia estar em dúvida e disse que precisaria saber "o quão rápido o cara estava indo". Perguntou se supostamente estaria em milhas. Eu disse: "O que você acha?". Ele parou, e perguntei se havia uma fórmula que ele poderia aplicar. Em seguida, uma luzinha acendeu e ele lembrou a fórmula (velocidade) × (tempo) = (distância). Neste ponto, ele conectou os números corretamente e encontrou a velocidade.
ENTENDIMENTO DO ESTUDANTE (O que a resposta revela sobre o entendimento do estudante acerca do conceito?)	Michael ainda precisa ser estimulado para saber quando usar uma fórmula que ele obviamente sabe como usar. Ele só não sabe quando aplicá-la. Este parece ser um problema comum em várias verificações que tive com os alunos esta semana, e é consistente com as avaliações do pôster de matemática que fizemos em janeiro.
IMPLICAÇÕES PARA O ENSINO (O que a resposta do estudante sugere sobre as futuras abordagens de ensino?)	Eu preciso dar aos alunos mais problemas com enunciados fora do contexto, para que eles não dependam da aula expositiva que precede o exercício para determinar como encarar o problema. Precisamos passar mais tempo de aula nas fases de "Entendimento" e "Planejamento" da Abordagem de Resolução de Problemas, apenas praticando com os alunos estratégias com base no que é dado e o que é solicitado no problema.

Outra abordagem para essas conversas é simplesmente pedir que os alunos descrevam em um resumo como eles pensam sobre um conceito específico. Por exemplo, uma professora de matemática na Franklin High School poderia perguntar a seu aluno o que o termo "problema de múltiplas etapas" significa para ele e como ele saberia quando várias etapas são necessárias para resolver um problema. Ela também poderia perguntar-lhe sobre o que ele aprendeu com lições particulares que ela havia entregue no passado. Nas situações em que os trabalhos feitos em aula e a lição de casa mostram um crescimento mais forte para alguns alunos do que para outros, pode ser útil perguntar aos alunos cujo aprendizado cresceu consideravelmente sobre como aprenderam o material. Ao mesmo tempo, conversas com alunos com dificuldades podem fornecer *insights* sobre por que esses alunos não estão se beneficiando das estratégias de ensino listadas no plano de ação. Os entrevistadores devem compartilhar as informações obtidas a partir dessas entrevistas com outros professores para que o corpo docente possa revisar o plano de ação a fim de melhor atender às necessidades de todos os alunos.

Como é o caso com todos os formulários de dados, ter um método consistente para coletar e registrar os dados dessas conversas pode dar suporte à análise subsequente, pois mantém os dados focados e facilita a procura por padrões. Em algumas escolas que conhecemos, a equipe de liderança de ensino gera e fornece aos professores modelos para o registro de informações de verificações de aprendizagem dos estudantes; em outras escolas, as equipes de professores geram os modelos para atender às suas necessidades específicas.

Como alternativa para entrevistar alunos individualmente, algumas escolas realizaram grupos focais e pesquisas *on-line* com alunos a respeito de sua aprendizagem. Em muitos casos, esses grupos foram conduzidos logo depois da realização de testes para detectar áreas em que os alunos se sentiram bem preparados, assim como áreas onde percebiam lacunas em sua própria aprendizagem. Outra técnica útil é pedir que os alunos escrevam reflexões sobre sua aprendizagem em um tópico específico. A vantagem de grupos focais, pesquisas e reflexões escritas é que esses métodos permitem que os professores coletem informações de um grande número de alunos de forma muito mais rápida do que seria possível com verificações individuais. A questão é que as informações podem não ser tão individualizadas ou detalhadas quanto as informações obtidas por meio de verificações individuais.

Planejando usar dados de médio prazo

Praticamente desde o momento em que o departamento de matemática da Franklin concordou que todos iriam ensinar uma abordagem consistente para resolver problemas, eles tinham falado sobre como os alunos poderiam demonstrar a sua compreensão dessa abordagem. Alguém havia lançado a ideia de pedir aos alunos que criassem cartazes mostrando as etapas que tinham tomado para resolver problemas complexos, e antes que eles soubessem, o Pôster #1 e o Pôster #2 haviam sido incluídos no plano de ação. A chefe do departamento de matemática Mallory Golden gostou da ideia dos pôsters e quis fazer isso funcionar. Mas para saber se eles realmente seriam capazes de usar os cartazes para medir o progresso dos alunos, ainda havia muito o que pensar.

Ao contrário dos dados de curto prazo, que a escola gera internamente por meio do trabalho regular dos alunos e do desempenho em sala de aula, os dados de médio prazo são reunidos sistematicamente em intervalos mais amplos ao longo do ano letivo. Os dados de médio prazo são úteis para acompanhar o progresso dos alunos em um único ano letivo. Fontes de dados de médio prazo incluem testes comerciais e avaliações desenvolvidas por uma escola ou município. Algumas pessoas chamam de avaliações de "referência", *benchmark* ou "provisórias" aqueles testes que ajudam os professores a medir quão perto os alunos têm chegado do domínio de um determinado grupo de habilidades.[1] O poder real dessas avaliações de referência está em realizá-las várias vezes ao ano para acompanhar o progresso dos alunos.

USANDO AVALIAÇÕES DE *BENCHMARK*

Algumas escolas usam testes comercialmente preparados para medir o desempenho dos alunos várias vezes por ano. Esses testes são particularmente usados nas áreas de conteúdo principal e em geral vêm em um formato de

1 Os educadores geralmente costumavam se referir a esses testes como "avaliações formativas", mas as avaliações formativas vieram a indicar um processo de coletar e usar evidências para fundamentar práticas de ensino e fornecer *feedback* aos estudantes sobre seu progresso. Veja, por exemplo: BLACK, P. J.; WILIAM, D. Inside the black box: raising standards through classroom assessment. *Phi Delta Kappan*, v. 80, p. 139-148, 1998; e HERITAGE, M. *Formative assessment and next-generation assessment systems:* are we losing an opportunity? Washington: Council of Chief State School Officers, 2010. Disponível em: http://www.ccsso.org/Documents/2010/Formative_Assessment_Next_Generation_2010.pdf.

múltipla escolha. Como alguns testes comerciais fornecem diversos formatos de teste para cada nível de série, é possível que uma escola realize esses testes muitas vezes por ano e acompanhe o progresso dos alunos. Os municípios decidem frequentemente sobre os tipos de avaliações de médio prazo que suas escolas usarão e quando as avaliações serão feitas. As escolas sem tais exigências do município, entretanto, podem escolher que testes querem fazer ao longo do ano.

Ao selecionar avaliações de *benchmark*, os líderes devem considerar os tipos de informações diagnósticas que desejam que os testes forneçam. Por exemplo, algumas medidas de desempenho dos estudantes geram informações ricas sobre os processos que os alunos usam para concluir tarefas e são úteis no planejamento do ensino. Além disso, muitas avaliações são projetadas de modo que a análise das respostas *erradas* que um estudante seleciona possa fornecer uma informação útil. Quando os professores analisam os dados de médio prazo juntos, eles podem aprender muito sobre as habilidades de seus alunos. Mais tarde, eles podem conferir as respostas individuais dos alunos e verificar onde eles encontraram dificuldade, e, assim, obter uma noção ainda mais adequada de como melhor ajudar os alunos. Ao escolher a avaliação a ser usada, é importante ter em mente a quantidade de esforço necessário para realizar a avaliação (alguns dos instrumentos mais valiosos exigem que os professores se sentem com os alunos individualmente), a velocidade com que os resultados podem ser obtidos e a riqueza das informações que eles fornecem.

USANDO AVALIAÇÕES FEITAS NA ESCOLA

"Ok", disse Mallory, enquanto abria a reunião do departamento de matemática de dezembro. "Concordamos em usar uma rubrica para avaliar os cartazes de resolução de problemas. Hoje vamos descobrir o que vai ser escrito nessa rubrica."

Adelina perguntou: "Que tal se medirmos o quão bem os alunos concluem cada uma das quatro etapas da Abordagem de Resolução de Problemas?"

Will respondeu: "Acho que devemos começar perguntando o que queremos medir, a capacidade dos alunos de obter a resposta certa, ou a sua capacidade de usar a abordagem de quatro etapas?".

"Bem, a ARP é uma alta habilidade que queremos que os alunos internalizem", disse Adelina.

"Hm, não estamos, então, priorizando os meios em relação aos fins?", perguntou Eddie. "Não é mais importante que eles façam a pergunta certa?"

O desenvolvimento de avaliações feitas na escola oferece às escolas uma tremenda flexibilidade. As escolas podem projetar suas próprias avaliações que estão intimamente alinhadas com os objetivos do plano de ação e podem usá-las para acompanhar o progresso do aluno. Como vemos na Franklin High School, quando você projeta uma avaliação aberta, terá de concordar em como atribuir nota a isso. Aproveitar o tempo para desenvolver uma rubrica comum é uma parte importante deste processo.

Também sabemos de escolas que desenvolveram suas próprias avaliações escolares trimestrais e criaram suas próprias rubricas (ver Tab. 7.2 para um exemplo da Franklin) ou adaptaram amplamente avaliações disponíveis escrevendo rubricas como o Modelo de Escrita 6 + 1 criado pelo Northwest Regional Educational Laboratory.[2]

A questão na criação de avaliações internas é que esses testes internos enfrentam muitos dos desafios de validade e confiabilidade que foram discutidos no Capítulo 2. Há quatro desafios em especial que as escolas devem tentar abordar ao desenvolver suas próprias avaliações. Em primeiro lugar, cada versão da avaliação deve medir as mesmas competências. Se, por exemplo, os professores da Franklin High School fossem dar em janeiro um problema de permutação que os alunos pudessem resolver por tentativa e erro, e um problema de permutação diferente, em março, que exigisse que os alunos conhecessem a fórmula de permutação, então essas avaliações mediriam habilidades amplamente diferentes, embora de maneira involuntária. As escolas podem minimizar o risco deste problema fazendo os professores que são bem versados em seu conteúdo trabalharem juntos para desenvolver a avaliação.

Em segundo lugar, os níveis de dificuldade devem ser consistentes de uma versão da avaliação para a próxima. Se uma escola realiza uma análise literária escrevendo um enunciado usando uma passagem de F. Scott Fitzgerald em setembro e outro enunciado usando uma passagem de John Milton em dezembro, os escores não serão necessariamente comparáveis, porque pode haver uma diferença significativa na dificuldade entre as duas passagens. Mais uma vez, as escolas podem minimizar esse problema

2 Para mais informações sobre este modelo, acesse: http://educationnorthwest.org/traits. (Note que NWREL é chamado agora de Education Northwest.)

Tabela 7.2 Rubrica de avaliação do pôster de resolução de problemas da Franklin High School

	NÍVEL 1: PRECISA MELHORAR (0 PONTOS)	NÍVEL 2: SE APROXIMA DA PROFICIÊNCIA (1 PONTO)	NÍVEL 3: ATINGE A PROFICIÊNCIA (2 PONTOS)	NÍVEL 4: EXCEDE A PROFICÊNCIA (3 PONTOS)	ESCORE PARA CADA ETAPA
ETAPA 1: ENTENDIMENTO	O aluno não indica corretamente o que é dado ou o que é perguntado no problema.	O aluno afirma corretamente o que é dado ou o que é perguntado, mas não ambos.	O aluno declara corretamente o que é dado e o que é perguntado no problema com até uma omissão menor.	O aluno afirma corretamente o que é dado e perguntado no problema sem erros ou omissões.	
ETAPA 2: PLANEJAMENTO	O aluno não lista exatamente as etapas que podem ser tomadas para resolver o problema. O aluno não lista com precisão as informações necessárias para resolver o problema.	O aluno cria uma lista de informações necessárias para resolver o problema, mas com alguns erros ou omissões. O aluno lista corretamente as etapas que podem ser tomadas para resolver o problema, mas com alguns erros ou omissões.	O aluno cria corretamente uma lista de informações necessárias para resolver o problema com até uma pequena omissão. O aluno lista corretamente as etapas que podem ser tomadas para resolver o problema com até uma omissão menor.	O aluno cria corretamente uma lista de informações necessárias para resolver o problema sem erros ou omissões. O aluno lista corretamente as etapas que podem ser tomadas para resolver o problema sem erros ou omissões.	
ETAPA 3: RESOLUÇÃO	O aluno não tenta resolver o problema ou tenta resolvê-lo, mas comete erros consideráveis.	O aluno resolve parte da questão corretamente, mas comete erros em algumas partes.	O aluno obtém corretamente uma resposta, mas algumas etapas na solução não são claras.	O aluno resolve clara e corretamente cada parte do problema.	
ETAPA 4: VERIFICAÇÃO	O aluno não indica as unidades da resposta final. O aluno não indica que o trabalho foi verificado.	O aluno indica as unidades da resposta final, mas com erros. O aluno escreve uma sentença sobre a verificação do trabalho, mas não afirma como ele foi verificado.	O aluno indica corretamente as unidades da resposta final. O aluno escreve uma frase indicando corretamente como o trabalho foi verificado.	O aluno mostra ordenadamente e indica a resposta a cada etapa do problema e a resposta final. O aluno explica claramente não apenas como o trabalho foi verificado, mas também por que a resposta faz sentido.	

ESCORE GERAL PARA O PÔSTER: ________

desenvolvendo todos os enunciados com antecedência e considerando cuidadosamente a dificuldade de cada um. Quando as escolas obtêm perguntas de versões lançadas de testes padronizados, elas podem ser capazes de atingir níveis de dificuldade para cada pergunta. As escolas podem então usar estas classificações para garantir que as avaliações são de dificuldade comparável de uma versão para a seguinte.

Em terceiro lugar, os testes devem ser realizados em condições padronizadas. Por exemplo, se alguns professores permitiram que os alunos conversassem durante uma avaliação e outros não, os escores não serão comparáveis entre essas salas de aula. O corpo docente pode minimizar tais problemas decidindo coletivamente sobre os procedimentos envolvendo a realização dos testes.

Em quarto lugar, um sistema de pontuação consistente deve ser estabelecido. Se é permitido aos professores usar rubricas da maneira como cada um as enxerga, quando eles avaliarem os pôsters, ensaios ou outros trabalhos de matemática dos alunos, suas pontuações não serão necessariamente comparáveis. As escolas também podem minimizar as variações nas abordagens de pontuação treinando os professores para calibrar sua pontuação como um grupo e removendo os nomes dos estudantes do trabalho para minimizar o impacto de suposições preexistentes sobre alunos específicos. Além disso, a escola pode ter dois professores para pontuar cada avaliação, e se os dois diferirem consideravelmente em sua pontuação, um terceiro avaliador pode ajudar a resolver o impasse.

Tal como em qualquer avaliação, as escolas devem fazer o seu melhor ao abordar estas preocupações e não devem depender muito de qualquer medida única. Como as avaliações de médio prazo permitem que os professores monitorem os alunos ao longo de um ano, elas oferecem uma excelente oportunidade para que os professores verifiquem como os indivíduos estão progredindo e diagnostiquem o que cada aluno precisa. Além disso, esses dados são valiosos para identificar padrões por turma, nível de classificação ou outras categorias.

Planejando usar dados de longo prazo

Dados de longo prazo, como avaliações estaduais, são dados recolhidos anualmente e apresentam desafios e oportunidades. Os dados de longo prazo costumam ser gerados por um sistema de prestação de contas externo conectado a resoluções estaduais e federais que dependem de testes em todo o estado para medir se as escolas estão atendendo às necessidades de todos os alunos. Como resultado, os dados de longo prazo são os dados que parecem "contar" e aqueles que são alvo de maior pressão em direção à melhoria. Embora essas pressões possam criar uma urgência importante para a melhoria, podem, infelizmente, levar as escolas a adotar um foco de "visão de túnel" em relação a dados de longo prazo como única medida de sucesso. Como qualquer medida única de desempenho, os dados de longo prazo dão uma fatia de informação que precisa ser comparada com outros dados para criar uma imagem completa. O plano de avaliação desenvolvido pela Clark K-8 School mostra como múltiplas medidas de desempenho dos estudantes podem ser incorporadas (Tab. 7.3).

Os dados de longo prazo podem ser muito úteis para avaliar o progresso em um período de tempo maior, como vários anos. Quando o teste estadual permanece consistente e as pontuações da escola são médias em diversos anos e comparadas ao longo do tempo, os dados de teste de fim de ano podem revelar informações úteis sobre a trajetória de desempenho de uma escola. Embora os testes estaduais também possam ser usados longitudinalmente para monitorar o desempenho de alunos individuais de um ano para o outro, sua utilidade para esse fim depende de ter formas comparáveis entre os níveis de série. Esses testes em geral são mais valiosos para examinar as tendências ao longo do tempo do que para se concentrar no desempenho individual. Os testes estaduais também são limitados em sua utilidade diagnóstica, pois em muitos estados (mas não todos), os resultados chegam no ano letivo posterior à realização do teste.

DETERMINE METAS DE APRENDIZAGEM DOS ESTUDANTES

Anita ficou contente com o plano que ela e sua equipe de série da Clark tinham elaborado. Ela gostou da maneira como eles estariam olhando para os dados ao longo do ano a fim de saber como as habilidades de leitura dos alunos estavam indo. O único problema agora era que ela havia incluído no plano uma coluna chamada "Metas", que estava parecendo muito vazia. Como a equipe deve pensar em definir metas para o aprendizado do aluno? Parecia que qualquer meta pensada seria, de algum modo, arbitrária. Que quantidade de progresso seria razoável esperar?

Tabela 7.3 Plano de avaliação do progresso da equipe de 3º e 4º anos da Clark K-8 School

TIPO DE DADOS	TAREFAS DE MEDIÇÃO	PÚBLICO	CRONOGRAMA PARA JUNTAR INFORMAÇÕES	CRONOGRAMA PARA COMPARTILHAR E INTERPRETAR INFORMAÇÕES	METAS
DADOS DE CURTO PRAZO	**1.** Conduzir verificações um a um com estudantes que fazem inferências sobre passagens escritas	Professores de sala de aula de 3º e 4º anos	Os professores irão conferir com cinco estudantes por semana durante a Oficina de Leitura Silenciosa e manter anotações nas folhas de verificação	Os professores compartilham achados principais na reunião de equipe de série em outubro, dezembro, fevereiro e abril	
DADOS DE CURTO PRAZO	**2.** Observar discussões baseadas em textos nas salas de aula de 3º e 4º anos	Diretora Sandy Jenkins, assistente de direção e gerente de dados Bob Walker	Conduzir observações focadas nos estudantes em novembro e março	Discutir achados pós-observação com os professores imediatamente depois da aula Apresentar observações mais amplas sobre as habilidades dos estudantes com inferências em reuniões gerais de professores no início de dezembro e início de abril	
DADOS DE MÉDIO PRAZO	**3.** Avaliar habilidade sobre inferências usando avaliação municipal de leitura	Assistente de direção e gerente de dados Bob Walker	Realizar o teste com todos os estudantes nas segundas semanas de setembro, dezembro e abril Nas primeiras semanas de outubro, janeiro e maio, o gerente de dados recebe os escores, os classifica por sala ou por professor tutor no Excel e envia essa análise por e-mail para os professores correspondentes Os professores de aula adicionam escores às suas anotações e examinam o progresso individual dos estudantes	Nas primeiras semanas de outubro, janeiro e maio, o gerente de dados cria apresentações de dados para mostrar em reuniões gerais de professores Ele também cria apresentações específicas por série para facilitar as discussões nas reuniões de equipe de série	
DADOS DE LONGO PRAZO	**4.** Usar resultados de testes estaduais e de final de ano para determinar se a escola realizou AYP	Diretora Sandy Jenkins, assistente de direção e gerente de dados Bob Walker	Juntar resultados de avaliações de anos anteriores no final de setembro e enviar por e-mail para os professores correspondentes Realizar os testes corriqueiros do ano letivo escolar na segunda semana de maio	No final de setembro, o gerente de dados prepara apresentações para a reunião geral de professores, liderada pela diretora Jenkins	

É importante estabelecer metas de curto, médio e longo prazo para que os professores tenham metas para buscar e *benchmarks* para avaliar o progresso de seus alunos. Definir metas faz parte do estabelecimento de uma cultura interna de prestação de contas e de altas expectativas e de prever o que é de fato possível. Embora você não possa inicialmente saber o que constituem metas razoáveis, é essencial ter uma conversa franca sobre quanto progresso espera alcançar. A configuração da meta é um processo recorrente que se torna mais preciso à medida que você aprende mais sobre as trajetórias de aprendizado de seus alunos.

Muitas vezes, incentivamos as equipes a definir metas audaciosas, lembrando-lhes que o processo de melhoria não será necessariamente uma subida constante ao cume. A melhoria da escola leva muito tempo, e prossegue em mergulhos, planaltos e surge à medida que os professores aprendem novas habilidades e as incorporam em sua prática. As escolas algumas vezes até mesmo veem uma queda no desempenho do aluno no início do processo de melhoria, porque os professores ainda estão se esforçando para dominar estratégias desconhecidas. No entanto, à medida que os professores ficam mais confiantes no uso de novas estratégias de ensino e conforme os alunos internalizam as expectativas aumentadas dos professores, definir e alcançar metas ambiciosas pode se tornar cada vez mais fácil.

Metas de melhoria e metas de proficiência

Suas metas para avaliações de curto, médio e longo prazo devem se dividir em metas de melhoria e metas de proficiência. Uma meta de melhoria é um objetivo traçado para o crescimento dos alunos em uma determinada avaliação dentro de um determinado período de tempo – por exemplo, que todos os alunos melhorem suas pontuações em 25% nas avaliações provisórias de matemática municipal entre setembro e maio.

Por outro lado, uma meta de proficiência é um objetivo traçado em relação a quantos alunos alcançarão um nível de desempenho que é considerado razoável e apropriado para estudantes no mesmo nível escolar dentro de um determinado período de tempo. As metas de proficiência não são usadas para medir o crescimento tanto quanto para medir o número de alunos que atenderam ao *benchmark* de desempenho. Um exemplo de uma meta de proficiência seria, por exemplo, que 90% dos alunos da 1ª série de uma escola obtivessem um resultado no nível esperado para sua série ou acima disso em uma avaliação de matemática municipal até o final do ano letivo.

O estabelecimento de metas de melhoria e proficiência mantém as escolas focadas em dois objetivos distintos e importantes – crescimento e competência. Uma escola que está buscando uma meta de melhoria deve se concentrar no avanço da aprendizagem de todos os alunos, mesmo aqueles que no momento estão muito abaixo da proficiência ou consideravelmente acima disso. Trabalhamos com escolas onde a maioria ou todos os alunos estão atingindo a marca de proficiência, mas poucos alunos estão melhorando de forma considerável. Nessas escolas, as metas de melhoria podem ser a medida mais relevante e um motivador mais significativo para a mudança. Contudo, também trabalhamos com uma escola que conseguiu melhorar o desempenho em leitura de um grande número de alunos de três ou mais níveis abaixo do esperado para sua série para apenas um nível abaixo da expectativa. Esta escola atingiu sua meta de melhoria porque um grande número de seus estudantes aumentou significativamente seu desempenho em leitura. Porém, o progresso desses alunos não ajuda a escola a atingir sua meta de proficiência, pois os alunos permaneceram abaixo do nível adequado para sua série.

Tanto o crescimento quanto a competência são importantes para o sucesso no mundo real. Se os alunos precisam estar prontos para competir na economia de hoje, não é suficiente para o seu desempenho acadêmico mostrar a melhoria ao longo do tempo. Eles precisam ser proficientes em resolução de problemas e em comunicação, entre outras habilidades. Para os alunos cujo desempenho é inferior ao proficiente em qualquer área, a melhoria não é suficiente. As escolas devem insistir em educar todos os seus alunos para a proficiência, e isso significa definir regularmente metas de progresso para a competência e crescimento.

Além de definir metas de melhoria agregada, algumas escolas acham útil definir metas de melhoria para alunos específicos ao longo do ano. Definir metas individuais do aluno pode focar a atenção dos professores, dos alunos e até mesmo dos pais no que precisa ser realizado. Conhecemos escolas que projetam planos de aprendizado individuais com metas e etapas de ação para todos os alunos, bem como escolas que escolhem uma abordagem menos demorada do que definir metas para cada aluno. Nas escolas que envolvem estudantes e pais em conversas sobre a definição de metas, os alunos seguidamente surpreendem os professores definindo metas para si que são mais altas do que as que os professores teriam definido para eles.

Quando o departamento de matemática da Franklin começou a discutir as metas em sua avaliação de cartazes, eles se depararam com um problema. "Parece que estamos atirando no escuro aqui", disse um professor de geometria. "Quer dizer, nós nunca aplicamos essa avaliação antes, então não temos ideia de como as crianças vão fazer isso. Poderíamos nos sentar aqui e dizer que queremos ter 100% dos alunos superando as expectativas até o final do ano, mas isso é apenas conversa. Não vejo como podemos definir metas para o desempenho nesta avaliação até que tenhamos algum tipo de linha de base que nos diga onde estamos agora. Se não, qual é o sentido disso?"

Definir metas realistas e apropriadas envolve, primeiro, a análise de dados de base para determinar onde sua escola está atualmente. Você já pode ter feito isso como parte do panorama de dados ou ao mergulhar nos dados que ajudaram a identificar o problema centrado no aprendiz. Em seguida, você precisa pensar sobre quais são as características do sucesso em longo prazo. O professor de geometria recém-citado no relato levanta um problema que muitas vezes ouvimos: Como você decide para que lado está atirando? Vimos escolas que usam outras escolas como referência para definir seus objetivos. Às vezes, as escolas olham para outras que estão tendo mais sucesso com populações de alunos semelhantes para ter uma ideia do que se deve mirar para alcançar. Também vimos escolas olhando para outras com populações de estudantes diferentes (p. ex., escolas urbanas olhando para escolas rurais... ou vice-versa) com a mesma finalidade. Esta abordagem de olhar externamente para *benchmarks* pode minimizar o potencial de subestimar o nível de realização que é possível com base em dados atuais.

O próximo passo é decidir quanto tempo deve demorar para que se passe do nível de desempenho atual para um nível que se constitui como sucesso. Com esse período de tempo em mente, você pode definir metas intermediárias que o levarão a alcançar esse objetivo de sucesso de longo prazo.

O problema de Cachinhos Dourados

Assim como Cachinhos Dourados experimentou as camas que eram muito duras e muito macias antes de escolher uma que fosse perfeitamente adequada, as escolas, de maneira análoga, enfrentam a dificuldade de estabelecer metas que não sejam nem tão difíceis que desanimem o corpo docente, nem tão suaves a ponto de haver pouco a superar. É útil que os professores definam metas ambiciosas para que eles estejam constantemente estimulando uns aos outros para melhorar a sua prática e promover a aprendizagem dos alunos. No entanto, tendo em vista que o processo de melhoria envolve a investigação e aprendizagem em curso, as escolas devem ter em mente que as metas de progresso são um meio para um fim, em vez de um fim em si mesmo. Em outras palavras, não atingir a grande meta almejada não significa necessariamente que se falhou por completo, assim como alcançar um objetivo muito conservador não significa que você atingiu um sucesso espetacular.

Definir metas oferece às escolas a oportunidade de discutir o grande cenário que importa para elas – como ajudar os alunos a se tornarem aprendizes e pensadores, leitores e solucionadores de problemas, e cidadãos respeitosos e cooperativos. A definição de metas também oferece às escolas a oportunidade de estabelecer altas expectativas para o que os alunos podem alcançar com o apoio dos professores. Metas que são definidas internamente são apenas *benchmarks* para medir o progresso, manter os membros do corpo docente focados e responsáveis uns pelos outros – e elas devem ser vistas como tal. Atribuir exageradamente altas expectativas a essas metas cria incentivos para o Jogo do Sistema, que (como o Cap. 2 explica) não apoia a aprendizagem dos alunos. Assim, as escolas devem esforçar-se para estabelecer metas ambiciosas, porém realizáveis, e manter a perspectiva de que o que mais importa não é atender a um objetivo em particular, mas constantemente realizar a autoavaliação para determinar o que está funcionando e o que pode ser melhorado para atender as necessidades de aprendizagem de todos os alunos. A Tabela 7.4 mostra como as metas da Franklin High School podem ser incluídas em um plano de avaliação. Depois de decidir como, quando e por meio do que o progresso dos alunos padrão será medido, você estará pronto para começar a implementar seus planos de ação e avaliação.

Tabela 7.4 Plano de avaliação de progresso do Departamento de Matemática da Franklin High School

MÊS	AVALIAÇÃO	QUEM COLETA OS DADOS?	QUEM COMPARTILHA OS DADOS?	COMO OS DADOS SÃO COMPARTILHADOS?	METAS DE PROGRESSO
AO LONGO DE TODO ANO	Avaliações semanais das respostas dos estudantes para tarefas de sala de aula com respostas abertas	Professores de matemática	Professores de matemática	Pequenos grupos – Reunião final do departamento de matemática de cada mês	
JANEIRO	Avaliação de resposta aberta do pôster de matemática (diagnóstico)	Professores de matemática	Chefe de departamento Mallory Golden	Reuniões do departamento de matemática	50% dos estudantes atingem ou excedem a proficiência (diagnóstico)
FEVEREIRO					
MARÇO	Avaliação de resposta aberta do Pôster 1 de matemática	Professores de matemática	Chefe de departamento Mallory Golden	Reuniões do departamento de matemática	65% dos estudantes irão atingir ou exceder a proficiência
ABRIL					
MAIO	Avaliação de resposta aberta do Pôster 2 de matemática	Professores de matemática	Chefe de departamento Mallory Golden	Reuniões do departamento de matemática	80% dos estudantes irão atingir ou exceder a proficiência
JUNHO	Teste estadual de final de ano	O diretor Roger Bolton e a equipe administrativa	O diretor Roger Bolton e a equipe de liderança de ensino	Os gerentes de dados irão criar apresentações gráficas e mostrar os dados quando os resultados chegarem em setembro do próximo ano	O escore de escala médio em matemática irá melhorar em 3 pontos ou mais; 50% dos estudantes irão atingir o nível de proficiência em matemática
JULHO	Discussões sobre o progresso (reflexões sobre as avaliações)	O diretor Roger e o coordenador de matemática Sasha Chang	O diretor Roger e o coordenador de matemática Sasha Chang	Reunião final do departamento de matemática	

INTEGRANDO OS HÁBITOS MENTAIS ACE NO PASSO

7 PLANEJAR A AVALIAÇÃO DO PROGRESSO

A

COMPROMISSO COMPARTILHADO COM **AÇÃO, AVALIAÇÃO E AJUSTES**

O Capítulo 7 aborda a importância do planejamento para avaliar em que medida o seu plano de ação melhorou o *desempenho dos alunos*; o Capítulo 6 salienta a necessidade de desenvolver indicadores de implementação que permitam avaliar em que medida o plano melhorou a *prática docente*. Tomados em conjunto, esses dois tipos de avaliação dão à sua equipe as orientações de que precisa para fazer um impacto coletivo. Você pode tornar este trabalho mais pessoal – e mais imediato – dando tempo aos professores para definir seus próprios objetivos a fim de saber como eles gostariam de ver sua prática mudar ao longo do tempo. Para formalizar isso, você pode entregar cartões e pedir que os professores escrevam um objetivo de curto, médio e longo prazo que eles têm para sua própria prática. Isso pode ajudar a reforçar a ideia de que o sucesso coletivo da equipe depende do comprometimento de cada indivíduo em melhorar sua capacidade de ajudar os alunos a atingir metas de aprendizagem ambiciosas.

C

COLABORAÇÃO INTENCIONAL

Se você tiver dado aos professores a oportunidade de anotar seus objetivos de melhoria pessoal, poderá então facilitar a colaboração intencional unindo os professores e os fazendo compartilhar seus objetivos e pensar em novas maneiras de ajudar uns aos outros a atingir suas metas. Ao longo da implementação do plano de ação, a construção a tempo de permitir que pares se reconectem em torno de seus objetivos pode ajudar a fomentar o tipo de apoio mútuo que permitirá que os professores façam mudanças significativas na prática. Este tipo de "irmandade" pode até mesmo funcionar em nível de escola ou município. Especialistas (como professores de arte ou de música) que não têm uma pessoa que compartilha seu papel na sua escola podem achar que é muito útil discutir seus objetivos e seu progresso com alguém que compreende bem os desafios pedagógicos associados com uma área de conteúdo específica.

FOCO IMPLACÁVEL EM **EVIDÊNCIAS**

Não negligencie o valor da voz do estudante como uma fonte potencial de evidência. Até agora, neste livro, mencionamos a importância de verificar com os próprios alunos como está a sua aprendizagem. Mas ainda não discutimos a possibilidade de perguntar aos alunos diretamente sobre o quão bem eles acham que o *uso das estratégias de ensino pelo professor* auxilia esse aprendizado. Como sempre, é importante encontrar maneiras de estimular os estudantes a fim de obter respostas descritivas e específicas para que você seja capaz de agir sobre elas. Por exemplo, "Trabalhar em pequenos grupos parece um desperdício de tempo para mim" não é tão útil como "Quando trabalhamos em pequenos grupos, acho que costumo saber como fazer o problema e por isso na verdade acabo me desestimulando até fazer com que todos os outros consigam entendê-lo".

Entrevistas e pesquisas são duas maneiras de coletar dados dos alunos; escolher quais você usa depende de suas prioridades. Se quiser informações detalhadas com a possibilidade de perguntas de acompanhamento, as entrevistas podem ser o caminho a percorrer. Neste caso, você vai precisar decidir quem vai fazer a entrevista. Os professores pedirão aos seus próprios alunos? Ou aos alunos dos seus colegas professores? Será que as informações serão coletadas por alguém que os alunos não conhecem? Ou é possível que os próprios alunos coletem as informações como parte de um projeto de pesquisa? Para qualquer um desses casos, você precisará pensar sobre a confiabilidade dos dados e a validade das inferências que pode extrair deles. No entanto, quando tomado como parte de um esforço maior para avaliar o plano de ação, os alunos podem fornecer uma parte importante do quebra-cabeça.

Os questionários também podem ser um meio eficaz de aprender sobre as percepções dos alunos acerca do ensino. Um questionário pode usar tão pouca tecnologia quanto um pedaço de papel com alternativas a selecionar ou alta tecnologia como uma pesquisa *on-line*. O *site* do Projeto Data Wise fornece *links* para organizações que produziram questionários projetados para obter visualizações de alunos em uma ampla gama de tópicos relacionados ao seu nível de engajamento com conteúdo, colegas e professores. Se administrados corretamente, eles podem oferecer uma oportunidade para que os alunos compartilhem seus comentários de forma anônima. Os professores nos disseram que esta informação é extremamente valiosa porque lhes fornece mais informação sobre a razão principal do ensino: os estudantes!

8

Agir e avaliar

Liane Moody
Mary Russo
Jonna Sullivan Casey

O SINAL DE VOLTA ÀS AULAS ERA INCONFUNDÍVEL. A DIRETORA DA CLARK K-8 School, Sandy Jenkins, cumprimentou muitos professores que estavam retornando e alguns outros novos enquanto abria a primeira reunião de professores do ano. "O que estou passando para vocês é um resumo de uma página das estratégias de ensino que desenvolvemos na primavera passada para melhorar a habilidade dos alunos em fazer inferências em uma variedade de gêneros literários", explicou ela. "Uma vez que passamos muito tempo trabalhando em equipes de série, achei que seria útil para todos ver como nosso trabalho no desenvolvimento das habilidades de leitura dos alunos se conecta em toda a escola e é construído série a série."

No papel, o resumo dos planos de ação para cada equipe fez muito sentido. No entanto, Sandy tinha um sentimento incômodo de que trazer esses planos à tona seria muito mais difícil do que o esperado. E se o foco no plano de ação desviasse os professores de todas as outras tarefas importantes que eles tinham pela frente? E se os professores tivessem dificuldades com as estratégias e desistissem rapidamente? E se os professores não as implementassem com habilidade e consistência? E, o pior de tudo, se as estratégias não fizessem diferença para o aprendizado dos alunos?

Quando os professores trabalham colaborativamente para desenvolver um plano de ação com o objetivo de melhorar o ensino, você pode achar que eles têm um grande ímpeto para a mudança. Engajar-se de forma ativa no processo de melhoria pode capacitar os professores, inspirando neles a confiança de que desempenham o papel crítico na melhoria do progresso do aluno e o compromisso de cumprir esse papel o melhor possível dentro de suas capacidades. Entretanto, como líder da escola, você pode achar que, quando chega a hora de implementar o plano de ação, seu corpo docente precisa de você mais do que nunca. Os professores estarão no centro do palco enquanto começam a implementar as melhorias de ensino em suas salas de aula e vão esperar que você orquestre um fluxo suave entre os vários componentes do plano e os ajude a se reagrupar quando o andamento fica difícil.

A realidade do trabalho de melhoria escolar é que, mesmo com o melhor planejamento, quando você começa a implementação, vai inevitavelmente encontrar surpresas e desafios. Na prática, as estratégias de ensino parecerão diferentes de como foram escritas no papel. Os alunos responderão de diferentes maneiras. À medida que os professores desenvolvem um conhecimento mais sofisticado sobre a sua prática, surgem novos e mais complexos problemas de aprendizagem dos alunos. Até agora, no ciclo de melhoria, você orientou seu corpo docente em um processo de investigação; a implementação, ou ação, é apenas o próximo passo lógico ao se preparar professores para olhar profundamente os problemas de aprendizagem dos alunos e desenvolver uma maneira disciplinada de lidar com eles. A fim de desenvolver esse espírito, alguns líderes escolares descrevem o plano de ação como um experimento, uma forma de pesquisa de ação em que uma escola testa suas teorias de como as estratégias de ensino levam ao aprendizado do aluno.

Suas equipes escolares trabalharam duro para colocar as ideias do plano de ação por escrito. Agora que é hora de pôr as ideias em prática, quatro perguntas podem guiar seu trabalho como líder escolar:

- Estamos todos na mesma página?
- Estamos fazendo o que dissemos que iríamos fazer?
- Nossos alunos estão aprendendo mais?
- Para onde vamos a partir daqui?

ESTAMOS TODOS NA MESMA PÁGINA?

Embora você possa querer que os professores coloquem toda a sua energia na implementação do plano de ação, a realidade é que qualquer plano de melhoria do ensino terá de ocorrer no contexto do trabalho em andamento na sua escola. Por exemplo, o novo foco da Clark K-8 School em usar o Pensamento em Voz Alta com alunos de 3º e 4º anos deve estar de acordo com a exigência de seu município de que todas as escolas implementem instruções no estilo de oficinas. Na Franklin High School, os professores precisarão integrar a nova estratégia de resolução de problemas que desenvolveram com um guia passo a passo muito explícito e detalhado para o currículo de matemática. Para ajudar os professores a dar vida ao plano de ação, os líderes escolares precisam comunicá-lo de forma clara, integrá-lo ao trabalho em andamento na escola, além de usar equipes de apoio e criar o senso de prestação de contas interna.

Comunique claramente o plano de ação

Você gostaria de liderar uma escola onde os professores estivessem tão focados na aprendizagem dos alunos que um visitante poderia perguntar a qualquer um deles sobre os objetivos de ensino da instituição e obter a mesma resposta certeira? A comunicação antes e durante a implementação pode ajudar a garantir que as metas e estratégias do plano de ação sejam bem entendidas e que as expectativas para professores e alunos sejam claras e consistentes em todas as salas de aula.

Um meio eficaz de comunicação é o uso criativo dos documentos escolares. Embora o documento do plano de ação propriamente dito possa definir de forma abrangente as etapas que os professores seguirão para implementar uma estratégia de ensino, é provável que esse documento não seja a melhor maneira de comunicar o plano aos docentes e funcionários que não estavam ativamente envolvidos na sua concepção. Em vez disso, oferecer um resumo de uma página, que define os principais componentes do trabalho de melhoria escolar, pode ser um passo importante para ajudar a criar um ambiente em que todos os professores sejam capazes de descrever em linguagem específica e concreta como a escola está trabalhando para melhorar o desempenho dos alunos. Um documento que refine os pontos importantes de um plano de ação escolar, como o Plano de Melhoria Resumido da Clark K-8 School mostrado na Tabela 8.1, pode ser efetivamente compartilhado com todos na comunidade escolar, incluindo alunos e pais.

Na Franklin High School, todo o departamento de matemática estava envolvido no processo de identificação da resolução de problemas como uma grande fraqueza dos estudantes e na escolha da Abordagem de Resolução de Problemas como uma forma promissora de lidar com isso. No entanto, nem todos os professores de matemática participaram de cada etapa da elaboração do plano de ação. A Franklin experimentou um problema comum de comunicação que surge quando as escolas tentam mudar, passando de uma equipe representativa que desenvolve um plano de ação para um

Tabela 8.1 Plano de Melhoria Resumido da Clark K-8 School

PROBLEMA CENTRADO NO APRENDIZ:	Os alunos têm dificuldade para fazer inferências baseadas no texto ao ler.
PROBLEMA DE PRÁTICA:	Como professores, não ensinamos a inferência explicitamente, e não ajudamos os alunos a fazer conexões entre as inferências que eles fazem em suas vidas e as inferências que eles precisam fazer com os textos.

ESTRATÉGIAS DE ENSINO

(Inclui fornecer aos alunos exposição, modelagem, prática compartilhada, prática guiada e trabalho independente para garantir que essas estratégias sejam ensinadas, demonstradas, praticadas e aplicadas.)

1º E 2º ANOS	3º E 4º ANOS	5º E 6º ANOS	7º E 8º ANOS
Use perguntas orais depois da Leitura em Voz Alta com o objetivo de levar a discussão sobre fatos para níveis mais altos de significado – por exemplo, O que o fez dizer isso? Como sabia disso? Demonstre e exija que os alunos justifiquem ou "provem" suas respostas oralmente com novas informações aprendidas.	Continue com perguntas orais e provando suas técnicas de resposta de 1º e 2º anos, aplicadas a produções mais desafiadoras de escrita. Modele o processo do Pensamento em Voz Alta no sentido de usar informações do texto para elaborar conclusões e opiniões tanto oralmente quanto por escrito. Forneça aos alunos perguntas em formato escrito para serem usadas como referência na prática do Pensamento em Voz Alta.	Continue com perguntas orais, provando sua resposta e técnicas do Pensamento em Voz Alta de séries anteriores, aplicadas a produções mais desafiadoras de escrita. Exemplifique o uso do formato de duas colunas nos cadernos de Resposta do Leitor para perguntar, registrar e responder perguntas sobre o texto que exigem a leitura nas entrelinhas (inferências). Em círculos de literatura, verificações individuais de professores, discussões de sala de aula e tarefas de escrita, exija que os alunos defendam opiniões com argumentos sólidos cujas declarações e implicações estejam no texto.	Continue com perguntas orais, provando sua resposta, Pensamento em Voz Alta, cadernos de resposta do leitor e técnicas de discussão de séries anteriores aplicadas a produções mais desafiadoras de escrita. Aplique todas as técnicas anteriores para a análise de personagens em gêneros literários exigidos nos 7º e 8º anos – por exemplo, Como o personagem é desenvolvido e revelado a partir do que ele diz? O que os outros dizem sobre ele? O que ele faz?

AVALIAÇÃO DO PROGRESSO

CURTO PRAZO	MÉDIO PRAZO	LONGO PRAZO
Observações das discussões nas salas de aula para cada série; estudantes selecionados aleatoriamente podem dar exemplos detalhados e explicações para opiniões.	As respostas dos alunos sobre os itens que testam as habilidades de inferência usando avaliações de leitura de *benchmark* do município (setembro/janeiro/junho) mostram aumento nas respostas corretas.	O padrão de respostas dos alunos sobre os itens que testam as habilidades de inferência em testes estaduais, de fim de ano, mostra aumento no número de respostas corretas.

grupo mais amplo que o implementa. Para lidar com esse problema, a chefia do departamento de matemática trabalhou para trazer todo o corpo docente a bordo, certificando-se de que todos os professores de matemática haviam entendido os objetivos em relação ao trabalho do estudante, as mudanças na prática projetadas para ajudar a atingir esses objetivos e a forma como o progresso rumo a esses objetivos seria medido. Comunicar essas informações em uma escola grande é um desafio importante e contínuo.

Integre o plano de ação ao trabalho em andamento na escola

Ser claro sobre o que o plano de ação implica é uma tarefa importante. Mas pode ser igualmente importante garantir que os outros objetivos de ensino da sua escola não sejam ofuscados pelo novo plano. Uma boa maneira de fazer isso é trabalhar com seu corpo docente para desenvolver um mapa curricular escolar e descrever como suas novas estratégias se encaixam neste plano geral.

Na Clark K-8 School, a diretora Sandy Jenkins e sua equipe de liderança criaram um mapa curricular do ensino de línguas baseado nos padrões curriculares estaduais, nas diretrizes municipais e no seu próprio planejamento de ações. Para cada padrão de aprendizado de língua, a equipe comparou o que cada nível de série cobriria a cada semana do ano letivo a fim de garantir que os professores ensinassem todos os padrões a todos os alunos ao longo de um ano. Qualquer um que consultasse esse mapa, que foi proeminentemente exibido do lado de fora do prédio da escola e afixado em cada sala de aula, poderia ver quais temas e quando eles seriam apresentados em cada nível de série. O mapa provou ser de extrema utilidade quando as equipes de série se reuniram para descobrir como integrar as estratégias de ensino de seus planos de ação em seu trabalho em andamento.

Use equipes de apoio e prestação de contas interna

Enquanto observava a reunião do departamento, o diretor Roger Bolton podia ver que Anne McGovern e Jean Louis se sentiam perdidos. Como professores de "matemática intensiva" na Franklin, suas turmas incluíam os estudantes de matemática de mais baixo desempenho da escola. Ambos novos professores, eles tiveram o prazer de serem incluídos no processo do departamento de matemática para analisar dados e pensar em melhorias para o ensino. Estavam entusiasmados com a Abordagem de Resolução de Problemas que o departamento havia escolhido. Mas agora que era hora de realmente começar a ensiná-lo, o plano parecia fora do alcance. "Não vejo como podemos ensinar esse método", Roger ouviu Jean resmungar ao final da reunião, "se nossos alunos não conseguem nem mesmo ler os problemas que damos a eles ou fazer os cálculos mais básicos que são solicitados".

Ao começar a organizar a análise colaborativa de dados, como líder da escola, você trabalhou para construir um sistema de equipes interligadas de professores. Agora que é o momento de implementar seu plano de ação, essas equipes podem se tornar uma importante fonte de apoio e inspiração para os professores. À medida que os professores se acostumarem a fazer o *check-in* com seus colegas regularmente, eles fazem um esforço maior para estarem preparados para as reuniões. Quando os professores veem seus companheiros de equipe trabalhando duro para implementar as estratégias, eles se sentem motivados a dar o seu melhor para fazer mudanças em suas próprias salas de aula. E à medida que os professores percebem que eles acabarão passando seus alunos para os professores do ano seguinte – que esperam que os alunos tenham experimentado as práticas de ensino acordadas no plano de ação –, eles desenvolvem um maior senso de responsabilidade pessoal para com o desempenho de seus alunos.

Contudo, pode haver momentos em que você descobre que as estruturas de equipe que montou não são suficientes e que você pode precisar facilitar o desenvolvimento de novas colaborações. O diretor Roger Bolton supôs que uma das razões pelas quais os professores de matemática intensiva estavam frustrados era que eles precisavam de orientação sobre como tornar a Abordagem de Resolução de Problemas mais acessível aos seus alunos. Então Roger arranjou uma maneira de reunir o departamento de matemática e os professores de inglês como segunda língua e professores especialistas em educação especial para discutir de que forma fornecer maior apoio para a aprendizagem dos alunos, como quebrar os passos da abordagem em unidades menores que poderiam ser ensinadas durante um longo período de tempo. Pelo fato de Roger ter envolvido todo o corpo docente em explorar o desempenho de matemática no início do ano e depois ter compartilhado o plano de ação do departamento de matemática com toda a escola, todos os professores ficaram bastante familiarizados com a tarefa em mãos. Incentivar o corpo docente a trabalhar com todas as disciplinas para descobrir como conectar os objetivos de ensino da escola com suas aulas diárias pode ser uma maneira poderosa de fazer a implementação decolar, especialmente quando se considera a aprendizagem de alunos em situação de risco ou com maiores dificuldades.

ESTAMOS FAZENDO O QUE DISSEMOS QUE IRÍAMOS FAZER?

Como líder da escola, você pode começar a acompanhar o andamento das coisas quase desde o momento em que os professores iniciam a implementação do plano de ação. O monitoramento é fundamental para garantir um início suave e para sinalizar claramente aos professores que este trabalho é tão importante que você, como líder da escola, pretende dar-lhe a sua atenção pessoal. Não há nenhum motivo para esperar que a implementação esteja no meio do caminho para então verificar se os professores de fato integraram as estratégias de ensino em sua prática. Se você esperar tanto tempo e, em seguida, descobrir que a situação não está bem, é como olhar por um espelho retrovisor – a ação já passou e, muitas vezes, é tarde demais para mudá-la. Se você ficar envolvido desde o início, pode se tornar um parceiro útil para garantir que o ensino realmente mude. Para fazer isso, você pode achar conveniente visitar as salas de aula com frequência, promover a consistência em vez da conformidade em práticas de ensino e adaptar os planos de desenvolvimento profissional para atender às necessidades contínuas que emergem do trabalho.

Visite frequentemente as salas de aula

Observar a prática era algo que sua equipe precisava fazer para identificar o problema de prática que você estava comprometido em abordar com seu plano de ação. Quando começar a implementar esse plano, você vai querer voltar direto para as salas de aula e ver como tudo está indo. Na verdade, essas visitas devem fazer parte do seu plano para avaliar o progresso.

Como mencionado no Capítulo 5, a equipe do Projeto Data Wise criou um livro-guia sobre os elementos-chave da prática de observação (*Key elements of observing practice: a Data Wise DVD and facilitator's guide*) em resposta ao *feedback* de educadores sobre o desafio de criar uma cultura onde a prática de observação é uma parte confortável da experiência de todos os professores.[1] Esse recurso traz argumentos de que as rotinas efetivas de visita à sala de aula contêm cinco elementos-chave:

- Foco.
- Observação.
- Conversas pós-observação.
- Ajuste
- Seguimento.

Quando o objetivo das visitas em sala de aula é implementar e aperfeiçoar as melhorias de ensino avaliando o progresso, a tarefa associada ao elemento de **foco** é revisar seu problema de prática e entender como as lições que você observará tentam resolver esse problema. Quando você faz a **observação**, está coletando evidências sobre as características do ensino e da aprendizagem em relação ao plano de ação que está sendo implementado; e quando realiza as **conversas pós-observação**, você vai discutir as evidências que ouviu e viu e se comprometer com a forma como você vai fazer o **ajuste** do ensino com base no que aprendeu. Quando você faz o **seguimento**, discutirá o que aconteceu quando ajustou o ensino e planejará etapas novas.

Durante sua reunião focal, você pode querer distribuir folhas de anotações para lembrar os observadores sobre qual é o problema centrado no aprendiz e o problema de prática, e dar espaço às pessoas para acompanhar o que o professor está fazendo, o que os alunos estão fazendo e em que tarefa os alunos realmente estão trabalhando.[2]

Uma escola que conhecemos desenvolveu um protocolo muito detalhado e um cronograma para conduzir visitas em sala de aula. Reconhecendo que seria impossível para um indivíduo observar todos os aspectos da prática de sala de aula ao mesmo tempo, o protocolo da escola optou pela presença de quatro visitantes em sala de aula por vez, cada um responsável por fazer observações sobre uma área específica de prática. Como seu plano de ação se concentrou em melhorar o uso de questionamentos e conversas no

1 Para um recurso alternativo que ofereça dicas práticas para fazer essas observações acontecerem nas escolas, veja o capítulo 3 em: CUNNINGHAM, J. (ed.). *Creating professional learning communities:* a step-by-step guide to improving student achievement through teacher collaboration. Dorchester: Project for School Innovation, 2004. (By Teachers For Teachers series, book 12). Disponível em: http://www.psinnovation.com.

2 Richard Elmore sugere que essas três áreas-chave podem servir como base para qualquer protocolo de observação de ensino.

ensino, as quatro áreas de prática direcionadas pelo protocolo examinaram os tipos de perguntas que os professores fazem, o tipo de evidência para conversas sobre aprendizado, as evidências físicas de estratégias de melhoria e as perspectivas dos alunos sobre o seu trabalho. Cada observador recebeu um formulário de anotações único em relação à sua área de observação. O cronograma de visitas de sala de aula incluía uma pré-reunião para dar uma visão geral sobre o dia, que consistia em duas visitas em sala de aula de 15 minutos cada, e uma pós-reunião para fazer uma conversa de fechamento da experiência.

Promova consistência em vez de conformidade

Ao visitar salas de aula, a quantidade de variações sobre o plano de ação que você vai encontrar é tão grande quanto o número de professores. O desafio para os líderes escolares envolve distinguir entre as adaptações hábeis, que levam os professores a maneiras mais sofisticadas de apoiar a aprendizagem do estudante, e as menos hábeis, que colocam por água abaixo ou distorcem o espírito ou a intenção do plano original.

A diretora da Clark K-8 School, Sandy Jenkins, tinha trabalhado duro para incentivar os professores a implementarem fielmente seus planos de ação. Mas em uma visita à sala de aula do 4º ano de Vivian, ela começou a questionar o valor de seus esforços. Ao observar a professora liderando a turma em um exercício de Pensamento em Voz Alta, Sandy notou que dois alunos pareciam frear a atividade. Quando a professora chamou um desses alunos, ele ficou claramente desconfortável e teve dificuldades para transformar seu pensamento em palavras.

Quando Sandy expressou suas preocupações à professora após a visita, Vivian sabia exatamente do que ela estava falando. "O Jeffrey tem dificuldades com atividades que o pressionem a falar", explicou ela. "Mas se não o chamo, ele apenas se desconcentra e perde a aula. Eu costumava trabalhar com Jeffrey e vários alunos com dificuldades semelhantes separadamente para mostrar-lhes como sublinhar palavras-chave que os ajudariam a descobrir o significado mais profundo do que eles estavam lendo, mas com a turma toda focando no Pensamento em Voz Alta, parei de fazer isso."

Sandy está diante de um desafio de liderança que surge para muitos gestores escolares quando eles trabalham para mudar a prática de ensino: a dificuldade de promover a consistência ao mesmo tempo em que se apoia a criatividade do professor. Ao comunicar o plano de ação aos professores,

Sandy pode ter enfatizado a importância da consistência na implementação do plano sem destacar a importância igual de permitir que os professores empreguem seu conhecimento e criatividade na resposta às necessidades de diversos aprendizes, em particular os alunos que têm dificuldades. Vivian não será capaz de realmente melhorar sua prática se ela se esforçar apenas para a conformidade – a implementação fiel de um plano que pode acabar abandonando alguns dos alunos que mais precisam de sua atenção individualizada.

Esforçar-se pela consistência envolve chegar ao mais profundo "por que" por trás de estratégias de ensino, assim como você fez quando examinou primeiro o ensino (ver Cap. 5). Para a Clark K-8 School, o objetivo do plano de ação é usar estratégias de ensino que incentivem os alunos a "pensar em como eles pensam" como um meio de desenvolver habilidades de inferência na leitura, e não para garantir que todos os alunos participem de uma determinada atividade, como o Pensamento em Voz Alta. A consistência envolve a pergunta mais profunda: Como podemos alcançar nossos objetivos de ensino com todos os alunos?

Embora atingir a consistência possa ser difícil, é um objetivo de valor por diversas razões. Uma delas é que, se você pensar no plano de ação como uma experiência, a única maneira real de testar a hipótese de que suas novas estratégias de ensino melhorarão a aprendizagem dos alunos é implementar fielmente essas estratégias e, em seguida, ver o que acontece. Outra razão é que, em busca de consistência, os professores desenvolvem uma compreensão compartilhada do que constitui uma aula efetiva, e esse entendimento é essencial para fazer parte da melhoria contínua do trabalho cotidiano de sua escola. A razão mais importante, no entanto, é que os alunos podem se beneficiar muito de aulas consistentes. Isso os ajuda a integrar o que aprendem quando passam de professor para professor durante o dia na escola ou de um ano para o outro, e assegura que todos os alunos, em todas as salas de aula, em toda a escola, tenham oportunidades semelhantes para aprender.

Apesar das virtudes da consistência, é importante reconhecer que, em função das necessidades de diversos aprendizes, é raro que uma única estratégia ou conjunto de estratégias atenda às necessidades de todos os alunos. Os professores de sala de aula estão perfeitamente posicionados para explorar as estratégias de ensino escolhidas e tentar melhorá-las no contexto da resolução dos problemas de aprendizagem. Quando eles relatam suas adaptações, toda a escola pode aprender o que é preciso para elevar o aprendizado de todos os estudantes.

Alguns exemplos que observamos de adaptações úteis envolveram um plano de ação em que os professores do ensino fundamental usaram uma atividade de matemática chamada "número do dia". Durante um período de 10 minutos de tempo de aula, os professores solicitaram que os alunos pensassem em estratégias para calcular o número do dia e, em seguida, exibiram as estratégias em um grande papel-cartaz na sala de aula. A teoria por trás do plano era que se os alunos tivessem oportunidades regulares para explorar números de forma aberta, guiados pelo professor e com outros alunos, para que construíssem seus conhecimentos em um contexto social, eles se sentiriam mais confortáveis com números e desenvolveriam um sentido intuitivo das muitas maneiras que os números podem ser usados. Os professores trabalharam com a turma para registrar as ideias que seus alunos geraram, e o diretor as revisou durante as visitas às salas de aula. Um professor de 1º ano observou que alguns alunos de sua turma não tinham tanta familiaridade com suas estratégias como os outros. Para inspirar essas crianças a verem que eram capazes de gerar estratégias tão boas quanto as dos alunos que falavam mais prontamente, o professor decidiu designar certos alunos no dia anterior para serem os primeiros a compartilhar suas ideias, no dia seguinte, nessa mesma atividade do "número do dia".

Outro professor fez uma modificação diferente. Ao perceber que seus alunos não estavam produzindo tantas estratégias de matemática quanto ele gostaria, decidiu deixar afixado o papel-cartaz dos 10 minutos da atividade de matemática durante todo o dia para que os alunos adicionassem estratégias durante seu tempo livre, como o almoço ou recreio. O resultado foi um aumento drástico no número e na qualidade das estratégias geradas pelos alunos. Ao modificar a estratégia de ensino, esses professores puderam fazer mudanças que tornaram mais provável que as crianças chegassem ao cerne da estratégia: a exploração sem estresse como forma de desenvolver o sentimento de conforto e confiança na manipulação de números.

Adapte os planos de desenvolvimento profissional às necessidades em andamento que emergem do trabalho

Os professores de matemática da Franklin High School tinham usado a Abordagem de Resolução de Problemas nas suas aulas durante seis semanas. O plano de ação utilizaria a sessão de desenvolvimento profissional de março para oferecer orientação sobre como atribuir notas e avaliar o segundo pôster. Quando o coordenador de matemática, Sasha Chang, e a chefe de departamento, Mallory Golden, reuniram-se com o diretor para planejar a sessão, eles começaram compartilhando algumas preocupações.

"Não estou tão certo de que devemos concentrar nosso desenvolvimento profissional na rubrica novamente", começou Sasha. "Estive em várias salas de aula, e vou dizer o que vi: os professores estão usando a Abordagem de Resolução de Problemas, isso é certo. Mas parece que aquilo tomou vida própria. Em vez de se concentrar em ajudar os alunos a aprender a pensar por si mesmos, eles estão se concentrando em ajudá-los a aprender a seguir os passos do processo. Os professores parecem estar colocando mais ênfase em avaliar se os alunos seguem os passos do que na avaliação do pensamento que realmente acontece em cada etapa."

"Minha impressão é de que alguns professores percebem que isso está acontecendo", respondeu Mallory. "Algumas pessoas vieram até mim e disseram que gostam da abordagem, mas sentem que o treinamento simplesmente não foi profundo o suficiente. Elas sentem que estão apenas conduzindo os estudantes pela fase de 'entender' o problema, fazendo, elas mesmas, muito do trabalho para as crianças, uma vez que não têm muita certeza sobre como se ensina aquela parte do processo."

Ao criar seu plano de ação pela primeira vez, você se esforçou ao máximo para pensar nos tipos de atividades de desenvolvimento profissional que seu corpo docente precisaria de maneira a ajudá-los nesse trabalho. Porém, uma vez que comece a implementá-lo, você pode achar que precisa modificar o seu plano de desenvolvimento profissional, quer alterando o conteúdo de sessões agendadas, quer adicionando atividades-extra para garantir que os professores obtenham o melhor suporte possível. Uma escola que conhecemos usou uma abordagem "just-in-time" para garantir que os professores estivessem completamente preparados para ensinar cada unidade de um novo programa de matemática. Eles organizaram uma oficina para ser realizada pouco antes do ensino de unidades-chave em cada série, de modo que os professores pudessem rever a lição, materiais e estratégias de ensino necessários imediatamente antes de iniciarem o conteúdo.

Para que os professores façam mudanças significativas em sua prática, eles podem precisar de várias tentativas para integrar novas ideias. Em vez de ser desencorajado quando as coisas não saem perfeitas da primeira vez, como líder da escola, você pode concentrar seus esforços em entender por que os professores estão tendo problemas com certos aspectos do plano.

Ao estruturar o desenvolvimento profissional para que seja flexível e forneça oportunidades para que os professores aprendam, experimentem, analisem, obtenham *feedback* e reflitam sobre novas práticas, você pode ajudar os professores a sentirem que serão apoiados durante essa parte difícil do trabalho.

Por exemplo, um plano de ação para melhorar as habilidades de escrita pode chamar atenção para o uso de uma atividade de verificação um a um entre os alunos sobre a sua escrita. Para os professores não familiarizados com essa prática, incorporá-la de forma significativa em seu ensino pode exigir que eles tenham a oportunidade de ver outro professor com habilidades para demonstrar componentes-chave da verificação, como fazer perguntas apropriadas, dar *feedback* específico e orientar os alunos na edição do trabalho. Depois disso, os professores provavelmente precisarão de oportunidades contínuas para experimentar essa prática em suas salas de aula e reunir-se com outros professores para discutir, analisar e refletir sobre a implementação e os resultados que eles estão obtendo. Você pode demonstrar a profundidade de sua crença no desenvolvimento profissional participando das sessões junto com os professores; você demonstra a importância da aprendizagem profissional ao ser, você mesmo, um aprendiz. Ao criar e apoiar oportunidades contínuas para o desenvolvimento profissional, um líder escolar reforça a ideia de que o objetivo do trabalho de melhoria escolar é criar uma cultura na qual todos estejam aprendendo.

NOSSOS ALUNOS ESTÃO APRENDENDO MAIS?

Embora apoiar os professores na melhoria de sua prática seja uma parte importante de seu trabalho durante a implementação do plano de ação, como líder da escola, sua responsabilidade final é manter seu corpo docente focado na aprendizagem dos alunos. Afinal, a principal razão pela qual sua escola desenvolveu um plano de ação foi aumentar a aprendizagem dos alunos, e a principal razão pela qual você desenvolveu um plano de avaliação foi poder medir o progresso rumo a esse objetivo. Você pode manter o foco na aprendizagem no curto prazo, verificando regularmente com os professores os resultados de aprendizagem. Em longo prazo, você pode ajudar os professores a ter uma visão mais ampla e ser honesto sobre o que está funcionando ou não na avaliação.

Converse regularmente com os professores sobre os resultados de aprendizagem

Sandy Jenkins aprendeu muito visitando salas de aula durante todo o outono para observar como os professores estavam implementando as estratégias projetadas em seus planos de ação. Como parte de suas visitas, ela tratou de olhar o trabalho dos alunos e conversar com as próprias crianças sobre o que estavam aprendendo. Alguns dias após os resultados de inverno da avaliação de leitura do município chegarem, Sandy parou na sala de aula da professora Jae Kim, do 3º ano, para ter uma discussão mais concreta sobre como as coisas estavam indo.

"Notei que sua turma fez alguns progressos reais na avaliação de dezembro", começou Sandy. "Você pode me falar mais sobre o que viu nos dados e de que forma isso afeta a maneira como vai trabalhar nos próximos meses?" Jae mostrou a Sandy uma planilha que exibia os resultados do teste municipal ao lado de sua própria avaliação do desempenho de cada aluno a partir de notas de verificação e, em seguida, explicou suas descobertas: "Bem, embora a maioria dos alunos tenha atingido ou excedido suas metas na avaliação municipal, você pode ver que há três crianças que ficaram bem distantes disso. Para Danny e Keisha, eu vi que isso ia acontecer. Você pode identificar, a partir de minhas notas, que Danny ainda está no estágio de decodificação e Keisha simplesmente não consegue ir além do significado literal das palavras. Quanto à Marissa, estou de fato surpresa com o escore dela. Se você senta ao seu lado enquanto ela lê e fala sobre um livro que ela leu, ela parece saber o que está acontecendo. Será que ela tem problemas para transferir seu conhecimento em uma situação de teste? Enfim, estou um pouco preocupada sobre como chegar nessas crianças. Todas precisam de algo diferente e não parece haver tempo de sobra no dia para dedicar a elas".

Tempos antes de sua escola se envolver em um processo de melhoria contínua, poderia ter sido estranho se sentar com um professor no meio do ano e perguntar-lhe o que ele poderia dizer sobre o quanto seus alunos estavam aprendendo. Mas uma vez que você tem planos de ação e avaliação desenhados, iniciar esse tipo de discussão pode se tornar muito mais confortável. Quando os professores começam a entender que você é um aliado em sua busca para ajudar cada criança a alcançar seu potencial, pode acreditar que eles vão esperar por esses encontros e solicitar ativamente o seu conselho para encontrar soluções.

Sandy e Jae tiveram essa conversa sobre o desempenho dos alunos com dificuldades em sua turma antes que fosse tarde demais. Ao final da discussão, Sandy se ofereceu para fazer um trabalho intensivo de especialista em alfabetização com os alunos mais necessitados de Jae durante as próximas várias semanas na sala de aula, para que Jae pudesse ver algumas de suas estratégias de ensino e começar a usá-las sozinha. Ela se ofereceu para estar na próxima reunião de equipe de 3º e 4º anos para discutir se o Pensamento em Voz Alta estava fazendo diferença para os alunos que ainda apresentavam dificuldades em dominar as habilidades de leitura mais básicas. Outra estratégia que surgiu foi pedir a cooperação do grupo de pais da escola no sentido de fazer um esforço especial de chegar às famílias destes três estudantes e certificar-se de que compreenderam o apoio extra que seus filhos estariam recebendo.

A coleta de dados de curto e médio prazo sobre a aprendizagem dos alunos na forma descrita no Capítulo 7 fornece evidências diretas e imediatas sobre a aprendizagem dos alunos e lhe dá a oportunidade de fazer ajustes no plano de médio prazo caso os estudantes não estejam aprendendo. Ao se concentrar no que várias fontes de dados revelam sobre o aprendizado do aluno, você pode permanecer fiel aos objetivos do plano enquanto modifica a abordagem de ensino quando necessário. Manter a capacidade de mudar no meio do caminho exige que se trate o plano de ação como um documento dinâmico, para que os professores não o vejam como uma camisa de força, mas como um processo vivo, orgânico e intrínseco à missão da escola.

Ajude os professores a ter uma visão sistêmica

A chefe de departamento de matemática Mallory Golden desmoronou na cadeira da sala do diretor Roger Bolton e suspirou longamente. "Dê uma olhada nisso", disse ela enquanto entregava um gráfico mostrando o desempenho da Franklin High School no teste estadual de matemática mais recente. "Todo o nosso trabalho sobre a Abordagem de Resolução de Problemas e a porcentagem de nossos alunos com nota nos dois níveis mais baixos de proficiência mal se alterou. De acordo com as rubricas que temos utilizado, nossos alunos têm feito grandes progressos na resolução de problemas de múltiplas etapas. Como posso dizer aos meus professores que todo esse trabalho duro não serviu para nada?"

Após liderar a sua escola ao longo de um difícil processo de mudança, pode ser frustrante não ver os resultados de imediato. Durante suas visitas regulares às salas de aula, Roger observou em primeira mão as mudanças visíveis no ensino de matemática na Franklin High School, que parecia envolver mais alunos na aprendizagem. Ele sentiu que o ensino de matemática estava finalmente no caminho certo. Eles ainda tinham um longo caminho a percorrer, mas sabia que era sua missão não deixar que uma rápida olhada nos dados representasse um balde de água fria em seus esforços.

Ajudar os professores a ter uma visão sistêmica significa incentivá-los a pensar se eles de fato exploraram os dados completamente e se levaram em conta os muitos outros indicadores de aprendizagem dos alunos disponíveis para eles como escola, bem como as muitas outras formas de apresentar dados. Quando Mallory e Roger olharam mais de perto os números, eles perceberam que, embora a porcentagem de alunos da 1ª série do ensino médio com pontuações no teste nas categorias "Falhando" e "Precisa melhorar" não tinha mudado muito desde o ano anterior, mais estudantes estavam agora na maior destas duas categorias (Fig. 8.1). Os alunos apresentaram escores brutos mais elevados dentro de cada nível de proficiência do que nos anos anteriores, mas devido à maneira como os resultados foram relatados, essas diferenças não foram prontamente observadas. Eles notaram também que a porcentagem de estudantes que faziam o teste era visivelmente mais alta do que havia sido nos anos anteriores. Isso poderia significar que

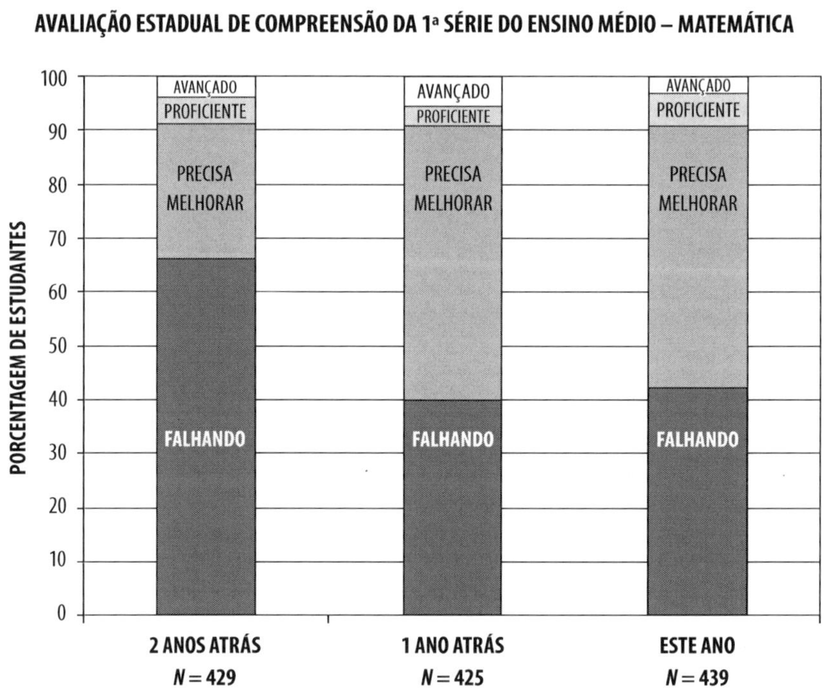

Figura 8.1 Distribuição da proficiência dos estudantes no tempo na Franklin High School.

alguns dos estudantes mais fracos, que tradicionalmente evitavam a escola em dias de teste, este ano tiveram confiança para, pelo menos, tentar fazer o teste. Ao examinar os mesmos dados de forma mais detalhada, tiveram uma imagem mais completa dos efeitos da implementação de seu plano de ação em matemática.

Ajudar os professores a ter uma visão sistêmica também significa gerenciar as expectativas em torno da questão de quão cedo é razoável esperar para ver melhorias nas pontuações em testes utilizados para fins de prestação de contas. Quando Roger viu que o plano de avaliação dos professores de matemática estabelecia um objetivo para que a Franklin High School cumprisse metas de prestação de contas no teste de matemática do estado, ele os deixou fazê-lo. Afinal, ele raciocinou, atingir esse objetivo era uma medida pela qual muitas pessoas iriam julgar a escola. No entanto, Roger sabia que levaria tempo para que os professores desenvolvessem habilidade e competência no ensino da Abordagem de Resolução de Problemas. Além disso, o plano só havia entrado em vigor a partir da segunda metade do ano letivo, e ocorreram alguns erros ao longo do caminho. Isso significava que, em algumas salas de aula, os alunos tiveram apenas um ou dois meses de treinamento consistente na metodologia. Diante desses fatores, Roger sentiu que era muito cedo para usar os resultados dos testes estaduais e julgar se o plano foi ou não bem-sucedido, motivo pelo qual incentivou seu corpo docente a tentar a abordagem por mais um ano. Ele também compartilhou com os professores suas próprias evidências e observações oriundas de suas visitas às salas de aula de que o ensino das aulas de matemática estava melhorando.

Seja honesto ao avaliar o que está e o que não está funcionando

Sandy revisou cuidadosamente os gráficos que a equipe de liderança de ensino tinha preparado, mostrando mudanças no desempenho da leitura dos alunos ao longo do ano letivo anterior. Embora todas as notas tivessem melhorado, ela notou um fenômeno interessante: o progresso entre os alunos do 5º e do 6º anos foi muito mais forte do que entre os de 3º e 4º. Para construir o compromisso de cada equipe com o plano, ela tomou a decisão consciente de deixar cada equipe de série escolher suas próprias estratégias de ensino para alcançar o objetivo escolar de ajudar os alunos a se tornarem leitores mais qualificados. Mas, diante disso, ela se perguntou: havia uma chance de que a estratégia adotada pelos 3ºs e 4ºs anos não fosse tão efetiva quanto a estratégia adotada pela equipe de 5ºs e 6ºs?

Sandy enfrenta uma situação delicada. Os 3$^{\underline{os}}$ e 4$^{\underline{os}}$ anos implementaram a sua estratégia do Pensamento em Voz Alta com zelo durante todo o ano. Todavia, o desempenho dos alunos no teste de leitura de *benchmark* com resolução municipal não foi tão bom assim. Como líder da escola, você pode achar que, uma vez que os dados cheguem, precisa ajudar seus professores a fazer uma observação delicada para ver se as estratégias que o grupo se esforçou para implementar de fato fizeram a diferença. Isso pode ser difícil, porque quando as pessoas acreditam fortemente em suas ideias, muitas vezes elas acabam se tornando "projetos de estimação", em que muita energia e tempo são investidos, e os professores podem ficar não propensos a olhar para os sinais de que essas estratégias não estão mais funcionando com alguns ou todos os seus alunos. Apesar de não querermos incentivar as escolas a simplesmente abandonar estratégias que não produzem resultados no nosso cenário, é importante ter um olhar cuidadoso quando os resultados de aprendizagem não são tão robustos quanto você esperava. Como líder da escola, sua responsabilidade às vezes será apontar quando uma estratégia bem desenvolvida e bem executada simplesmente não está funcionando como deveria.

No caso da Clark K-8 School, o gráfico de desempenho do teste de leitura (Fig. 8.2) não seria suficiente para mostrar a Sandy se a estratégia

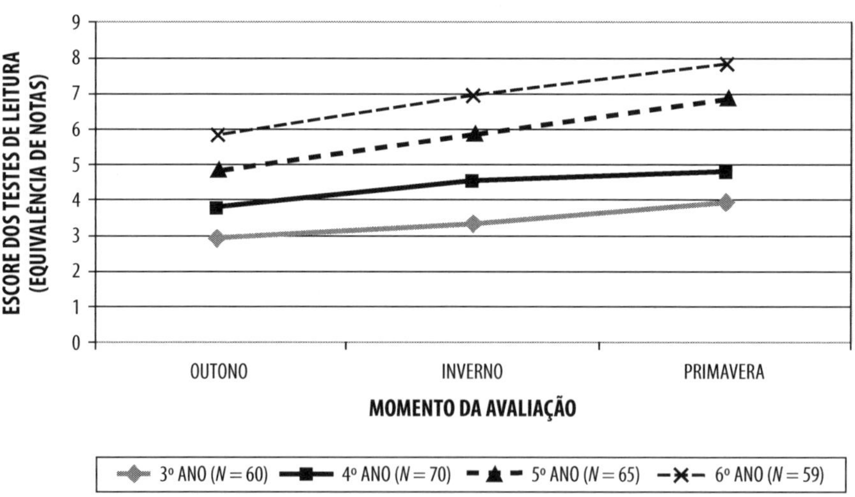

Figura 8.2 Teste de desempenho de leitura da Clark K-8 School.

de 3os e 4os anos era problemática, e certamente não seria suficiente para dizer-lhe por quê. Há inúmeras razões pelas quais os padrões médios do crescimento poderiam ser diferentes para níveis diferentes de série. Sandy precisaria considerar esse gráfico em combinação com outros dados, como suas observações durante as visitas em sala de aula em que a abordagem Pensamento em Voz Alta não pareceu funcionar bem com certos alunos, ou suas observações durante visitas em sala de aula das séries superiores que poderiam ter mostrado os professores tendo um sucesso específico com os cadernos de Resposta do Leitor e os Círculos de Literatura. Quando Sandy começar uma discussão com seu corpo docente sobre se eles podem precisar complementar ou substituir a sua estratégia escolhida, ela pode levantar questões como estas: Estamos de fato implementando a estratégia na medida em que planejamos? Fizemos isso por tempo suficiente? Está funcionando para todos os alunos? Esta estratégia é suficientemente poderosa para ser o nosso foco principal?

Visualizar a implementação como um experimento a partir do qual a instituição aprenderá coisas novas sobre ensino efetivo pode ajudar o pessoal da escola a abordar seu próprio trabalho de maneira honesta e crítica. Ao avaliar a eficácia da implementação (em que medida estamos fazendo o que dissemos que faríamos), bem como a eficácia das próprias estratégias (em que medida os alunos estão aprendendo mais), ajuda se você permanecer aberto à possibilidade de que alterações podem ser necessárias. Dessa forma, você ajuda sua escola a investir no aprendizado do aluno, em vez de em qualquer estratégia específica. Às vezes, os dados mostrarão que é hora de mudar de rumo.

PARA ONDE VAMOS A PARTIR DAQUI?

Uma vez que você implementou seu plano de ação e as ideias e práticas incorporadas nele foram experimentadas com consistência, é hora de juntar todo mundo. Sem dúvida, você e seu corpo docente aprenderam muito – e provavelmente determinaram que vocês têm muito mais a aprender. É importante basear o próximo trabalho solidamente em evidências de aprendizagem dos estudantes. Três ações que podem ser tomadas uma vez que você que tenha percorrido as etapas do ciclo de melhoria são celebrar o sucesso, rever seus critérios e “elevar o nível” e planejar como manter o trabalho atualizado e permanente.

Celebre o sucesso

Na última reunião de professores do ano, Sandy surpreendeu seu corpo docente por não lhes passar uma série de gráficos de dados. "Vamos falar sobre um tipo diferente de dados hoje", Sandy começou. "Trabalhamos duro durante todo o ano para tentar melhorar o ensino de leitura em nossa escola. Tivemos altos e baixos, mas acho que cada um de nós aprendeu alguma coisa. Neste papel que estou distribuindo, gostaria que cada um de vocês parasse por alguns minutos para descrever algo em que você tenha sido bem-sucedido em seu ensino este ano. Certifique-se de anotar a evidência de seu sucesso e as razões pelas quais pensa que seu esforço funcionou. Depois de anotar suas ideias, evidências e razões, vamos nos dividir em grupos de séries misturadas e usar um protocolo que nos permita de fato chegar ao cerne das principais características do que consideramos como sucesso."

Seguidamente os professores são convidados a olhar para os escores de teste ou a sua própria prática para falar sobre o que deu errado. Descobrimos que temperar isso dando aos professores a chance de pensar de modo aprofundado sobre o que faz uma prática ser bem-sucedida pode representar uma experiência de aprendizado muito positiva. Utilizar um protocolo formal, como o Protocolo de Análise de Sucesso que Sandy usou na Clark K-8 School, pode ajudar a garantir que a conversa ultrapasse as simples atitudes e favoreça a prática de falar sobre o ensino de uma maneira aprofundada.[3] Dar aos professores uma chance para falar juntos sobre o seu próprio sucesso e refletir sobre as razões para que o sucesso aconteça é melhor do que dar-lhes um momento bem merecido de valorização. Também lhes permite começar a internalizar as qualidades que existem no cerne das melhores práticas, como o uso de evidências, análises e reflexões, e pensar em como trazer essas qualidades de uma forma mais robusta para o seu trabalho.

Outra maneira de comemorar o sucesso envolve simplesmente mostrar ao seu corpo docente o quão longe chegaram. Sandy usou a Tabela 8.2 para mostrar aos professores como eles tinham trabalhado ao longo dos oito passos do ciclo de melhoria, muitas vezes gerenciando um número de tarefas diferentes de uma só vez, a fim de fazer progressos.

3 Para informações completas sobre o Protocolo de Análise de Sucesso (*Success Analysis Protocol*), acesse: http://www.smallschoolproject.org/PDFS/success.pdf; http://www.nsrfnewyork.org/articles/SuccessAnalysisProtocol.doc; http://www.smp.gseis.ucla.edu/downloads/success_analysis_protocol.pdf; e McDonald, et al. *The Power of Protocols*, pp. 60–62.

Tabela 8.2 Linha de tempo da Clark K-8 School para completar os passos do processo de melhoria

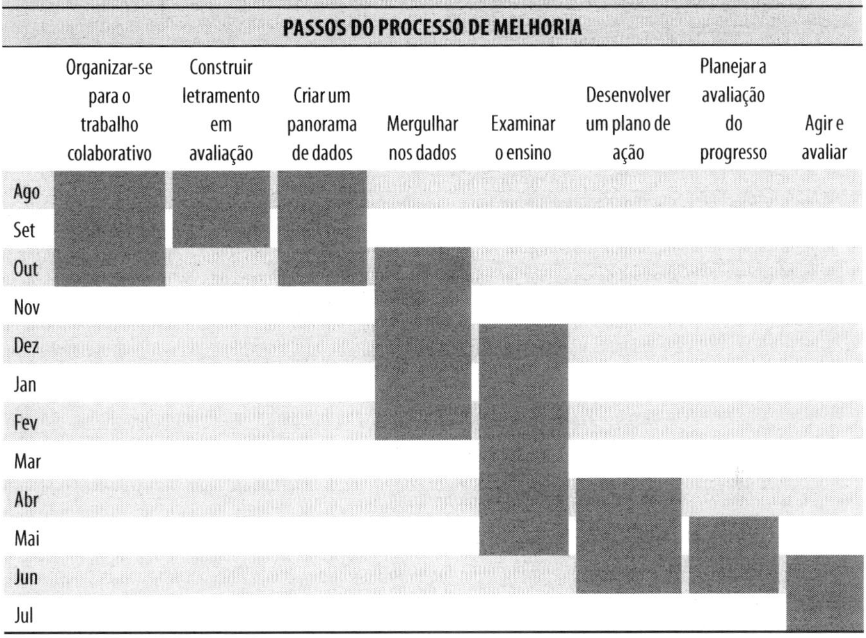

Há, naturalmente, muitas outras maneiras de comemorar o sucesso que podem se basear mais fortemente em tornar públicos os resultados das avaliações dos estudantes. O sucesso pode ser definido de maneira coletiva ou individual, e o progresso, bem como a realização, podem ser reconhecidos tanto para os estudantes quanto para os professores. O importante é que um senso coletivo de responsabilização pelos resultados seja construído entre os professores. Reconhecer o progresso é uma atitude particularmente poderosa caso esse reconhecimento possa ser amplamente distribuído em todos os grupos de estudantes, e não apenas entre aqueles que estão acostumados ao reconhecimento. Uma maneira autêntica de celebrar o sucesso envolve exposições bem planejadas de atividades dos estudantes que cumprem ou excedem padrões bem trabalhados. Em uma escola na qual estivemos, cada professor colocou um "mural de trabalho" em sua sala de aula e o diretor criou exposições escolares mostrando as tarefas de todos os alunos da escola, juntamente com uma declaração do padrão curricular que o trabalho pretendia demonstrar. Em outra escola, para premiar os esforços dos alunos em melhorar a sua escrita, os professores não exibiam apenas as peças finais de escrita, mas as folhas de *brainstorming*, contornos, primeiros rascunhos e rascunhos editados também. Eles fizeram isso para mostrar concretamente o trabalho duro até se chegar aos padrões e para lembrar aos alunos que, com o esforço, todos podem melhorar.

Reveja seu critério e "eleve o nível"

Roger reuniu-se com o departamento de matemática da Franklin High School e conversou com eles sobre o desempenho decepcionante da 1ª série do ensino médio no exame de matemática do estado. "Não vamos deixar isso nos derrubar, pessoal", disse-lhes. "Alguns dos cartazes que os alunos criaram, especialmente para a tarefa mais recente, são bastante impressionantes. Vocês parecem ter chegado a um tipo de tarefa que capta a imaginação deles e a uma abordagem sobre como lidar com problemas de palavras que faz os alunos se sentirem seguros."

"A segunda rodada de apresentação dos cartazes foi muito boa", acrescentou Mallory. "Na verdade, para a maioria das etapas de nossa rubrica, atingimos o objetivo de ter 75% de nossos alunos com pontuações na categoria 'Atende às expectativas' ou melhor."

"Eu me pergunto", respondeu Roger, "se é hora de dar outra olhada naquela rubrica e na maneira de aplicá-la. Vamos ter certeza de que quando dizemos que qualquer trabalho 'atende às expectativas', estamos falando de altas expectativas. Quando começamos com essa história de resolução de problemas, não tínhamos total certeza do que era razoável pedir aos alunos. Agora que vimos um pouco do que eles podem fazer, acho que podemos começar a pedir mais. Que tal dar uma olhada na rubrica de pontuação usada no exame estadual? Queremos ter certeza de que há alinhamento entre a forma como avaliamos os alunos e como o estado o faz".

À medida que os professores adquirem compreensão das estratégias que estão implementando, como líder escolar, você pode ajudá-los a ajustar os critérios pelos quais o sucesso é medido para promover a compreensão mais profunda do material que vem com o tempo. Ao revisitar as conversas que tinham quando estavam desenvolvendo entendimentos compartilhados e expectativas para o trabalho, os professores podem começar a redefinir o que é possível. Na Franklin, os professores tiveram pouca experiência usando uma abordagem sistemática para avaliar as demonstrações dos alunos de suas estratégias de resolução de problemas. No início, eles podem ter feito a sua rubrica muito fácil ou a sua classificação muito leniente. Ao reafirmar suas estratégias e refiná-las, os professores podem coletivamente chegar a um entendimento melhor e mais detalhado do que um bom trabalho de fato significa.

Para uma escola que está implementando um novo conjunto de técnicas de ensino, sinais muito visíveis de implementação – como exposições proeminentes de trabalhos de alunos – podem ser uma maneira de demonstrar sucesso. Para uma escola na qual os professores estão refinando sua prática, os critérios precisarão se tornar mais refinados e mais focados em habilidades complexas de ensino e aprendizagem. Por exemplo, uma abordagem mais refinada pode incluir a autoavaliação do aluno na rubrica com cada peça de trabalho exibida. À medida que os critérios mudam, o *feedback* permanente que os professores recebem de seus colegas evolui para impulsionar sua prática em direção a metas mais elevadas. Ao continuar as conversas em que os professores refletem sobre sua prática e seus objetivos para o aprendizado dos alunos, os critérios para o sucesso continuarão a se aprofundar junto com a aprendizagem do professor.

Planeje como manter o trabalho atualizado e permanente

Na figura, o ciclo de melhoria se curva de volta sobre si mesmo por uma razão: uma vez que chega ao "fim", você segue de volta ao redor do ciclo, mas cada vez mais em um nível superior e aplicado a um problema mais complexo de aprendizagem do estudante. À medida que o uso do ciclo de melhoria para mudar o ensino torna-se intrínseco à prática de sua escola, você pode achar mais fácil saber que perguntas fazer, como examinar os dados e como apoiar professores e alunos. Você também será capaz de ir mais fundo no trabalho, fazendo perguntas mais difíceis, definindo metas mais elevadas e envolvendo mais pessoas no processo. A primeira volta em torno do ciclo pode ter sido tudo que você poderia ter feito para envolver seu corpo docente no trabalho de começar a pensar sobre a aprendizagem dos estudantes de uma maneira proativa. Nas vezes seguintes, você pode achar que precisa envolver outras pessoas que também têm participação em resultados no processo de aprendizagem do estudante, como famílias e membros da comunidade. A partir do momento em que você faz esse tipo de trabalho por vários anos, nota que naturalmente é possível encontrar maneiras de se obter o apoio ainda maior de parceiros para fazer a diferença no aprendizado do aluno.

À medida que o trabalho vai se estabelecendo, você também pode descobrir que é capaz de distribuir responsabilidades de liderança de forma mais eficiente do que originalmente podia. Quando sua escola desenvolve uma cultura sólida de investigação, torna-se natural para um grande número de professores assumir papéis ativos para garantir que a escola se concentre na melhoria contínua. Os professores aumentam seu leque de interesse e responsabilidade em relação às suas próprias salas de aula e à escola como um todo. Os papéis dos membros da equipe de liderança de ensino – em especial os gerentes de dados – também podem mudar. Considerando que, no início, apenas alguns indivíduos poderiam ter tido interesse ou capacidade de analisar dados, à medida que mais professores da escola se sentem confortáveis com este trabalho, as habilidades se tornam também mais amplamente disseminadas por todo o corpo docente. A equipe de liderança de ensino pode então estar pronta para um papel de pensar de maneira mais profunda sobre quais tipos de avaliações e oportunidades de desenvolvimento profissional apoiariam de forma mais adequada a visão da escola em melhorar a aprendizagem dos alunos, e a equipe pode se envolver em conversas baseadas em evidências com seu município sobre quais tipos de suporte central seriam mais úteis. Com isso em mente, apresentamos no próximo capítulo as maneiras mais eficazes que os municípios empregam para apoiar as escolas a usarem sabiamente os dados.

INTEGRANDO OS HÁBITOS MENTAIS ACE NO PASSO

8 AGIR E AVALIAR

A

COMPROMISSO COMPARTILHADO COM **AÇÃO, AVALIAÇÃO E AJUSTES**

Guardamos nosso *insight* mais importante sobre a construção deste hábito mental em particular para este último passo do processo de melhoria do Data Wise. Aqui está: cada vez que você tiver uma reunião ou realizar uma sessão de desenvolvimento profissional, reserve cinco minutos no final para os participantes fornecerem *feedback* específico e descritivo sobre como foi o encontro. Se você tiver realizado um de nossos cursos ou tiver lido o livro *Key elements of observing practice: a Data Wise DVD and facilitator's guide*, sabe que a maneira favorita da equipe do Projeto Data Wise de fazer isso é usar o Protocolo Plus/Delta (ver Protocolos Selecionados no final do livro). Você começa lembrando as pessoas de quais foram os objetivos e a agenda da sessão. Em seguida, dá a elas alguns minutos para refletir sobre os "plus", ou seja, o que funcionou bem. Para fazer esta solicitação, você pode perguntar: "O que contribuiu para o nosso aprendizado e produtividade hoje? O que devemos continuar fazendo?". Em seguida, dê tempo para que as pessoas reflitam sobre o que elas gostariam de mudar na sessão. Estes são os "deltas" (muitas vezes representados pelo símbolo Δ, que denota mudança). Aqui, você pode perguntar: "O que não deu certo na experiência de hoje? O que devemos fazer diferente da próxima vez?".

Este protocolo conecta bem uma **ação** (a reunião) e sua **avaliação** (a solicitação de *feedback*). O poder do protocolo Plus/Delta reside no seu compromisso de usar o *feedback* que você obtém para fazer o **ajuste** do que acontece na próxima vez em que seu grupo se reunir. Por exemplo, durante uma reunião, você pode ficar sabendo que as pessoas se sentiram desconfortáveis com o fato de que uma discussão importante sobre as necessidades de aprendizagem de um determinado grupo de alunos foi interrompida porque você não deixou tempo suficiente para isso na agenda. Se você não pedir *feedback* sobre a reunião, algumas pessoas podem ir embora com um sentimento de projeto inacabado ou decepção com o processo. Se você der espaço para comentários como este, mas não fizer nada para abordá-lo, estará indiscutivelmente pior do que se não tivesse pedido nenhum *feedback* – as pessoas vão ficar com a ideia de que nada acontece ao trazer um "delta". Mas se você levar o *feedback* a sério e abordá-lo diretamente antes ou durante a próxima reunião, os participantes vão ver que, quando eles fornecem uma avaliação sincera, isso de fato resulta em alguma ação. Dia após dia vimos como essa prática reflexiva gera um círculo virtuoso de melhoria contínua, em que uma escola ou equipe pode se recuperar de maneira elegante quando algo não funciona.

C

COLABORAÇÃO INTENCIONAL

Ao longo deste livro, argumentamos que os protocolos podem ser ferramentas extremamente úteis para a construção deste hábito, e apontamos instruções de protocolos para que você saiba por onde começar. Mas os protocolos tornam-se verdadeiramente poderosos quando você os adapta para que atendam às suas necessidades e ao seu contexto. Acredite ou não, existe um protocolo que é projetado especificamente para ajudá-lo a refletir sobre a eficácia de um protocolo! Ele é chamado de "SUMI" e envolve escrever as seguintes quatro letras em um pedaço de papel-cartaz (ou quadro branco, ou documento compartilhado):[4]

S: O que o **surpreendeu** enquanto você se engajava neste protocolo?

U: Como você poderia **usar** este protocolo em seu ensino e outras reuniões?

M: Como você **modificaria** este protocolo?

I: Qual é o **impacto** deste protocolo?

Depois disso, você pede que os participantes reflitam em voz alta sobre essas quatro perguntas. Disponibilizar tempo para refletir sobre cada protocolo tem dois benefícios importantes. Primeiro, ajuda os participantes a construírem significados para si mesmos do que experimentaram. Para nós, foi interessante observar que às vezes a pessoa que se mostra mais abertamente contra o uso de protocolos na sala acaba tendo os maiores *insights*. Um dos diretores com o qual trabalhamos nos disse o seguinte sobre o impacto de um determinado protocolo: "Ele me forçou a escutar, o que era difícil, e assim me fez pensar se estou fazendo o suficiente ou não". Em segundo lugar, dá aos professores a oportunidade de pensar sobre como eles podem adaptar o protocolo para o uso em suas salas de aula, e os professores nunca podem resistir a uma oportunidade de pensar em novas estratégias para usar com seus alunos. Quando os alunos veem os adultos em sua escola dando exemplos

4 O Protocolo SUMI foi criado por Anne Jones e Susan F. Henry e é usado com permissão.

de colaboração intencional, eles têm uma amostra de como deve ser o trabalho em equipe. Mas quando os estudantes experimentam regularmente as ricas interações entre seus pares que os protocolos permitem, podem fazer grandes avanços no desenvolvimento de tipos de pensamento inteligente e das habilidades de comunicação complexas de que precisarão para evoluir.

FOCO IMPLACÁVEL EM **EVIDÊNCIAS**

Uma maneira de capturar evidências de aprendizado de uma equipe é criar "documentos vivos" que mantêm o controle das decisões ao longo do tempo. Em nosso próprio trabalho na equipe do Projeto Data Wise, criamos um documento eletrônico para cada um dos nossos principais fluxos de trabalho e armazenamos todos os documentos *on-line* para que todos na equipe possam acessá-los e editá-los. Cada vez que planejamos uma reunião para um determinado fluxo de trabalho, adicionamos uma nova agenda ao topo do documento apropriado e, à medida que cada reunião se desenrola, tomamos notas diretamente na agenda. No final do ano, os documentos contêm um arquivo facilmente pesquisável de nosso pensamento, reflexões e ações anteriores. É bastante recomendável que você considere essa abordagem para documentar todo o bom trabalho que você e seus colegas fazem para usar os dados sabiamente. Você pode se dar conta de que é uma fonte rica de evidências para a reflexão coletiva sobre o que você alcançou – e sobre o que ainda precisa ser feito.

SEÇÃO
IV

Integrar

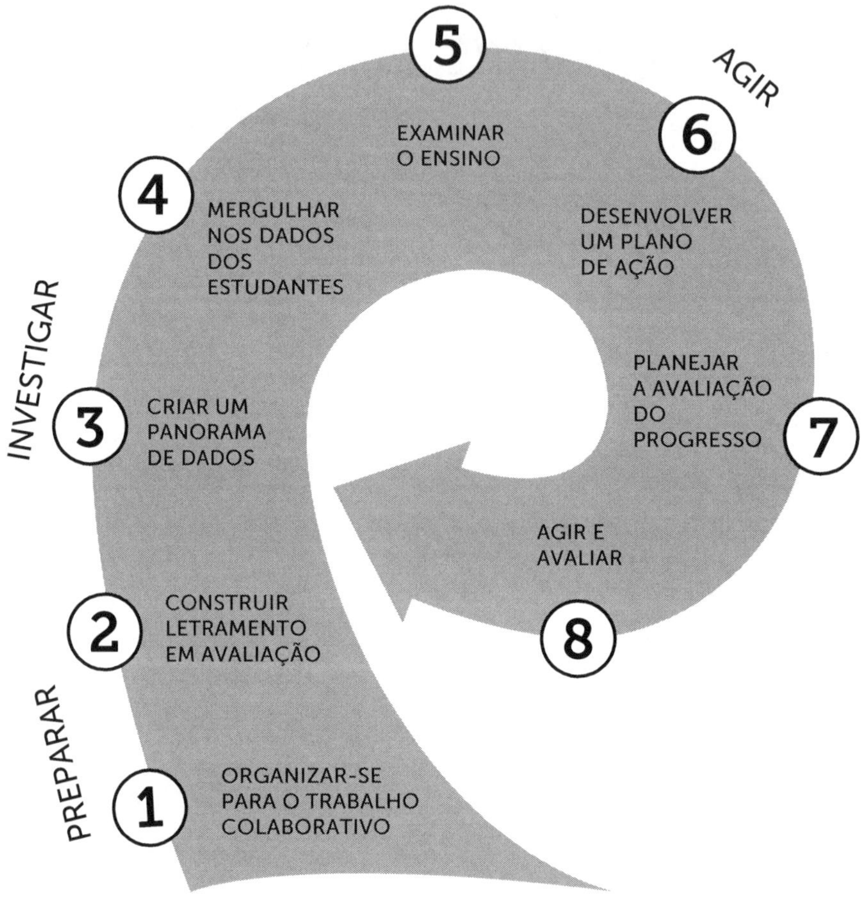
PREPARAR
INVESTIGAR
AGIR
1
ORGANIZAR-SE PARA O TRABALHO COLABORATIVO
2
CONSTRUIR LETRAMENTO EM AVALIAÇÃO
3
CRIAR UM PANORAMA DE DADOS
4
MERGULHAR NOS DADOS DOS ESTUDANTES
5
EXAMINAR O ENSINO
6
DESENVOLVER UM PLANO DE AÇÃO
7
PLANEJAR A AVALIAÇÃO DO PROGRESSO
8
AGIR E AVALIAR

9

Atribuições para a Secretaria Municipal de Educação

Nancy S. Sharkey
Richard J. Murnane

O objetivo deste capítulo é fornecer aos superintendentes escolares e suas equipes de liderança uma compreensão das atribuições que as secretarias municipais de educação podem desempenhar, e na maioria dos municípios *devem* desempenhar, se as escolas fizerem um uso construtivo dos resultados das avaliações dos estudantes. Essas funções, que descrevemos a seguir, incluem o fornecimento de um sistema de dados e *software*, incentivos, habilidades e tempo para fazer o trabalho. Também argumentamos que é importante que as equipes da secretaria municipal tragam exemplos de como realizar o trabalho.

O SISTEMA DE DADOS

Municípios e escolas devem considerar inúmeros fatores ao estabelecer e manter um sistema de dados – o que vale a pena incluir, como os dados devem ser organizados e armazenados, qual *software* usar, se vale a pena criá-lo ou comprá-lo e quem deve ter acesso a quais dados.

O que deve ser incluído?

Um importante primeiro passo que os municípios podem dar para apoiar os esforços das escolas no uso construtivo de dados é criar e manter um sistema de informação dos estudantes que seja confiável e continue atualizado. Claro, faz sentido que o sistema de dados contenha resultados específicos do aluno, com detalhes de avaliações utilizadas para fins de prestação de contas – as escolas de resultados estão sob pressão para melhorar. No entanto, uma vez que a análise desses escores sempre traz mais perguntas do que respostas (ver Cap. 4), o potencial para examinar várias fontes de dados é significativo. Por esse motivo, muitos municípios acham útil pedir às escolas que administrem avaliações provisórias sobre assuntos principais durante o ano letivo e armazenem os resultados desses testes no banco de dados central do município. Outras informações potencialmente valiosas para armazenar e disponibilizar de forma eletrônica às escolas incluem resultados em testes específicos de meio e final de ano. Conforme explicado no Capítulo 4, as equipes de professores muitas vezes acham válido examinar não apenas os escores totais dos alunos nesses exames, mas também os escores estratificados e as respostas específicas de habilidades para itens individuais. Como consequência, é essencial que o sistema de dados municipal facilite esse processo.

Visto que o tempo gasto testando crianças é o tempo retirado do ensino, é fundamental verificar que os resultados dos testes sejam úteis no diagnóstico dos pontos fortes e das limitações de conhecimento das crianças e em que medida elas dominaram as habilidades incluídas nos padrões curriculares de aprendizagem do estado e do município. Por exemplo, se o currículo e os padrões enfatizam a habilidade de responder a perguntas abertas, faz sentido que as avaliações incluam perguntas abertas. Se o currículo e os padrões se concentrarem em questões de múltiplas etapas, a avaliação deve também conter esse tipo de pergunta. Vimos muitas escolas analisarem os dados de avaliação dos estudantes para então perceberem que as avaliações exigidas pelo município não estavam alinhadas com o currículo exigido pelo município. Por exemplo, um teste de matemática de 8º ano avaliava as habilidades de álgebra não cobertas no currículo do município até o 9º ano. Se as avaliações não corresponderem ao currículo e aos padrões, é pouco provável que os professores e gestores acreditem que os resultados da avaliação são medidas precisas do que os alunos sabem e podem fazer e, como consequência, que olhar atentamente para esses resultados é uma forma válida de usar o seu escasso tempo.

Como explicamos no Capítulo 3, as equipes escolares costumam querer examinar o desempenho relativo dos alunos com características diferentes. Por esse motivo, faz sentido que o banco de dados do município contenha informações sobre cada aluno, incluindo sexo, raça e etnia, *status* de educação especial, *status* de minoria de idioma e elegibilidade para bolsa-auxílio de custos. Algumas equipes escolares também querem examinar o desempenho de grupos que participam de programas especiais, como tutoria ou atividades extracurriculares. Ter essas informações registradas no banco de dados municipal facilita muito a realização dessas tarefas. Tendo em vista que a inscrição em programas como a tutoria muda rapidamente, é essencial implementar uma estratégia para manter as informações atualizadas.

Como os dados devem ser organizados?

Faz sentido armazenar os dados dos alunos em nível individual, para que as equipes escolares tenham a flexibilidade de examinar os resultados da avaliação agrupando os alunos de diversas maneiras. Também é importante que o sistema de dados acompanhe os alunos ao longo do tempo, pois eles alternam as escolas e completam avaliações adicionais. Para fazer isso, cada aluno deve ter um número de identificação pessoal. Muitos estados atribuem números de identificação aos alunos quando entram pela primeira vez em uma escola pública estadual. Quando os municípios usam esses mesmos números, as tarefas de seguir os alunos de município para município e a fusão dos resultados das avaliações administradas pelo estado e pelo município tornam-se mais fáceis. Atualizar o sistema de dados municipal regularmente é fundamental para que os registros correspondam com precisão à escola que cada aluno está frequentando e às aulas que cada aluno está tendo. As equipes escolares irão perseverar em dar sentido aos resultados de avaliação dos estudantes somente se descobrirem que as informações no banco de dados do município são exatas e atualizadas.

Municípios com número relativamente pequeno de alunos podem achar que é suficiente armazenar os dados dos alunos em um programa de gerenciamento de banco de dados. Contudo, a fim de fornecer suporte a muitas equipes de dados que fazem diversas consultas sobre os dados dos alunos, vários municípios acham necessário comprar um armazém de dados, e algumas secretarias estaduais de educação estão desenvolvendo seus próprios armazéns de dados em nível estadual.

Que *software* deve ser usado?

Uma vez que todas as informações pertinentes estejam localizadas em um armazém de dados ou um banco de dados com boa infraestrutura, o município deve fornecer às escolas um *software* para analisar os dados. Muitos municípios com os quais trabalhamos fornecem a todas as escolas um *software* personalizado que permite que as equipes criem facilmente os tipos de gráficos ilustrados no Capítulo 3. Os municípios e estados também têm fornecido ferramentas *on-line* para exibir, traçar e analisar dados do aluno diretamente por meio dos *sites* dos armazéns de dados.

É importante reconhecer que a capacidade de analisar os dados de avaliação dos estudantes irá variar amplamente entre as escolas. Isso cria o desafio de fornecer ferramentas que satisfaçam tanto às necessidades das equipes escolares que fazem um trabalho bastante sofisticado quanto daquelas que estão apenas começando. Este é um desafio porque, em geral, quanto mais sofisticada a análise de um sistema de *software*, mais complexo é o seu *design* e mais difícil será sua utilização.

Os municípios têm lidado com o dilema do "poder *versus* facilidade de uso" de várias maneiras. Alguns fornecem a todas as escolas os relatórios básicos que as suas equipes de funcionários provavelmente usarão ao começarem a criar panoramas gerais simples dos dados de suas escolas. Esses relatórios básicos podem ser pré-programados no sistema de dados do município, permitindo que as equipes escolares os recuperem facilmente para suas próprias escolas. Um município chama esses relatórios de "Top 10" e distribui cópias em papel para os gestores da escola, bem como os disponibiliza *on-line*. Uma vez que esses relatórios tenham sido discutidos pelos gestores, os membros da equipe de liderança de ensino em cada escola podem se envolver no trabalho mais profundo de discussão que esses dados desencadeiam. Uma variante dessa estratégia usada por outros municípios é criar uma interface fácil de usar, que permita às escolas abordar um conjunto importante, mas limitado de perguntas. Uma vez que as equipes escolares dominem este *software* e exijam ferramentas mais poderosas, o município oferece treinamento para acessar recursos mais sofisticados.

À medida que as equipes escolares se tornam boas no trabalho, elas demandam mais dos dados. Por exemplo, uma equipe de uma escola com quem trabalhamos queria saber como os alunos que estavam em sua escola há pelo menos dois anos tinham se saído nas avaliações estaduais. Outra equipe quis investigar se os estudantes que cursaram matemática em sua turma no primeiro período da manhã tiveram piores resultados no teste estadual em comparação com aqueles que cursaram essa matéria mais tarde ao longo do dia. Projetar dados e sistemas de *software* que permitam às equipes responder a essas perguntas detalhadas de forma eficiente e ainda envolver o usuário iniciante depois de apenas um pouco de treinamento é um desafio significativo de *design*. Os funcionários do município precisam estar preparados para dar suporte às escolas em todas as etapas no decorrer de sua aprendizagem, bem como para ajudar a compartilhar novas estratégias de exibição e análises criativas e informativas.

Fazer ou comprar?

Os municípios que querem dar às escolas as ferramentas para fazer o trabalho descrito neste livro precisam decidir se criarão sistemas de dados e de *software* caseiros ou os comprarão de um fornecedor externo. Cada alternativa tem vantagens e desvantagens, e sua importância dependerá das circunstâncias locais, incluindo as capacidades técnicas do município. Um município com o qual trabalhamos criou seu próprio sistema de banco de dados baseado na web, o qual permitiu que as escolas combinassem as características dos alunos e os dados de avaliação do estado com os dados de *benchmark* gerados em nível escolar. O fato de que muitos departamentos centrais da secretaria e representantes da escola se envolveram na concepção e implementação do sistema de dados e muitos clientes estavam prontos para usar o produto foi uma das vantagens desta escolha. A desvantagem era a lentidão do processo. O fornecimento das ferramentas para as análises básicas, como as descritas no Capítulo 3, às escolas demorou mais de um ano, e o processo de desenvolvimento continuava em andamento três anos depois.

Outro município com o qual trabalhamos contratou um fornecedor para gerar relatórios e análises de dados de avaliação dos estudantes para gestores, professores, pais e alunos. Alguns fornecedores confeccionam sistemas de armazém de dados e *software* que suportarão análises de dados muito sofisticadas. Alguns também produzem avaliações de referência ou provisórias e desenvolvimento profissional de professores adaptadas para atender às necessidades identificadas nos resultados da avaliação. Uma vantagem de comprar produtos e serviços de fornecedores externos é que eles em geral estão preparados para atuar rápido. Naturalmente, esses produtos têm um custo, que costuma ser avaliado em uma conta por estudante.

Quem tem acesso a quais dados?

Tendo em vista que as informações dos alunos são confidenciais, cada município com um sistema de dados central deve ter um processo para determinar quem tem acesso aos dados e para quais alunos. Em vários municípios com os quais trabalhamos, os professores não puderam acessar os resultados de avaliação de seus ex-alunos. Como os resultados dos testes estaduais realizados em maio não foram disponibilizados até setembro, não foi possível saber se os alunos que eles haviam ensinado no ano anterior tinham sido capazes de demonstrar proficiência nas habilidades mais trabalhadas. A importância de se corrigir essa falha no sistema de acesso parece simples. No entanto, outras questões de acesso são mais difíceis. Por exemplo, os professores devem poder acessar os escores de teste dos alunos ensinados por outros professores em suas escolas? Os professores de matemática devem poder acessar os escores de leitura dos alunos a quem ensinam matemática? Estes são dois exemplos de muitas perguntas relativas ao acesso que surgem quando os professores tentam examinar os resultados da avaliação dos seus alunos. Porém, à medida que as normas no setor educacional vêm lentamente mudando para dar aos professores mais acesso aos dados dos alunos, essas perguntas podem se tornar menos relevantes.

INCENTIVOS E HABILIDADES

Vimos que as escolas fazem mais progressos com este trabalho quando sentem que todas as políticas municipais – em especial as que dizem respeito ao planejamento, ao desenvolvimento profissional e à avaliação – apoiam os seus esforços em direção à utilização de dados para melhorar o ensino e a aprendizagem, em vez de prejudicá-los. Uma equipe de liderança de ensino que se dedicou a esta prática quer saber se seus esforços estão sendo reconhecidos e avaliados pela secretaria de educação. Quando os funcionários do município pedem para ver o processo de melhoria em ação durante suas visitas, pergunte o que eles podem fazer para que isso se torne algo mais suave, encontrando maneiras de conectar as escolas que podem aprender umas com as outras, a fim de que os educadores escolares tenham fortes incentivos para aprofundar o trabalho de melhoria.

Embora os incentivos sejam importantes, eles não são suficientes. Para usar os resultados da avaliação do aluno de modo construtivo, o corpo docente precisa de uma variedade de habilidades, incluindo a capacidade de (1) entender, interpretar e usar corretamente os dados de avaliação (letramento em avaliação); (2) usar *software* ou ferramentas *on-line* para acessar dados e criar e entender apresentações gráficas dos resultados da avaliação; (3) participar de forma produtiva em conversas em grupo e decisões em que eles têm de estar abertos para compartilhar práticas e debater ideias; e (4) desenvolver, implementar e avaliar planos de ação para melhorar o ensino. A secretaria municipal de educação tem um papel relevante a desempenhar na organização e no apoio ao desenvolvimento profissional necessário.

Letramento em avaliação

Para interpretar relatórios com escores de diferentes testes, professores e gestores precisam entender de escalas, *benchmarks* e classificação percentual. Para apreciar quais inferências podem ser apropriadamente feitas a partir dos resultados da avaliação, os educadores também precisam compreender outros conceitos explicados no Capítulo 2, como erros de medição e amostragem, validade e confiabilidade. Em nosso trabalho com as escolas, observamos duas estratégias que parecem ajudar as equipes escolares a adquirir elementos de letramento em avaliação: dar exemplos de boas práticas e fornecer *expertise* de acordo com a necessidade. Um município com o qual trabalhamos criou um plano de melhoria de toda a escola que deu exemplo sobre o uso adequado dos resultados da avaliação dos estudantes. Uma vez que foi exigido que cada escola criasse tal plano, o plano-modelo atraiu considerável atenção. Este município também tinha um departamento de pesquisa cujos funcionários eram pessoas com habilidades para responder às muitas perguntas que surgiam, sobre como as equipes escolares trabalham para dar sentido aos relatórios de escores de testes.

Uso do sistema de dados

No Capítulo 3, descrevemos os tipos de dados que as equipes escolares podem achar úteis ao conversar sobre os resultados da avaliação dos estudantes. Vimos secretarias municipais de educação se engajarem em diversas atividades para ajudar educadores escolares a aprenderem a usar o sistema de dados do município e criarem apresentações gráficas eficazes. Uma delas é o desenvolvimento profissional voltado especificamente para o ensino dessas habilidades. A segunda é a criação de diretrizes com instruções para os usuários da própria escola com o objetivo de produzir facilmente gráficos bastante solicitados para grupos específicos de alunos. A terceira atividade tem a ver com a criação de um sistema de ajuda *on-line* e com funcionários municipais disponíveis para responder a quaisquer perguntas que surjam. Muitos educadores referem-se a este processo como "puxar os dados" do sistema. Eles também falam da necessidade de ajudar outros professores a aprenderem a puxar os dados por conta própria, em vez de dependerem do diretor ou de um gerente de dados para ajudá-los.

Processos de grupo e colaboração

Um tema deste livro é que, para contribuir para as melhorias no ensino, o trabalho de analisar os resultados da avaliação dos estudantes precisa ser feito de forma colaborativa. Alguns professores se sentem desconfortáveis ao participar de muitas das atividades descritas neste livro, incluindo o *brainstorming* sobre possíveis explicações para os padrões nos resultados de avaliação dos estudantes e as discussões sobre o trabalho de seus alunos com outros colegas. Alguns professores mostram-se relutantes em ser observados por seus pares, porque isso é totalmente contrário à cultura de porta fechada de suas escolas. Vale lembrar que muitos diretores e gestores municipais são oriundos de escolas com essa cultura de porta fechada e não têm experiência em criar uma cultura na qual os professores trabalhem juntos, conforme descrito neste livro.

Sugerimos que o uso de protocolos para estruturar conversas sobre o desempenho do aluno e estratégias de ensino possa ajudar a criar uma cultura escolar "Data Wise", isto é, de usar sabiamente os dados. Em nossa experiência, muitos líderes escolares não estão cientes do valor dos protocolos e de como usá-los. Vemos isso como um foco potencialmente valioso de desenvolvimento profissional para os líderes escolares e outros educadores.

Como explicamos no Capítulo 3, fazer todos os professores e gestores realizarem eles mesmos as avaliações que os estados exigem dos alunos tem sido uma experiência reveladora em algumas escolas com as quais trabalhamos, a qual incentivou conversas construtivas sobre ensino e aprendizagem. Os municípios podem facilitar esta atividade garantindo que os funcionários da escola tenham à sua disposição cópias de testes previamente administrados e suas respostas.

A criação colaborativa de rubricas de escores e, em seguida, a correção de redações dos estudantes em grupo também constrói coleguismo e conhecimento docente. Os professores nos disseram que atribuir pontuações às avaliações do estado era uma forma poderosa de desenvolvimento profissional. Isso não apenas os ensinou a entender o que a avaliação estava pedindo, mas também aumentou a compreensão dos padrões curriculares e de que maneira se davam os diferentes níveis de desempenho dos estudantes. Esta atividade pode ajudar os professores a desenvolverem uma linguagem comum de avaliação e ensino. Porém, em geral, os professores que têm experiência com classificação de testes estaduais são os "especialistas", ou os professores que já são reconhecidos por suas habilidades. Os municípios podem expandir o quadro de professores que participam da avaliação de testes estaduais para que mais professores tenham acesso a essas oportunidades de aprendizado e possam compartilhar o que aprenderam com outros professores em suas escolas.

Desenvolvimento, implementação e avaliação dos planos de ação

Outro tema recorrente deste livro é que analisar os resultados da avaliação dos estudantes é uma parte crítica das estratégias eficazes de melhoria do ensino. O Capítulo 5, por exemplo, apresentou maneiras pelas quais as equipes escolares podem identificar as práticas de ensino *atuais* em suas escolas, e o Capítulo 6 discutiu como os professores e gestores podem criar planos de ação de ensino que levam os professores da análise de dados para o desenvolvimento de estratégias de melhoria. Em nossa experiência, entretanto, descobrimos que muitos grupos de docentes precisam de ajuda nesse processo de sair da compreensão do problema centrado no aprendiz até chegar à concepção de um problema de prática para projetar e executar um plano de ação eficaz que vise à melhoria do ensino.

Os municípios podem apoiar o trabalho proposto em ambos os capítulos ao proporcionar desenvolvimento profissional em conteúdo e pedagogia. Em alguns municípios com os quais trabalhamos, o desenvolvimento profissional é prestado com o auxílio de assessores (também conhecidos como especialistas), que recebem desenvolvimento profissional da secretaria municipal de educação e, em seguida, compartilham o que aprenderam nas escolas onde trabalham. Esses assessores costumam dedicar parte de seu tempo trabalhando com grupos de professores (p. ex., liderando uma sessão sobre como explorar os resultados da avaliação). Eles também passam parte do seu tempo nas salas de aula, exemplificando, oferecendo assistência e fazendo observação de aulas. Um passo importante e muitas vezes esquecido ao se usar assessores para apoiar a melhoria de ensino é ensiná-los justamente sobre as habilidades descritas neste livro. A menos que os assessores entendam como fazer as etapas do ciclo de melhoria, eles não serão capazes de ajudar as escolas a realizá-las.

Empregar assessores não é a única maneira de aumentar a capacidade de ensino dos professores. Na maioria das escolas, há professores com *expertise* para ajudar outros colegas a desenvolverem maior conhecimento pedagógico e de conteúdo. Ao criar oportunidades para os professores aprenderem uns com os outros (p. ex., visitando as salas de aula uns dos outros e tendo conversas estruturadas e seguras sobre ensino e aprendizagem), os municípios podem aproveitar a *expertise* que já possuem, aumentando ainda mais sua capacidade.

TEMPO

O dia letivo na maioria dos municípios não dá aos professores e gestores tempo suficiente para trabalhar em conjunto a fim de examinar sistematicamente os resultados da avaliação dos estudantes e, em seguida, transformar o seu conhecimento adquirido em melhorias de ensino. Um município com o qual trabalhamos negociou um contrato com sua associação de professores, que solicitou dias letivos ligeiramente mais longos em quatro dias por semana e um dia de saída antecipada para os alunos uma vez por semana. Os professores se reúnem para o seu desenvolvimento profissional depois que os alunos saem no dia da saída antecipada. Metade deste tempo em cada mês é dedicada aos temas de desenvolvimento profissional selecionados pelo município, e metade é reservada para tópicos escolhidos pelas equipes de tomada de decisão da própria escola. Os professores relataram que tinham usado um pouco do seu tempo juntos criando rubricas e atribuindo pontuações aos trabalhos dos alunos com base nessas rubricas. O tempo de desenvolvimento profissional também foi alocado para analisar os resultados da avaliação externa e planejar o ensino de acordo com isso.

Os professores muitas vezes precisam de tempo não somente para conversar uns com os outros, mas também para conversar com os alunos. Como explicado no Capítulo 4, as conversas com os alunos podem ser uma fonte de dados significativa para entender o que eles sabem e não sabem e, talvez mais importante, por que isso acontece. No entanto, a coleta sistemática desse tipo de dados dos alunos pode ser difícil no cronograma comum de aulas. Se os municípios valorizam as informações colhidas de conversas entre alunos e professores sobre o trabalho dos estudantes, eles poderiam incentivar as escolas a adotarem agendas que deem tempo para essas conversas.

A observação de colegas na mesma escola pode fornecer aos professores ideias práticas de ensino, ajudar a promover relacionamentos de mentoria e favorecer mais discussões sobre estratégias de ensino. Por essas razões, muitas escolas com as quais trabalhamos veem tal atividade como central para a sua estratégia na criação de programas de ensino consistentes e eficazes. Alguns municípios facilitam essa atividade pagando substitutos para cobrir as salas de aula dos professores que estão fazendo as visitas.

É bem possível que não haja tempo de planejamento comum suficiente, mesmo que o município tenha criado um tempo de desenvolvimento profissional compartilhado extra. Nesses casos, o município pode compensar os professores se eles passam seu próprio tempo em atividades de desenvolvimento profissional relacionadas à melhoria do ensino e da aprendizagem. Por exemplo, um município negociou um salário para professores que participaram de um número definido de horas de atividades de desenvolvimento profissional que excedia o número de horas exigidas pelo contrato. Este pagamento extra proporcionou aos professores o incentivo para melhorar a sua prática de ensino, mesmo quando o município não podia fornecer tempo adicional no dia letivo para este empreendimento.

EXEMPLIFICAÇÃO DO TRABALHO

Talvez a maneira mais importante que os líderes de um município têm de apoiar os esforços de melhoria das escolas é exemplificar o processo, engajando-se em cada etapa, para que adquiram experiência em primeira mão com o que está envolvido. Uma equipe de liderança da secretaria de educação que fez isso começou definindo normas e expectativas em torno de como os membros da equipe usariam seu tempo colaborativo. Eles levaram tempo para construir seu próprio letramento em avaliação, admitindo uns aos outros quando não sabiam como ler alguns dos relatórios que se esperava que um professor típico entendesse. Em seguida, analisaram os dados do panorama geral do desempenho dos estudantes sobre as avaliações estaduais e mergulharam em uma ampla gama de outras fontes de evidência para ajudá-los a identificar um problema centrado no aprendiz no qual estivessem particularmente interessados. Em seguida, veio a parte complicada: examinar o que eles estavam fazendo como município que estivesse contribuindo para o problema centrado no aprendiz. Com este problema de prática em mãos, eles criaram um plano de ação que os levou a fazer mudanças na política municipal. Eles promulgaram o plano e avaliaram até que ponto suas ações poderiam ter abordado o problema centrado no aprendiz. Ao longo do processo, eles tentaram apoiar uns aos outros na tarefa de cultivar os hábitos mentais de ação, colaboração e evidência. O trabalho era difícil, mas eles sabiam que precisavam enfrentá-lo – assim como estavam pedindo às equipes escolares que o fizessem. Sua dedicação passou uma mensagem forte para as escolas em todo o município sobre o quanto a liderança da secretaria de educação valorizava o trabalho de melhoria.

Depois de experimentar o processo, o município pode mostrar o seu compromisso ao permanecer com ele. Isso inclui celebrar os sucessos, definir novos objetivos e retornar ao ciclo de melhoria repetidas vezes. Isso também inclui olhar a partir de todas as percepções dos Hábitos Mentais ACE no final dos oito capítulos precedentes e pensar sobre como aplicá-los ao contexto municipal. Em suma, as secretarias municipais de educação que desejam que suas escolas se tornem "Data Wise" precisam se tornar "Data Wise" elas mesmas.

10

Como melhoramos

Kathryn Parker Boudett
Candice Bocala
Elizabeth A. City

Um dia, uma estudante da Nova Zelândia veio para um programa de parceria pela Fulbright ao Projeto Data Wise na Harvard Graduate School of Education. Quando ela chegou, trouxe um cartão com uma fotografia de uma samambaia se desdobrando e uma estátua de vidro com a mesma imagem. "Este é o koru, um símbolo maori muito importante no meu país", explicou ela. "Significa novos começos. Eu imaginei que você poderia achar essa forma familiar", disse ela, com os olhos brilhando. Ela ergueu a figura de vidro verde até um cartaz que mostrava a seta curvada do processo de melhoria do Data Wise que estava pendurado na parede. A semelhança foi impressionante.

Desse dia em diante, a equipe do Projeto Data Wise começou a ver as coisas sob uma nova ótica. Nossa seta curvada, que havia surgido organicamente fora da imaginação combinada do nosso grupo original de 19 autores, tinha suas raízes na natureza! E, mais importante, a natureza havia nos dado ainda mais. Desde que nos apegamos à imagem da seta curvada, tínhamos uma incômoda preocupação. Nossa equipe de autores e as escolas com as quais trabalhamos tinham apreciado a simplicidade da imagem. Mas todos sabíamos que, na realidade, o processo era muito mais complexo, uma vez que em qualquer momento haveria idealmente muitos ciclos de melhoria acontecendo de maneira simultânea em diferentes níveis da organização educacional. Como poderíamos capturar essa complexidade de um modo que não fosse tão complicado? Tínhamos tentado introduzir o conceito de fractais: padrões matemáticos criados a partir da mesma forma e que se repetem, de maneira progressiva, combinando-se para fazer um projeto paralelo maior. Mas quando colocamos essa ideia em palavras e a compartilhamos, a explicação nunca chegou a empolgar.

Em seguida, começamos a mostrar às pessoas a fotografia do koru, onde a grande espiral arrebatadora da samambaia foi repetida em uma espiral semelhante para cada uma de suas folhas. A fotografia do koru fez o que as palavras não podiam, revelando o padrão de inter-relação que estávamos tentando transmitir.

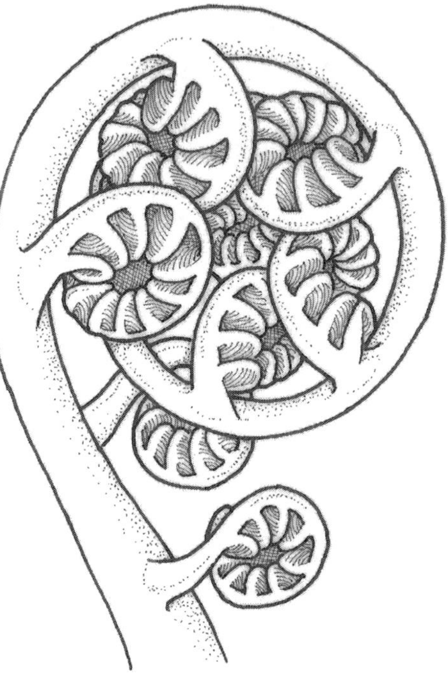

NOSSA TEORIA DE AÇÃO

Desde que publicamos pela primeira vez o *Data Wise*, coletamos histórias sobre como as escolas e os municípios contribuíram de diversas maneiras com ideias que deram vida ao livro. A partir da reflexão sobre esses exemplos, desenvolvemos uma teoria de ação informal – uma hipótese que desenha uma cadeia causal entre ações e um resultado desejado – sobre como a melhoria acontece nas escolas e nos sistemas escolares:

SE os educadores puderem...

mostrar exemplos sobre o processo de melhoria do Data Wise e os Hábitos Mentais ACE na prática diária,

desenvolver o conhecimento e a habilidade dos outros para fazer o trabalho de melhoria,

pensar grande e focar pequeno,

agir e ajustar rapidamente, com base em evidências, a fim de ver a mudança real na aprendizagem e no ensino, e

captar e compartilhar a aprendizagem à medida que ela acontece,

ENTÃO...

este aprendizado irá **desenvolver habilidades coletivas e confiança**

para que todos possam **estender o trabalho de melhoria em toda a organização**, e

a aprendizagem e o ensino para todas as crianças melhorarão.

Este capítulo tenta trazer um pouco de substância ao esqueleto desta teoria, baseando-se em nossa experiência ao trabalhar com escolas e municípios para ilustrar cada uma das afirmações recém-citadas em **negrito**.

Mostrar exemplos dos processos e hábitos

Mahatma Gandhi incentivou todas as pessoas: "Seja a mudança que você quer ver no mundo". Este conselho é tão relevante para o uso de dados a fim de melhorar a aprendizagem como o é para qualquer campo. Enquanto desenvolvíamos o processo de melhoria do Data Wise, estávamos determinados a usá-lo em todas as oportunidades que tivéssemos. Coletamos uma ampla gama de dados sobre o ensino e a aprendizagem que ocorreram em nossos cursos e tomamos medidas deliberadas com base no que os dados nos mostraram. Um *feedback* consistente que recebemos de nossos alunos foi que eles aprenderam tanto observando *como* nossa equipe de ensino interagia entre si e com a turma quanto com *o que* realmente dissemos. Eles perceberam pequenas coisas, como o fato de que iniciamos e terminamos todas as sessões na hora certa: "horário Data Wise", como muitos começaram a chamar. Eles viram como os professores líderes distribuíram responsabilidades a toda a equipe de ensino e como nos posicionamos como coaprendizes, e não como especialistas. Eles prestaram atenção especialmente em relação a como cuidamos de nós mesmos quando fracassamos em uma lição, e nos disseram, mais tarde, que valorizaram a nossa transparência em admitir quando algo não funcionava e, em seguida, ajustávamos até que desse certo.

Então, se você está se perguntando por onde começar, tente começar por si mesmo. Independentemente do seu cargo oficial de trabalho, para ser um líder eficaz deste tipo de mudança, você vai precisar saber o que de fato se sente quando se passa pelo processo de melhoria do Data Wise e se pratica os Hábitos Mentais ACE. Você vai precisar se sentir confortável sendo um aprendiz "público" - alguém que pode tentar algo novo, ater-se à evidência ao avaliar suas ações e acolher seus sucessos e deficiências com igual entusiasmo. Seu exemplo ajudará a tornar possível que seus colegas participem do trabalho de melhoria com humildade, confiança e uma atitude profissional focada no aluno. Então, comprometa-se com a ação, a avaliação e os ajustes; seja intencional em todas as suas colaborações; e mantenha um foco implacável em evidências cada vez que tomar uma decisão. E esteja pronto para descrever onde você está em seu próprio processo de melhoria para quem perguntar.

Desenvolver o conhecimento e a habilidade dos outros

Mostrar exemplos de como se envolver em um processo de melhoria contínua é uma boa maneira de ensinar essas práticas a outras pessoas, mas também chega um momento em que é necessário transferir o trabalho de forma deliberada. Afinal, você não pode ter uma abordagem colaborativa para melhorar se não tiver uma grande equipe (e, eventualmente, uma rede inteira) de pessoas que trabalham com você! Referimo-nos a este processo como desenvolvimento de capacidade - capacidade que reside no conhecimento e na habilidade de outras pessoas para entender o processo de melhoria do Data Wise, para praticar os Hábitos Mentais ACE e para comprometer-se a seguir quaisquer ações e novas questões que surgirem. Para desenvolver capacidade nos outros, muitas vezes você precisa ensinar novos conhecimentos e habilidades diretamente. Mas uma vez que você tenha fornecido uma introdução, a melhor maneira de fazer as pessoas começarem o trabalho é fazê-las ir direto para a prática. Aprender a trabalhar juntos em uma tarefa significativa e desafiadora é mais eficaz para desenvolver a capacidade da sua equipe do que todas as atividades de desenvolvimento de equipe que você poderia inventar.

Quando você começa a aprender sobre o trabalho de melhoria, é certo que irá se deparar com dois tipos de desafios: adaptativo e técnico.[1] Ronald Heifetz e Donald Laurie usam estes termos para ajudar a dar sentido ao trabalho de liderança. Eles descrevem os desafios *técnicos* como aqueles que podem ser resolvidos mediante a aplicação de soluções, tecnologias ou

1 HEIFETZ; R. A.; LAURIE, D. L. The work of leadership. *Harvard Business Review*, 1997, p. 124-134.

conhecimentos que já existem, enquanto os desafios *adaptativos* exigem a mudança de mentalidade, crenças e suposições que permitem que as pessoas alterem fundamentalmente a maneira como elas funcionam. Em nosso ensino e escrita, somos rápidos em apontar a importância de abordar desafios técnicos, como criar um inventário de dados ou projetar um cronograma que dê tempo aos professores para colaborar. No entanto, descobrimos que a área em que as pessoas mais precisam de suporte está relacionada ao fato de como enfrentar desafios adaptativos habilmente, para que se possa gerenciar a mudança quando não há respostas fáceis. Em nosso ensino, colocamos tanta ênfase em normas, protocolos e hábitos mentais porque acreditamos que tudo ajuda os líderes a gerenciarem uma equipe em que os membros têm perspectivas diversificadas, a construir confiança entre os professores para abrir suas portas aos observadores que examinarão suas aulas, e a manter os outros comprometidos com a ação e ajustes, mesmo que os resultados não sejam imediatamente evidentes. Você pode achar útil usar a distinção entre desafios adaptativos e técnicos ao discutir o trabalho de melhoria com seus colegas, a fim de que eles tenham uma linguagem para descrever como seu aprendizado está progredindo ao longo de ambas as dimensões.

Pensar grande, focar pequeno

As escolas costumam nos dizer que as políticas de prestação de contas que atrelam recompensas e sanções ao desempenho dos alunos trazem incentivos perversos para se engajar em comportamentos e pensamentos que na realidade são contraproducentes à melhoria. Anos de solicitação para comprometer-se com grandes aumentos de escores de teste em prazos descabidamente curtos podem fazer os educadores se acostumarem a falsas promessas. A frase "Todas as crianças se tornarão escritores proficientes" soa muito mais impressionante do que "Todas as crianças serão capazes de estruturar um argumento usando evidências de um texto de não ficção". Mas quanto mais específica é a frase, mais será possível para crianças de diferentes idades poderem ter conversas ricas sobre o uso efetivo de evidências ao estruturar um argumento. A frase sugere um gênero de escrita no qual se concentrar, e pode levar a pequenas medidas que os professores podem adotar para ajudar as crianças a desenvolverem pelo menos algumas das habilidades das quais precisarão para evoluírem rumo ao objetivo mais abstrato esperado por todos: formar escritores proficientes.

É possível que você sinta uma grande urgência para resolver um enorme problema, mas pode não ter certeza do que fazer. Tentar melhorar tudo de uma só vez – atirando para todos os lados para atingir pelo menos algum alvo – provavelmente vai acabar em frustração. O processo de melhoria do Data Wise foi projetado para ajudá-lo a refinar de forma deliberada seu foco até que você tenha projetado um caminho para um problema específico que pode abordar. A Figura 10.1 utiliza a imagem de um funil para mostrar como o foco de investigação fica progressivamente mais estreito à medida que você se move em direção a um plano de ação.

Para ver como isso funciona na prática, considere o seguinte exemplo de uma escola de ensino médio. Para essa escola (como para a maioria), a parte superior do funil era extremamente grande, com *pilhas e pilhas de dados* sobre cada assunto, em cada turma, para cada estudante. Para restringir o escopo de investigação, a equipe de liderança de ensino identificou uma *área-foco* para toda a escola:

Habilidades de escrita pré-universidade

Todos os departamentos aceitaram o desafio, cada um considerando os dados dos alunos relacionados ao tipo de escrita exigido pela sua disciplina. Por exemplo, a equipe de línguas discutiu um panorama de dados composto por gráficos que mostravam o desempenho dos estudantes em uma variedade de sub-habilidades. A equipe observou que os alunos estavam tendo dificuldades em uma série de áreas, incluindo a compreensão do propósito de um autor ao ler, o uso de estrutura de frases e vocabulário apropriados, e a escrita de uma análise de texto complexa. Eles sabiam que não

Figura 10.1 De pilhas e pilhas de dados para um plano de ação específico.

podiam abordar todas essas questões de uma só vez, então para este ciclo específico de melhoria escolheram explorar a seguinte *questão prioritária*:

Como nossos alunos estão usando evidências para apoiar suas ideias em sua escrita?

Em seguida, para basear sua análise, eles passaram a mergulhar em várias formas de dados, incluindo resultados de avaliação de redações com enunciados formais, bem como lições de casa informais e diários de escrita dos alunos. A partir desta investigação, a equipe de línguas identificou um *problema centrado no aprendiz* descritivo e específico:

Os alunos somente dão suas opiniões em sua escrita sobre o texto; eles não citam evidências do texto ou fazem conexões com outros textos ou eventos da vida real.

Com este problema em mente, eles examinaram seu próprio ensino, olhando para suas diversas formas de ensinar escrita. Especificamente, eles pediram aos professores para compartilhar todas as aulas de escrita que tinham usado no último ano e resolveram observar uma aula de escrita em cada série. A partir desta investigação, determinaram que tinham o seguinte *problema de prática*:

Nós, como professores, não ensinamos, regularmente, os alunos a fazerem conexões de texto para texto, ou do texto para o mundo real, ou citar evidências do texto; em vez disso, focamos fortemente nosso ensino em incentivar os alunos a fazerem conexões de texto para eles mesmos.

Neste ponto, a equipe de línguas fez algumas pesquisas sobre estratégias para abordar seu problema. Eles perceberam que tinham caminhos diferentes que podiam tomar. Consideraram criar uma miniaula sobre os diferentes tipos de conexões baseadas em texto que os escritores usam e, em seguida, pedir que os alunos escrevessem uma redação sobre literatura em que prestassem especial atenção às conexões de texto para texto e do texto para o mundo real. Eles também discutiram várias outras estratégias promissoras. Por fim, decidiram sobre o seguinte **plano de ação**:

Semana 1: selecione um texto de amostra e trabalhe em conjunto como equipe de línguas para criar uma redação-exemplo que use evidências e todas as três formas de conexões baseadas em texto

Semana 2: desenvolva um plano de aula que permita que os alunos analisem o próprio texto e, em seguida, avalie e revise uma de suas redações previamente escritas para incorporar evidências e as três formas de conexões baseadas em texto

Semana 3: realize a aula em nossas salas de aula, com cada professor observando pelo menos um outro professor

Semana 4: possibilite que os alunos se concentrem em usar evidências e fazer conexões de texto para texto ou do texto para o mundo real por meio de enunciados em seus diários de escrita

Semana 5: administre os enunciados de escrita municipais e colete os trabalhos dos alunos para trazer à reunião da equipe de línguas

Quando falamos de planos de ação, *não* estamos falando sobre grandes manuais feitos para toda a escola que muitos municípios exigem que sejam produzidos em um ano e implementados no próximo. Embora em teoria esses planos de melhoria possam ser planos de ação para a estratégia da escola, na prática, eles costumam ser documentos de conformidade com objetivos de alta expectativa. Dentro do processo de melhoria do Data Wise, os planos de ação são etapas concisas, realistas e baseadas em evidências que os educadores podem realizar imediatamente para atender às necessidades que os alunos demonstram ter. Os planos são muito específicos sobre como as ações do professor e do estudante vão mudar. Entretanto, esses planos não surgem do nada. Eles devem ser consistentes com a estratégia de melhoria geral da sua escola e do sistema escolar e avançar em direção aos objetivos amplos da sua comunidade para os estudantes. O equilíbrio aqui é entre "pensar grande e agir pequeno" – certificando-se de que cada conjunto de ações específicas esteja conectado à estratégia geral.

Uma maneira de garantir que as ações específicas de cada equipe façam parte de uma estratégia escolar coerente é promover a comunicação aberta entre as equipes inter-relacionadas que você colocou em funcionamento quando se organizou para o trabalho colaborativo. A escola de ensino médio no exemplo aqui citado escolheu "habilidades de escrita pré-universidade" como uma área-foco. Já descrevemos o plano de ação desenvolvido pelo departamento de línguas, mas é importante notar que, ao mesmo tempo, os departamentos de ciências da natureza, ciências humanas e matemática também criaram planos de ação muito específicos para ajudar os alunos na escrita dentro de suas áreas de conhecimento. A equipe de liderança de ensino, baseando-se no conhecimento de seus membros sobre o que estava acontecendo nas equipes de professores, certificou-se de que os vários esforços para apoiar a escrita dos alunos não apenas se encaixavam na estratégia geral da escola para melhorar a escrita, mas também eram coerentes com a estratégia do município e com os anseios da comunidade escolar em relação à formação dos estudantes como comunicadores bem-sucedidos.

A equipe de liderança de ensino também verificou regularmente se a escola inteira elaborou padrões comuns para que a "escrita pré-universidade" fosse semelhante nas diferentes disciplinas. Sua equipe de liderança de ensino pode desempenhar este papel, comunicando o trabalho que está sendo feito nas equipes e esclarecendo como todas as pequenas peças se encaixam no quadro geral.

Agir e ajustar rapidamente, com base em evidências

Uma vez que você decidiu o que fazer, é hora de mergulhar na tarefa e começar. Mas isso pode ser assustador. E se o plano não funcionar? Em nosso Instituto de Verão do Data Wise, quase podemos ver os ombros das pessoas relaxarem quando lhes dizemos que nunca vimos um plano de ação (inclusive qualquer um dos nossos) que tivesse saído perfeito na primeira vez. Seu plano de ação é o seu melhor palpite sobre o que precisa ser feito, e ele geralmente irá encaminhá-lo na direção certa. Mas a verdadeira aprendizagem acontece quando você coloca o plano em prática, avalia as evidências sobre como ele está funcionando e descobre como se adaptar para atender às verdadeiras necessidades dos alunos.

Quando falamos com equipes que estão comprometidas com a melhoria, muitos nos dizem que, de fato, eles precisaram fazer ajustes de percurso durante o ciclo de melhoria. Uma frase bastante ouvida é: "Acontece que nosso problema centrado no aprendiz não era bem o que queríamos, afinal". O que nos impressiona é a confiança com que os membros das equipes dirão isso. Em vez de se sentirem envergonhados de que estavam na pista errada, eles ficam orgulhosos de que estiveram trabalhando de maneira inteligente o suficiente para se darem conta disso. Descobrir o que não funciona e usar essa evidência para refinar a estratégia para a próxima rodada são componentes-chave para a aprendizagem.

A vontade de ajustar pode quase garantir que seu plano de ação funcionará. Pode parecer trapaça, mas é assim que vemos: você continua ajustando tanto a sua compreensão do problema (e os papéis dos alunos e professores no problema) e sua compreensão das melhores soluções para o problema *até que você resolva o problema que os alunos realmente têm*. Por exemplo, depois de analisar dados, uma equipe pode definir um *problema centrado no aprendiz* como

Os alunos têm dificuldade em calcular perímetro e área de círculos em problemas de pergunta aberta.

Depois de examinar suas aulas, eles podem supor que seu *problema de prática* é

> Como professores, não damos aos alunos oportunidades suficientes para praticar a aplicação de seus conhecimentos de fórmulas geométricas para problemas de pergunta aberta.

Mas e se os professores proporcionarem aos alunos mais oportunidades para aplicar a sua aprendizagem e ainda assim o problema persistir? Talvez os alunos estejam com dificuldades muito mais fundamentais do que os professores pensavam no início. Pode ser que os alunos não entendam *pi* como um conceito, porque o têm memorizado como um número. Trabalhar com os mais diversos tipos de problemas do mundo não ajuda o aluno a entender melhor o conceito, a menos que a luzinha se acenda e os estudantes se deem conta de que o *pi* é uma razão constante para todo o círculo. Um primeiro passo necessário pode ser ajustar o plano de ação a fim de fornecer atividades mão-na-massa para que os alunos trabalhem com cordas e réguas e desenvolvam um entendimento conceitual – em vez de um entendimento processual – do *pi*. Uma vez que há evidências de que os alunos realmente entendem *pi*, a equipe pode prosseguir para o plano de ação que dá aos alunos mais prática para usar essa proporção para resolver problemas aplicados e complexos. Pode até mesmo acontecer que eles não precisem de muita prática, afinal.

Muitas escolas nos disseram que acham o Passo 8 do processo de melhoria do Data Wise o mais difícil de ser concluído. Mas elas também admitiram que esse passo gera a maior recompensa. Sem agir e ajustar, você acaba investindo um monte de tempo em investigações com muito pouco retorno. Lembre-se, é por meio do ajuste que a seta do Data Wise se inclina para trás sobre si mesma; ações sem ajustes transformam o trabalho de melhoria em uma série de linhas retas que podem começar a operar de maneira independente umas das outras – e provavelmente não levarão à melhoria que você está buscando.

Captar e compartilhar a aprendizagem

Quando perguntamos às equipes de educadores que estão usando o processo de melhoria do Data Wise em que medida elas celebram o sucesso, algumas relatam que já têm uma cultura forte e solidária em que os alunos e professores são rotineiramente reconhecidos por suas realizações. Neste ponto, muitas vezes ficamos tentados a ir um pouco mais fundo e perguntar se elas estão comemorando não apenas o que *conquistaram*, mas também o que *aprenderam*. Melhorar as habilidades de grupos específicos de estudantes é louvável, mas para que a melhoria faça parte da nova cultura escolar, é essencial entender o que especificamente os educadores fizeram de diferente para que a melhoria fosse possível. E, às vezes, não há ganhos de conquista para serem mencionados, mas ainda assim pode haver um poderoso aprendizado se uma equipe toma tempo para descobrir o porquê. Chris Argyris e Donald Schön argumentam que, na aprendizagem organizacional, não são apenas ações que produzem aprendizado, mas reflexão sobre essa ação e coleta de *feedback* sobre como ela aconteceu.[2] Pular ansiosamente uma série de passos na ação não produzirá aprendizagem real, a menos que você também pare para fazer um apanhado do que realizou e o que mudaria da próxima vez.

Existem várias maneiras de fazer isso. O Capítulo 8 descreve como o Protocolo de Análise de Sucesso pode ajudar sua equipe a refletir sobre o trabalho que você fez e fornece sugestões de como aproveitar a tecnologia para criar documentos eletrônicos compartilhados que capturam seu aprendizado ao longo do tempo. Outra abordagem poderosa envolve formalmente a gravação de sua jornada rumo à melhoria da aprendizagem e do ensino. Em alguns dos cursos que ministramos, pedimos às equipes que produzam uma apresentação da Jornada do Data Wise ao trabalharem em seu caminho ao longo de um ciclo de melhoria, com os oito passos do processo de melhoria do Data Wise fornecendo uma estrutura para a história de cada equipe. Recomendamos que as escolas incluam três *slides* para cada etapa, conforme mostrado na Figura 10.2.

Neste exemplo, os membros da equipe captaram seu aprendizado sobre o Passo 3, criando um panorama de dados. O primeiro dos três *slides* lista os protocolos que eles usaram e os tipos de dados que exploraram. O segundo *slide* resume o que eles expressaram em voz alta ou escreveram em papel-cartaz, quadros brancos ou documentos compartilhados: o fato de captar seus *insights* eletronicamente garantiu que todo o seu bom aprendizado não fosse para o lixo. O terceiro *slide* fornece espaço para reflexão; a necessidade de incluir este *slide* inspirou uma conversa sobre o aprendizado da equipe que provavelmente não teria ocorrido de outra forma.

Você pode usar sua apresentação da jornada de várias maneiras. Sua equipe pode retornar a ela imediatamente para ajudar a planejar seu próximo ciclo, ou deixá-la de lado por um tempo e, em seguida, permitir que

2 Para leituras complementares sobre aprendizagem organizacional, veja: ARGYRIS, C. ; SCHÖN, D. A. *Theory in practice*. San Francisco: Jossey-Bass, 1987; e EDMONDSON, A. The local and variegated nature of learning in organizations: a group-level perspective. *Organization Science*, v. 13, n. 2, p. 128-146, 2002.

PASSO 3: O QUE FIZEMOS

- USAMOS O PROTOCOLO "O QUE EU VEJO / O QUE EU ME PERGUNTO" PARA DISCUTIR UM PANORAMA DO DESEMPENHO EM CIÊNCIAS DE 6º A 8º ANOS.
- USAMOS O PROTOCOLO DA TÉCNICA DO GRUPO NOMINAL PARA IDENTIFICAR UMA QUESTÃO PRIORITÁRIA EM QUE CADA EQUIPE DE SÉRIE PODERIA MERGULHAR.

PASSO 3: O QUE CONQUISTAMOS

- NOTAMOS QUE OS ESTUDANTES:
  - TIVERAM UMA NOTA BAIXA EM QUESTÕES SOBRE O MÉTODO CIENTÍFICO.
  - TÊM POUCA FAMILIARIDADE COM VOCABULÁRIO CIENTÍFICO BÁSICO.
  - FREQUENTEMENTE DEIXARAM QUESTÕES DE RESPOSTA ABERTA EM BRANCO.
- IDENTIFICAMOS A SEGUINTE QUESTÃO PRIORITÁRIA:
  - QUAL O ENTENDIMENTO DOS ESTUDANTES SOBRE O MÉTODO CIENTÍFICO?

PASSO 3: REFLEXÕES

- REMOVER OS NOMES PESSOAIS DOS DADOS PERMITIU QUE PERMANECÊSSEMOS DESCRITIVOS EM NOSSA ANÁLISE.
- NOS SURPREENDEMOS COM A QUANTIDADE DE ÁREAS COMUNS DE DIFICULDADE AO LONGO DAS SÉRIES.
- FOI MUITO DIFÍCIL FORMULAR UMA QUESTÃO PRIORITÁRIA QUE JÁ NÃO CONTIVESSE UMA SOLUÇÃO PROPOSTA.

Figura 10.2 Um trecho da apresentação da jornada do Data Wise de uma escola.

sirva como um lembrete sobre quão longe foi a equipe. À medida que novos professores se juntam à sua equipe, você pode orientá-los para ajudá-los a entender onde está e como chegou lá. Ou você pode compartilhar sua apresentação com outras equipes dentro ou fora de sua escola como ferramenta de informação e inspiração.

Desenvolver habilidades coletivas e confiança

À medida que sua equipe se envolve em uma investigação proposital e colaborativa, usa evidências para direcionar conversas sobre ensino e aprendizagem e atua para alterar a prática de ensino, você gerará novos dados para avaliar seu progresso e levantar perguntas para pensar mais. Ao refletir sobre os resultados de suas ações, você pode começar a se sentir mais responsável – como um *grupo*, e não individualmente – pela aprendizagem que está ocorrendo. Quando isso acontece, você está construindo o que Roger Goddard, Wayne Hoy e Anita Woolfolk Hoy chamam de uma sensação de *eficácia coletiva*, ou a crença de que sua equipe e escola têm a capacidade conjunta de realizar com sucesso mudanças no aprendizado do aluno.[3]

Temos visto como a eficácia coletiva pode se perpetuar sozinha. O sucesso pode gerar mais confiança, mais vontade de enfrentar novos desafios e

3 GODDARD, R. D.; HOY, W. K.; A. W. Hoy. Collective efficacy: theoretical developments, empirical evidence, and future directions. *Educational Researcher*, v. 33, n. 3, p. 3–13, 2004.

mais crença de que o que a equipe faz importa. Professores e diretores igualmente nos disseram que eles experimentam isso como uma realização libertadora: eu não estou sozinho nisto. Depois de entender que nenhum indivíduo deve suportar sozinho o fardo da melhoria, ninguém fica paralisado por medo do fracasso. Na equipe de projeto do Data Wise, temos notado que às vezes nos sentimos sobrecarregados ou incapacitados para a tarefa a ser feita, mas em geral há alguém que lembra o grupo: nós podemos fazer isso. Tentamos resolver problemas no passado e continua sendo difícil. Sabemos o que é sentir-se preso e frustrado, mas também sabemos que, juntos, podemos sair da inércia e avançar. Nós podemos fazer isso mais uma vez.

Estender o trabalho de melhoria

Felizmente, a eficácia coletiva pode ser contagiosa, permitindo que a aprendizagem se espalhe sistematicamente de uma equipe para uma rede de equipes e, por fim, para sua escola – e além. Isso nos traz de volta à imagem do koru, com suas formas espirais que se repetem no nível dos ramos e da folha. Richard Elmore refere-se a este conceito como *simetria*, ou a ideia de que o aprendizado poderoso é semelhante em todos os níveis de uma escola, do indivíduo, para a sala de aula, para a organização.[4] A simetria pode ocorrer de muitas maneiras, três das quais descrevemos aqui.

Em primeiro lugar, pode haver simetria entre o trabalho da equipe de liderança de ensino e o trabalho de todas as outras equipes de professores em toda a escola. Vimos isso acontecendo quando a equipe de liderança de ensino assume a responsabilidade de conduzir a escola por um ciclo grande ao longo do ano, com a fase de Preparar ocorrendo quando o ano escolar começa, a de Investigar acontecendo até antes dos feriados de meio de ano, e a de Agir, sendo realizada até o final do período letivo. Esta equipe pode fazer uma grande pergunta que fornece uma base para as equipes escolares percorrerem vários miniciclos ao longo do mesmo período. Por exemplo, uma equipe de liderança de ensino explicou que a área-foco para o ano seria o nível de rigor intelectual exigido na escola. Em cada uma de suas reuniões mensais, os membros da equipe se concentraram em uma etapa do processo de melhoria do Data Wise, mas decidiram focar sua investigação não sobre o rigor das tarefas que os professores exigem dos alunos, mas sobre o rigor das tarefas que a equipe deu aos professores durante as reuniões de professores. Isso levou a equipe a desenvolver um plano de ação escolar para tornar as reuniões do

4 ELMORE, R. F. *Culture and strategy*. (Manuscrito não publicado, sem data).

corpo docente mais substanciais e envolventes. Como esse longo e lento ciclo progrediu em nível administrativo, as equipes docentes engajaram-se em ciclos mais frequentes e curtos, focados no nível de rigor intelectual em suas salas de aula. Como a comunicação em toda a escola era forte, os educadores de todos os níveis continuaram a aprender com a investigação e as ações uns dos outros sobre rigor intelectual ao longo do tempo.

Uma segunda maneira em que a simetria pode ocorrer é por meio dos níveis da organização. Por exemplo, uma equipe de liderança de ensino pode fazer um esforço deliberado para cultivar a colaboração intencional mediante o uso de protocolos nas reuniões do corpo docente. Conforme descrito no final do Capítulo 8, o uso de protocolos pode ter particular eficácia quando os participantes têm a oportunidade de conversar brevemente sobre sua experiência. Se, como parte dessa conversa, os professores tiverem tempo para debater estratégias sobre como aplicar um protocolo à sala de aula, eles poderão descobrir que há oportunidades ricas para permitir que os alunos cultivem os próprios hábitos mentais com os quais os professores estão trabalhando. Sabemos de salas de aula onde os professores orientam os alunos no desenvolvimento e cumprimento de normas, realizam com os alunos protocolos de questionamento explícito, como a Técnica de Formulação de Perguntas (descrita em Protocolos Selecionados, no final do livro), ou insistem que os alunos mantenham um foco implacável em evidências. Os hábitos também podem passar "para cima". Um dos nossos momentos de maior orgulho foi quando vimos uma equipe de secretaria municipal de educação adotar um modelo de agenda formal para o seu encontro, porque eles tinham visto o quanto esta prática havia sido eficaz em uma de suas escolas. Assim como as múltiplas espirais dentro do koru, o trabalho pode começar a parecer o mesmo quer você aponte a lente para a sala de aula ou para o município.

Em terceiro lugar, vimos simetria quando uma escola usa um ciclo para *melhorar a maneira como ela melhora*. Sim, vimos educadores fazerem isso, e nós mesmos o fazemos! Por exemplo, um dos passos mais difíceis do processo para a maioria das escolas é o Passo 5, examinar o ensino. Para entender claramente a razão dessa dificuldade, uma escola decidiu fazer um miniciclo focando apenas neste passo. A equipe de liderança de ensino coletou vários formatos de dados para explorar as atitudes e práticas dos educadores em torno da observação do ensino, identificando o equivalente a um problema centrado no aprendiz: eles descobriram que os professores sentiam que não estavam recebendo *feedback* útil das experiências anteriores com as observações. Membros da equipe de liderança de ensino, em seguida, resolveram olhar para o seu próprio umbigo e exploraram o que eles estavam fazendo que poderia ter tornado o ato de examinar o ensino menos eficaz do que poderia ter sido. Eles descobriram que não tinham fornecido oportunidades suficientes para que os colegas oferecessem *feedback* específico, útil e sobre o qual se pudesse agir. A equipe então desenvolveu um plano de ação para que as oportunidades de *feedback* se tornassem uma parte mais central do processo de observação entre pares.

Não importa quanta experiência você vá adquirir com este trabalho, você sempre terá espaço para crescer. Nesse espaço, você será confrontado com o que chamamos de "questões de fogo" – tendo atingido os limites de seu conhecimento e habilidade, você precisará se envolver em investigação, a fim de avançar. Por que não deixar o mesmo processo que está guiando seus esforços para melhorar o aprendizado do aluno também guiar sua própria introspecção sobre o trabalho de melhoria?

PREPARE-SE PARA ALGO GRANDE

As pessoas deram uma resposta tão positiva à imagem do koru que a integramos profundamente em nosso ensino, usando a samambaia para captar a beleza de novos começos e a simetria e a inter-relação da melhoria. O que não tínhamos percebido era como essa imagem iria para o mundo e depois voltaria para nós com novas camadas de significado.

Em um *workshop* de impacto do Data Wise, demos as boas-vindas às equipes de educadores que estavam usando o processo de melhoria do Data Wise de volta no *campus* de Harvard. Quando pedimos que cada equipe compartilhasse o que havia aprendido, uma equipe de uma escola de ensino fundamental em Victoria, Austrália, acrescentou uma nova imagem ao cenário. Eles nos disseram como tinham usado o koru para transmitir ao seu corpo docente, assim que voltaram ao seu país, como a equipe de liderança de ensino e as equipes de ensino poderiam usar o processo de melhoria do Data Wise para trazer simetria e sinergia para o trabalho na escola. Eles, então, explicaram como foi mostrado a seus membros de equipe uma nova imagem, uma que a equipe do Projeto Data Wise jamais havia visto. Era uma fotografia de uma samambaia de prata madura, crescendo em uma floresta de samambaias de prata, cada uma com quase 10 metros de altura. Quando eles mostraram a foto na oficina, fez-se um silêncio na sala. Muitos de nós nunca tinham pensado em perguntar se o koru se abriu em qualquer coisa maior do que as samambaias que ficam na altura dos joelhos e que crescem nos nossos jardins de casa.

Sim, é verdade que é preciso passos de bebê para realizar a mudança cultural necessária de trabalhar ao longo do processo de melhoria do Data Wise enquanto se praticam os Hábitos Mentais ACE em cada passo. Mas não subestime onde os passos de bebê podem chegar. Este trabalho é transformador – tanto para os estudantes como para os adultos. Trata-se de muito mais do que dados: trata-se de encontrar uma maneira de permitir que cada aluno e cada professor atinjam o seu potencial. Então, prepare-se. Com o cuidado apropriado, um delicado novo começo pode conduzir às espirais e ramificações do crescimento que se desdobram em algo maior do que você imagina.

Protocolos selecionados

Ao longo deste livro, descrevemos uma série de estratégias que os líderes escolares podem empregar para aumentar a eficácia dos esforços colaborativos no uso de dados a fim de melhorar a aprendizagem e o ensino. Muitas das estratégias utilizam protocolos para estruturar conversas.

Na maioria dos casos, descrevemos os protocolos nos capítulos em que são relevantes e usamos as notas de rodapé do capítulo com o objetivo de direcionar os leitores para *sites* onde possam obter informações mais completas. Aqui fornecemos instruções relativas a seis protocolos que consideramos particularmente úteis para envolver grupos de educadores no trabalho significativo com dados. Todos esses protocolos também estão disponíveis no *site* do Projeto Data Wise: http://www.gse.harvard.edu/datawise.

PROTOCOLO DE CONSTRUÇÃO DO PROCESSO DE MELHORIA (*CONSTRUCTING THE IMPROVEMENT PROCESS PROTOCOL*)

Propósito

Este protocolo ajuda um grupo a chegar a um entendimento comum acerca do processo de melhoria nas escolas. Ele permite que as pessoas descubram por si mesmas que o processo de melhoria não é linear e que não há uma maneira "certa" para fazê-lo.

Notas

- Este protocolo leva cerca de 45 minutos para ser completado; sinta-se à vontade para ajustar tempos sugeridos se precisar.
- Se necessário, faça grupos de três a cinco pessoas cada. (Esta é uma atividade mão-na-massa; é importante que os grupos sejam pequenos para todos os membros poderem participar ativamente.)
- Dê a cada grupo papel-cartaz, fita adesiva, canetas e um envelope contendo oito folhas de papel, cada uma contando um passo do processo de melhoria do Data Wise. Também inclua algumas folhas de papel em branco para os participantes adicionarem seus próprios passos durante esse exercício.

Passos

1. **15 MINUTOS.** Solicite que os grupos usem os materiais fornecidos para criar uma representação visual de como as escolas se engajam no processo de melhoria. Diga-lhes que podem adicionar, mudar, duplicar ou deletar qualquer dos passos incluídos no envelope.
2. **5 MINUTOS.** Peça que os grupos discutam em que ponto suas escolas estão no processo que acabaram de descrever.
3. **10 MINUTOS.** Faça os grupos postarem suas criações ao redor da sala, e peça que as pessoas caminhem pela sala para ver o trabalho uns dos outros.
4. **10 MINUTOS.** Pergunte às pessoas o que elas notaram ao fazer esse exercício e o que notaram durante sua caminhada. Pergunte quais passos do envelope estavam faltando ou não foram necessários. Pontos-chave a serem abordados são a variedade dos processos criados e sua natureza não linear e recursiva.
5. **5–15 MINUTOS.** (Opcional, dependendo das circunstâncias) Chegue a um entendimento sobre o ciclo de melhoria que a equipe irá usar em seu trabalho em conjunto, reconhecendo que qualquer forma de exemplificar o processo de melhoria é artificial, mas que, para fazer progressos, o grupo precisa concordar sobre a maneira como o trabalho vai ser conduzido.

O PROTOCOLO DE COERÊNCIA (*THE COHERENCE PROTOCOL*)

(Este protocolo foi originalmente desenvolvido por Michele Shannon e é usado com permissão.)

Propósito

Depois que uma equipe completa o *Stoplight Protocol* (Protocolo do Semáforo – por favor acesse o *site* do Projeto Data Wise para instruções), os participantes podem querer usar o Protocolo de Coerência a fim de contabilizar as ações específicas que já estão fazendo para usar dados na melhoria da aprendizagem e do ensino. Isso ajuda a criar um senso de coerência entre aquele trabalho e o processo de melhoria do Data Wise para que uma equipe possa identificar pontos de convergência no seu processo.

Notas

- Este protocolo leva cerca de 45 minutos para ser completado; sinta-se à vontade para ajustar tempos sugeridos se precisar.
- Se necessário, faça grupos de três a cinco pessoas cada.
- Dê a cada grupo um bloco de *post-it*, canetas ou lápis, fita e uma seta do processo de melhoria do Data Wise no tamanho de um pôster. (A seta pode ser fotocopiada no papel-cartaz, desenhada em papel grande, ou mesmo desenhada à mão em um quadro branco ou quadro-negro.)

Passos

1. **5 MINUTOS.** Explique aos participantes que eles farão um protocolo que os ajudará (1) a reconhecer o trabalho que já estão fazendo para usar dados a fim de melhorar a aprendizagem e o ensino e (2) conectar esse trabalho ao processo de melhoria do Data Wise.

   Solicite que os participantes pensem em todas as estruturas, práticas e programas atualmente em vigor na escola que apoiam os membros da equipe no uso de dados para melhorar a aprendizagem e o ensino. Dê a cada pessoa cinco a dez *post-its* e diga-lhes para trabalhar de forma independente escrevendo um item por *post-it*.

2. **5 MINUTOS.** Cada grupo afixa um cartaz da seta do processo de melhoria do Data Wise na parede. Instrua os participantes a colocarem cada um de seus *post-its* no cartaz próximo da etapa do processo a que eles acham que esse item pertence.

3. **15 MINUTOS.** Dê tempo aos participantes para ler todos os *post-its*. Em seguida, peça que os grupos cheguem a um consenso sobre *o que está acontecendo atualmente* na escola. Incentive-os a percorrer cada uma das etapas por vez e:
    - Condensar os *post-its* se a mesma ideia estiver representada mais de uma vez.
    - Adicionar quaisquer estruturas, práticas ou programas que estejam faltando.
    - Identificar (e resolver por meio de discussão, se possível) quaisquer não concordâncias sobre a colocação dos *post-its*.
4. **15 MINUTOS.** Peça aos grupos que discutam as seguintes questões:
    - O que notamos sobre este cartaz? Como se compara ao cartaz que criamos no *Stoplight Protocol*?
    - Em que etapas do processo de melhoria do Data Wise já temos estruturas, práticas ou programas fortes em vigor? Como podemos construir nossos pontos fortes ao integrar o processo de melhoria do Data Wise em nosso trabalho diário?
    - Quais são os passos faltantes? Podemos identificar uma determinada área de crescimento como ponto de entrada para integrar o processo de melhoria do Data Wise em nosso trabalho?
5. **5 MINUTOS.** Solicite que os indivíduos trabalhem de forma independente para traçar uma breve "história de coerência" que descreva como eles puderam ver a integração do processo de melhoria do Data Wise no trabalho da escola. A história deve incluir:
    - A fundamentação da escolha do processo de melhoria do Data Wise para organizar o trabalho
    - Uma prática atual alinhada com o processo
    - Um ponto de entrada sugerido para o lançamento do trabalho
6. **5 MINUTOS.** Peça que os indivíduos compartilhem suas histórias de coerência com o grupo.
7. **10 MINUTOS.** Se os participantes se dividiram em subgrupos, reúna o grupo completo e permita que cada subgrupo compartilhe os principais pontos de sua discussão. Em seguida, oriente todo o grupo a traçar uma única narrativa que capte o pensamento coletivo sobre como o processo de melhoria do Data Wise pode apoiar a escola em focar e aprofundar o trabalho que já está sendo feito.

Dicas

- Às vezes, os grupos têm dificuldades ao nomear todas as coisas que fazem em relação a usar dados para melhorar a aprendizagem e o ensino. Se eles precisarem de exemplos, você pode oferecer o seguinte:
  - Estruturas: tempo de planejamento comum para um determinado grupo de professores, modelos de definição de objetivos
  - Práticas: questionários semanais, mural para expor os dados
  - Programas: um currículo científico com avaliações de *benchmark*, um programa de mentoria que permite que os professores observem a prática uns dos outros
- Alguns grupos podem se sentir mais confortáveis buscando primeiramente obter o consenso do grupo sobre onde um *post-it* será colocado no cartaz. Isso pode ser conseguido ao circular no grupo, permitindo que cada pessoa leia um *post-it* e perguntando a todos a que parte da seta este item pertence. Outras pessoas com *post-its* semelhantes podem descartar ou colocar suas anotações diretamente em cima dessa nota para evitar redundância.
- Algumas estruturas, práticas e programas não caberão perfeitamente na seta. É plausível criar cópias de notas que se aplicam a várias etapas ou, se uma nota se aplica a todas as etapas, colocar a nota na parte superior do cartaz. Se uma nota não parece aplicar-se a nenhuma etapa, pode ser colocada de lado.

PROTOCOLO DE APRESENTAÇÕES INVESTIGATIVAS (*INQUIRING INTRODUCTIONS PROTOCOL*)

(Este protocolo foi originalmente desenvolvido por Anne Jones e é usado com permissão.)

Propósito

Este protocolo permite que os participantes pratiquem habilidades de investigação, escuta e resposta a evidências. Como benefício adicional, ele também dá aos membros da equipe uma oportunidade de conhecer uns aos outros.

Notas

- Este protocolo leva cerca de 30 minutos para ser completado; sinta-se à vontade para ajustar tempos sugeridos se precisar.
- Se necessário, faça grupos de três a cinco pessoas cada (quatro é o ideal).

Passos

1. **1 MINUTO.** Diga aos participantes que, em um trabalho colaborativo efetivo, os membros da equipe frequentemente perguntam sobre as práticas, experiências e crenças de seus colegas para que possam desenvolver entendimentos profundos e compartilhados de acordo com a experiência prévia de cada um. Explique-lhes que esse protocolo os ajudará a desenvolver habilidades de investigação, escuta e resposta a evidências de que precisarão em seu trabalho colaborativo em andamento.
2. **4 MINUTOS.** Explique-lhes que este protocolo demanda uma rodada para cada pessoa no grupo. Peça que um voluntário de cada grupo comece a atividade. Esta pessoa será o "apresentador" na primeira rodada. Peça também que alguém seja o "cronometrista" – ou seja, a pessoa que vai controlar o tempo.

   Forneça as instruções do protocolo:

   - **O apresentador diz** somente **seu nome, matéria que leciona e série em que atua.** Por exemplo: "Meu nome é Anne Jones. Leciono ciências no 8º ano".
   - **As outras pessoas do grupo só podem responder com perguntas, e as questões devem estar relacionadas com as evidências dadas na frase mais recente do apresentador.** Assim, em resposta ao exemplo anterior, um colega pode perguntar, "Como você se interessou por ciências?" ou "Como é ensinar os alunos do 8º ano?", mas não "De onde você é?" ou "Eu costumava dar aula de ciências". Esta regra é pensada para ajudar os

participantes a se concentrarem nas evidências que ouviram, em vez de saírem pela tangente ou conectando a fala do apresentador a algo sobre si mesmos.

- **Os colegas não podem fazer uma segunda pergunta até que todos os colegas tenham feito a sua primeira pergunta.** Esta regra é projetada para ajudar os participantes a compartilharem o tempo de falar e escutar.
- **Quando o cronometrista anunciar que se esgotaram os cinco minutos, comece a próxima rodada com um novo apresentador.** Continue com o protocolo até que todos no grupo tenham tido a chance de serem os apresentadores.

3. **20 MINUTOS.** Diga aos subgrupos para facilitarem o protocolo de forma autônoma. Este exercício demora cerca de 20 minutos para ser concluído com quatro pessoas em um grupo; sinta-se à vontade para ajustar os tempos sugeridos para diferentes tamanhos de grupo. Mantenha o olho no relógio e lembre os grupos para intercalar os apresentadores, se necessário.
4. **5 MINUTOS.** Pergunte aos participantes o que eles perceberam durante o protocolo. Esta etapa de fechamento da atividade ajuda as pessoas a sintetizar e compartilhar sua aprendizagem sobre investigação e escuta.

Dica

- Este protocolo pode ser facilmente modificado para ajudar as equipes a explorar uma variedade de tópicos, alterando a frase de abertura do apresentador. Por exemplo, se os membros da equipe precisarem ter uma noção de sua experiência coletiva no uso de dados, a instrução para o apresentador poderia ser dizer seu nome e um exemplo de uma situação em que a discussão colaborativa de dados ajudou a melhorar a aprendizagem e o ensino em sua sala de aula.

A TÉCNICA DE FORMULAÇÃO DE PERGUNTAS (*THE QUESTION FORMULATION TECHNIQUE*)

(Copyright The Right Question Institute, http://rightquestion.org; usado com permissão.)

Propósito

Este protocolo ajuda um grupo de pessoas a explorar plenamente uma questão importante antes de pular para uma discussão sobre o que vão fazer sobre isso. Ele fornece um fórum em que todas as vozes podem ser ouvidas, aumentando assim o número de ideias geradas e nivelando a poderosa dinâmica.[1]

Notas

- Este protocolo leva cerca de 45 minutos para ser completado; sinta-se à vontade para ajustar tempos sugeridos se precisar.
- Se necessário, faça grupos de três a cinco pessoas cada e peça a participação de um voluntário para cada grupo.
- Dê a cada grupo duas folhas de papel-cartaz, duas canetas e fita adesiva. Tenha papel-cartaz extra à mão caso seja necessário.

Passos

1. **2 MINUTOS.** Identifique o problema. Escreva o problema que você gostaria que os grupos abordassem em papel-cartaz para toda a sala. Os problemas podem ser bastante gerais, como "Usar dados para melhorar o ensino" ou mais específicos, como "Nossos alunos da 1ª série não estão atingindo os melhores níveis de proficiência no exame estadual".
2. **5–10 MINUTOS.** Crie perguntas. Peça que os grupos gerem perguntas sobre o problema e as escrevam no papel-cartaz. Diga às pessoas que elas precisam seguir duas regras: (1) escrever todas as respostas em forma de pergunta, não afirmações; e (2) a pessoa que está anotando deve escrever as perguntas exatamente como são ditas – sem editá-las. Enquanto os grupos trabalham, circule em torno da sala e lembre as pessoas de seguir essas duas regras.
3. **3 MINUTOS.** Examine. Peça que os grupos vejam sua lista de *brainstorming*, classificando as perguntas como fechadas ou abertas. Permita que os grupos alterem a forma de quaisquer perguntas de fechadas para abertas, se desejarem.

---

1 A versão mais atualizada da Técnica de Formulação de Perguntas (*Question Formulation Technique*) está disponível em: http://www.rightquestion.org e é descrita em: ROTHSTEIN, D.; SANTANA, L. *Make just one change:* teach students to ask their own questions. Cambridge: Harvard Education, 2011.

4. **5 MINUTOS.** Priorize. Peça que os grupos escolham as três perguntas de sua lista que consideram as mais importantes.
5. **5–10 MINUTOS.** Ramifique. Peça que os grupos escrevam o que é mais importante de suas perguntas priorizadas no topo de um novo pedaço de papel-cartaz. Em seguida, diga-lhes para gerar novas perguntas sobre isso, mais uma vez seguindo as duas regras observadas antes.
6. **3–5 MINUTOS.** Priorize novamente. Solicite que os grupos escolham as três perguntas desta nova lista que consideram as mais importantes.
7. **5 MINUTOS.** Compartilhe. Circule ao redor da sala e peça que cada grupo indique suas perguntas priorizadas.
8. **10 MINUTOS.** Faça um fechamento. Pergunte às pessoas o que elas perceberam ao fazer este exercício. Os pontos principais que podem surgir incluem a maneira como este processo impede um grupo de pular diretamente para a criação de soluções, permite que muitas vozes sejam ouvidas e promove profunda consideração por todas as questões discutidas.

Dica

- A eficácia deste protocolo depende, em parte, de você escolher um problema rico para discussão; então, pense cuidadosamente sobre o seu tópico e como você o transcreve. Não formule a questão em si como uma pergunta.

PROTOCOLO DE AFINIDADE (*AFFINITY PROTOCOL*)

Propósito

Este protocolo ajuda um grupo de pessoas a explorar as causas de um problema que identificaram, permitindo que todos os indivíduos participem anonimamente na formulação das hipóteses das causas.[2]

Notas

- Este protocolo leva cerca de 30 minutos para ser completado; sinta-se à vontade para ajustar tempos sugeridos se precisar.
- Se necessário, faça grupos de três a cinco pessoas cada (quatro é o ideal).
- Dê a cada grupo papel-cartaz, um bloco de *post-it* e canetas.
- Para realizar este protocolo, uma equipe precisa ter identificado e compartilhado com antecedência um problema centrado no aprendiz ou um problema de prática.

Passos

1. **5 MINUTOS.** Peça que os indivíduos trabalhem de forma independente para fazer um *brainstorm* de palpites e hipóteses sobre quais são as causas do problema e escrever cada uma delas em um *post-it* separado.
2. **10 MINUTOS.** Coloque as pessoas em seus grupos e dê as seguintes instruções:
   - Escreva o problema compartilhado na parte superior do papel-cartaz.
   - Coloque os *post-its* aleatoriamente no papel-cartaz.
   - Trabalhe em conjunto para ordenar os itens em categorias. (Caso uma ideia se encaixe em mais de uma categoria, não há problema em duplicar a ideia em um *post-it* separado e incluí-la em duas categorias; também não há problema em deixar uma ideia sozinha. Todas as ideias sobre as quais a escola não tem controle podem ficar juntas em um canto afastado do papel-cartaz.)
3. **5 MINUTOS.** Solicite que as equipes criem um título para cada categoria e o escrevam no papel-cartaz. As categorias grandes podem ser divididas em subcategorias com subtítulos.
4. **10 MINUTOS.** Se você se dividiu em grupos, peça que as equipes compartilhem suas categorias. Solicite alguns comentários sobre o que as pessoas perceberam e se existem padrões. Em seguida, tenha uma discussão aberta sobre o que os resultados deste protocolo dizem sobre o trabalho em andamento da equipe.

---

2 Outras versões deste protocolo podem ser encontradas em: BERNHARDT, V. L. *Data analysis for continuous school improvement.* 2nd ed. Larchmont: Eye on Education, 2004. p. 150–152; e ANDERSEN B.; FAGERHAUG, T. *Root cause analysis:* simplified tools and techniques. Milwaukee: ASQ Quality, 2000. p. 99–102.

PROTOCOLO *PLUS*/DELTA

Propósito

Este protocolo ajuda uma equipe a avaliar o que funcionou bem em uma reunião ou sessão de treinamento e a considerar o que eles gostariam de fazer diferente.

Notas

- Este protocolo leva cerca de dez minutos para ser completado; sinta-se à vontade para ajustar tempos sugeridos se precisar.
- Dê a cada participante um cartão indexado.
- Desenhe uma tabela de duas colunas em um papel-cartaz com um **plus** (+) na parte superior da coluna da esquerda e um **delta** (Δ é um símbolo grego para mudança) na parte superior da coluna da direita.

Passos

1. **2 MINUTOS.** Revise os objetivos e as atividades da reunião. Explique às pessoas que uma maneira poderosa de praticar os Hábitos Mentais ACE é coletar comentários sobre os processos de equipe e usar essas informações para refinar a maneira como a equipe trabalha em conjunto.
2. **2 MINUTOS.** Diga aos participantes que copiem a tabela para seus cartões. Peça-lhes que pensem no que funcionou bem na reunião e escrevam suas respostas na coluna da esquerda - plus - em seus cartões.
3. **2 MINUTOS.** Peça aos participantes que pensem sobre o que gostariam de mudar em relação à reunião e escrevam suas respostas na coluna da direita - delta - em seus cartões.
4. **2 MINUTOS.** Peça a voluntários que compartilhem seus "plus" e escrevam as respostas em um papel-cartaz para toda a sala.
5. **2 MINUTOS.** Em seguida, solicite os deltas e escreva essas respostas no papel-cartaz. Colete todos os cartões individuais ao final do protocolo.

Dicas

- Se os participantes estão hesitantes em fornecer deltas, lembre-os de que os deltas irão ajudar a equipe a melhorar a sua prática (e talvez você mesmo possa colocar um delta na lista para começar a atividade).
- Se você começar cada reunião revisando os plus e os deltas da reunião anterior e explicando como a reunião os levará em consideração, é provável que você deixe os participantes mais entusiasmados para fazer comentários em futuras reuniões.

- Você pode experimentar pedir os plus antes dos deltas no final de uma reunião e, em seguida, inverter a ordem na próxima. Como isso afeta o protocolo?
- Para economizar tempo, você pode não usar os cartões individuais e, em vez disso, pedir ao grupo inteiro que fale seus plus e deltas em voz alta. Alternativamente, você pode pedir aos indivíduos que escrevam seus plus e deltas em *post-its* ou cartões individuais, deixando as notas ou cartões sobre uma mesa, ou pedindo que alguém os colete ao final do encontro. Este método permite que todos os plus e deltas permaneçam completamente anônimos.

Recursos do Data Wise

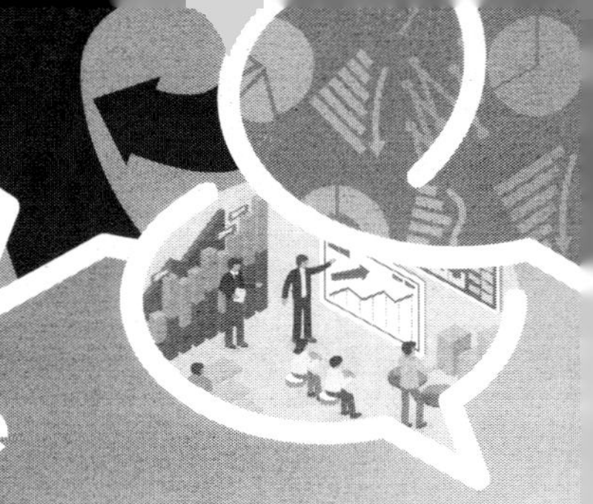

SITE DO PROJETO DATA WISE

Por favor, acesse http://www.gse.harvard.edu/datawise para obter informações sobre cursos, publicações e outros recursos projetados para apoiá-lo no aprendizado e uso do processo de melhoria do Data Wise e dos Hábitos Mentais ACE.*

O *site* contém informações sobre a Rubrica Data Wise, uma ferramenta para refletir em relação a quanto sua escola integrou o processo de melhoria do Data Wise em seu trabalho diário. Para cada um dos oito passos, a rubrica lista várias tarefas-chave e descreve as características de uma escola que está em cada um dos quatro estágios relacionados a essa tarefa.

LIVROS

Kathryn Parker Boudett and Jennifer L. Steele, eds., *Data Wise in action: stories of schools using data to improve teaching and learning* (Cambridge, MA: Harvard Education Press, 2007).

Este livro conta as histórias de oito escolas, bem diferentes umas das outras, que estão seguindo o processo de melhoria do Data Wise, destacando os desafios de liderança que elas podem enfrentar em cada etapa do trabalho e ilustrando como os membros da equipe usam a criatividade e a colaboração para superar esses desafios.

---

* N. de T.: Todos os recursos mencionados (*site*, livros, multimídia, estudos de caso, artigos ou desenvolvimento profissional) são disponibilizados em inglês.

MULTIMÍDIA

Kathryn Parker Boudett, Elizabeth A. City, and Marcia K. Russell, *Key elements of observing practice: a Data Wise DVD and facilitator's guide* (Cambridge, MA: Harvard Education Press, 2010).

Este recurso contém uma série de vídeos curtos que convidam você para salas de aula e salas de reunião na escola Richard J. Murphy, em Boston, uma escola que usa dados sabiamente. O *Facilitator's guide* estabelece uma sequência de desenvolvimento profissional em que as equipes de professores usam esses vídeos como um trampolim com o objetivo de trabalhar juntos a fim de projetar seu próprio processo para aprender com a observação em sala de aula.

ESTUDOS DE CASO

Kathryn Parker Boudett, David Rease Jr., Michele Shannon, and Tommie Henderson. *Data Wise at Poe Middle School in San Antonio, Texas* (Harvard Education Press, 2013).

Este caso conta a história de como uma equipe de educadores da Edgar Allan Poe Middle School, em San Antonio, Texas, começou a integrar o processo de melhoria do Data Wise e os Hábitos Mentais ACE no trabalho de sua escola depois de frequentar o Data Wise Summer Institute (Instituto de Verão do Data Wise). Este caso é projetado para ajudar as equipes escolares a pensarem sobre sua teoria de ação acerca de como o uso de dados melhorará o ensino e a aprendizagem.

Kathryn Parker Boudett, Susan Cheng, Samantha Cohen, Nancy Gutierrez, Karen Maldonado, Kimberly Noble, Maren Oberman, and Michele Shannon. *Data Wise District-Wide in Evansville, Indiana* (Harvard Education Press, 2013).

Este caso descreve como o superintendente e a equipe de liderança municipal da Evansville Vanderburgh School Corporation integraram o processo de melhoria do Data Wise em seu município. O caso é projetado para ajudar as equipes municipais a pensarem sobre como construir fortes organizações de aprendizagem.

ARTIGOS

Kathryn Parker Boudett, Elizabeth A. City, and Richard J. Murnane, "The 'Data Wise' Improvement Process: Eight Steps for Using Test Data to Improve Teaching and Learning," *Harvard Education Letter,* January/February 2006, http://www.hepg.org/hel/article/297.

Este artigo fornece uma visão geral do processo de melhoria do Data Wise e descreve os oito passos distintos que os líderes escolares podem seguir com o objetivo de usar seus dados de avaliação dos estudantes para melhorar o ensino e os seus resultados.

Jennifer L. Steele and Kathryn Parker Boudett, "Leadership Lessons from Schools Becoming 'Data Wise,'" *Harvard Education Letter,* January/February 2008, http://hepg.org/hel/article/203.

Este artigo fornece uma visão geral das evidências de estudos de caso de oito escolas que usam o processo de melhoria do Data Wise. Ele documenta os desafios de liderança que os líderes escolares normalmente enfrentam durante cada passo do processo de melhoria, bem como as estratégias usadas para abordá-los.

DESENVOLVIMENTO PROFISSIONAL

Data Wise Summer Institute na Harvard Graduate School of Education

Equipes de educadores dos Estados Unidos e do mundo se reúnem por uma semana no *campus* de Harvard para uma experiência de treinamento intensa liderada pelos membros da equipe do Projeto Data Wise e com escolas que construíram práticas sábias usando dados em seu trabalho diário. Esta formação também inclui sessões *on-line* ao vivo com os professores do Data Wise que são designados a apoiar as equipes escolares na incorporação do processo de melhoria do Data Wise no ano seguinte ao Instituto.

Data Wise Impact Workshop na Harvard Graduate School of Education

Educadores que vêm integrando o processo de melhoria do Data Wise em seu trabalho chegam ao *campus* para participar de um *workshop* de dois dias a fim de compartilhar seus sucessos e aprender com os professores e colegas sobre como abordar seus desafios.

On-line course: Getting Started with Data Wise

Equipes de educadores dos Estados Unidos e do mundo se reúnem no ciberespaço para um curso introdutório que apresenta o processo de melhoria do Data Wise e apoia as equipes no planejamento de como integrar no seu trabalho a investigação contínua, colaborativa e baseada em evidências e em ação.

On-line course: Putting Data Wise into Action

Participantes que concluíram tanto o curso introdutório *on-line* quanto os institutos realizados presencialmente no *campus* podem se inscrever neste curso, que apoia equipes da escola à medida que implementam cada um dos oito passos do processo e documentam sua jornada.

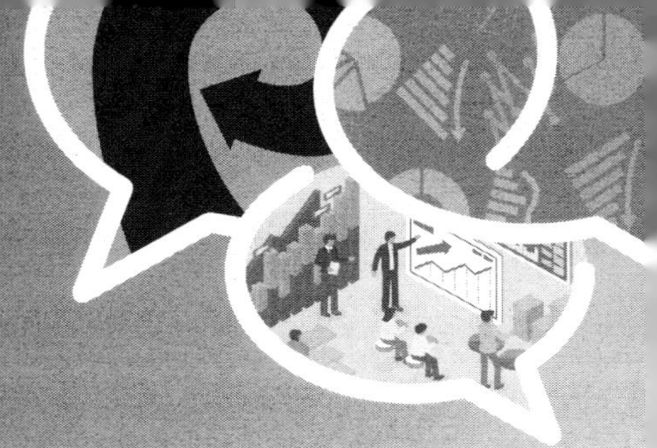

Índice